国家级教学成果奖

中国人民大学会计系列教材

《成本会计学(第10版·立体化数字教材版)》学习指导书

张　敏　黎来芳　于富生　编著

中国人民大学出版社
·北京·

总　序

中国人民大学会计系列教材（简称"系列教材"）自1993年推出至今，已30余年。这期间我国经济高速发展，会计制度与会计准则发生巨大变化，大学会计教育无论规模还是质量都有了长足进步。回顾30余年的发展历程，系列教材中每一本的每一版，都在努力适应会计环境和教育环境的变化，尽可能满足高校会计教学的需要。

系列教材第1版是由我国当时的重大会计改革催生的。编写时关注两个重点：一是适应我国会计制度的变化，遵循1992年颁布的"两则两制"的要求；二是教材之间尽可能避免内容重复。系列教材包括：《初级会计学》《财务会计学》《成本会计学》《经营决策会计学》《责任会计学》《高级会计学》《财务管理学》《审计学》《计算机会计学》。

自1997年10月起，系列教材陆续推出第2版。为适应各院校的课程开设需要，将《经营决策会计学》与《责任会计学》合并为《管理会计学》。

自2001年11月起，系列教材陆续推出第3版。根据修订的《中华人民共和国会计法》、国务院颁布的《企业财务会计报告条例》、财政部颁布和修订的企业具体会计准则以及财政部颁布的《企业会计制度》等对教材内容进行修订。

自2006年7月起，系列教材陆续推出第4版。进一步修订了教材与2007年1月1日起施行的企业会计准则和中国注册会计师审计准则之间的不协调之处，并将《计算机会计学》更名为《会计信息系统》。

自2009年6月起，系列教材陆续推出第5版。对《高级会计学》《财务管理学》《财务会计学》等的框架结构做了较大调整，新增《会计学（非专业用）》一书。

自2012年6月起，系列教材陆续推出第6版。针对教育部强化本科教育实务性、应用性的要求，新增"简明版"和"模拟实训"两个子系列，并为《初级会计学》和《成本会计学》配备实训手册。

自 2014 年 4 月起，系列教材陆续推出第 7 版。深入阐释了财政部自 2014 年 1 月先后发布或修订的多个会计准则，并新增《财务报表分析》一书。

自 2017 年 8 月起，系列教材陆续推出第 8 版。体现了营改增、会计准则、增值税税率变化等最新动态，并新增《政府与非营利组织会计》，在"简明版"中新增《会计学》《中级财务会计》。为适应数字化对教学的影响，《财务会计学》率先推出"立体化数字教材版"。

自 2020 年 11 月起，系列教材陆续推出第 9 版。根据《高等学校课程思政建设指导纲要》对教材的要求，以及数字时代线上线下教学相结合的特点，着力打造立体化数字教材，并重点体现课程思政等内容。

2023 年是"中国人民大学会计系列教材"出版 30 周年，系列教材陆续推出第 10 版。我们将党的二十大精神融入教材内容，并开始第二轮立体化数字教材的升级工作，为主要教材配套双题库（主教材和学习指导书），以方便教学。

至此，围绕会计专业课程，系列教材形成了如下体系：

主教材（11 本）	学习指导书（7 本）	模拟实训（5 本）	简明版（7 本）
《会计学》	√		《会计学》
《基础会计（原初级会计学）》	√	√	
《财务会计学》	√	√	《中级财务会计》
《财务管理学》	√		《财务管理》
《成本会计学》	√	√	《成本与管理会计》
《管理会计学》	√	√	
《审计学》			
《会计信息系统》			《会计电算化》
《高级会计学》	√		
《财务报表分析》			
《政府与非营利组织会计》			《政府会计》
			《会计专业英语》

系列教材在 30 余年的出版历程中，以高品质荣获众多奖项，并多次入选国家级规划教材。2001 年，系列教材入选由教育部评选的"经济类、管理类专业和法学专业部分主干课程推荐教材"；2003 年，系列教材入选"普通高等教育'十五'国家级规划教材"；2005 年，系列教材以"精心组织，持续探索，打造跨世纪会计精品教材（教材）"荣获"第五届高等教育国家级教学成果奖二等奖"；2008 年，系列教材入选"普通高等教育'十一五'国家级规划教材"，其中《会计信息系统》被教育部评为 2008 年度普通高等教育精品教材，《审计学》被评为 2009 年度普通高等教育精品教材，《财务管理》被评为 2011 年度普通高等教育精品教材；2012 年，系列教材入选"'十二五'普通高等教育本科国家级规划教材"；2014 年，系列教材以"以立体化教材建设支撑会计学专业教学改革

（教材）"荣获"2014年国家级教学成果奖（高教类）二等奖"。

《高等学校课程思政建设指导纲要》指出，培养什么人、怎样培养人、为谁培养人是教育的根本问题，立德树人成效是检验高校一切工作的根本标准。具体到会计学专业，在会计准则国际趋同的大背景下，要着力培养既能立足祖国大地又有国际视野的时代新人。基于此，系列教材积极融入习近平新时代中国特色社会主义思想，深刻把握会计学专业学生培养目标，积极应对数字化对教学的冲击和挑战，更加重视学生的长远发展，注重培养学生的基本素质和能力，尤其是培养学生发现问题、分析问题和解决问题的能力。

系列教材是在我国著名会计学家阎达五教授等老一辈会计学者的精心呵护下诞生，在广大兄弟院校的大力支持下逐渐成长的。我们衷心希望系列教材能够继续得到大家的认可，也诚恳地希望大家多提改进建议，以便我们在今后的修订中不断完善。

中国人民大学会计系

前　言

2024年中国人民大学会计系列教材中的《成本会计学》进行了第9次修订，本书作为该教材的教学辅导用书（学生用书）也随之进行了修订。

本次修订除了对原书的错误和不妥之处进行改正之外，主要做了以下几个方面的工作：

1. 根据第10版教材的内容，考虑教学和学习的实际需要，对原有的练习题进行了修改和补充。例如，主教材第8章新增了一节"数字化技术下的作业成本法"，学习指导书上的习题也随之修改。

2. 为便于学生答题和教师组卷，本书除了在纸质书上提供客观题（包括判断题、单选题、多选题）及参考答案外，还将客观题制作成线上题库，便于学生随时随地扫码做题，提交后不仅可立即查看分数、答案、难易程度等，还配有详细的**解析**。

上述题库不仅方便教师安排课堂小测验，也有助于教师利用组卷系统在线生成试卷，线上布置作业、测试和考试；试卷自动打分，教师可随时查看班级作业完成情况，方便教师做好过程考核。

网页版题库（tk.rdyc.cn）还支持无限次在线随堂测、期中期末组卷并导出，教师用手机号加验证码登录即可使用。具体使用详情见二维码。

题库使用教程

凡购买正版图书的读者，均可扫描封面背面上贴的二维码卡片，注册后即可**免费**使用上述资源。

本次修订由张敏教授、于富生教授、黎来芳副教授担任主编。各章分工如下：第1，2，6，9章和全书实训参考答案由张敏负责修订，第3，5，7章由于富生修订，第4，8章由黎来芳负责修订。最后由张敏对全书进行了总纂。

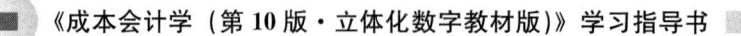

在本次修订中，中国人民大学出版社的陈永凤编辑和陈倩编辑提出了许多宝贵意见，人大会计系访问学者、晋江学院贾丽老师在校对方面提供了帮助，河南工学院孔祥威老师反馈了很多好的建议，对提高本书的质量和保证修订工作的顺利完成付出了辛勤的劳动。谨向她们表示衷心的感谢！

借本书修订之际，我们再次恳请会计同仁和广大读者朋友对本书进行批评指正，以便我们进一步改进、充实和提高。

编者

目 录

第1章	总 论	1
第2章	工业企业成本核算的要求和一般程序	6
第3章	费用在各种产品以及期间费用之间的归集和分配	15
第4章	生产费用在完工产品与在产品之间的归集和分配	66
第5章	产品成本计算方法概述	94
第6章	产品成本计算的基本方法	99
第7章	产品成本计算的辅助方法	158
第8章	作业成本法	201
第9章	成本报表与成本分析	210
自测题一		230
自测题二		238
附录 模拟实训参考答案		247

第1章 总 论

学习指导

本章主要阐述成本会计的基本理论。通过本章的学习，应理解和掌握有关成本会计的基本理论，明确这些理论问题之间的相互联系，以及这些理论对成本会计的内容构成、方法体系和相关实务的重要影响和指导作用。本章各节的主要内容和学习要点如表1-1所示。

表1-1 主要内容和学习要点

章节	主要内容	学习要点
1.1 成本的内涵	广义成本与狭义成本	▲广义成本 ▲狭义成本 ▲成本计算对象
	理论成本内涵与实际成本概念	▲马克思对商品成本的阐述 ▲理论成本与实际成本的区别
1.2 成本的作用	成本的作用	▲成本的四个基本作用
1.3 成本会计的演进发展与学科定位	成本会计的演进发展	▲成本会计的产生 ▲成本会计的发展 ▲信息化时代成本会计面临的挑战 ▲数智化时代的成本会计
	成本会计的学科定位	▲成本会计的学科定位
1.4 成本会计的职能和任务	成本会计的职能	▲成本会计的反映职能 ▲成本会计的监督职能 ▲成本会计两大职能的关系
	成本会计的任务	▲成本会计的主要任务 ▲成本会计职能与任务之间的关系
1.5 成本会计的对象	从企业会计制度出发说明企业成本会计的对象	▲工业企业的成本会计对象 ▲各行业企业的成本会计对象
	成本会计的一般对象	▲财务成本与管理成本概念 ▲成本会计对象的一般表述

续表

章节	主要内容	学习要点
1.6 成本会计工作的组织	成本会计工作组织的原则	▲成本会计工作组织应遵循的各项原则
	成本会计机构	▲成本会计机构设置 ▲成本会计机构内部的分工 ▲企业内部各级成本会计机构组织分工的集中工作和分散工作方式
	成本会计人员	▲对成本会计人员的要求 ▲成本会计人员的职责和权限
	成本会计制度	▲成本会计制度一般应包括的内容

练习题

（一）名词解释

1. 广义成本
2. 狭义成本
3. 成本计算对象
4. 理论成本的内涵
5. 成本会计的职能
6. 成本会计的反映职能
7. 成本会计的监督职能
8. 成本会计的任务
9. 集中工作方式
10. 分散工作方式

（二）判断题（正确的画"√"，错误的画"×"，并说明理由）

1. 从理论上讲，商品价值中的补偿部分，就是商品的理论成本。（　　）
2. 理论成本的内涵，是企业在生产经营过程中所耗费的资金的总和。（　　）
3. 在实际工作中，确定成本的开支范围应以成本的内涵为理论依据。（　　）
4. 总括地讲，成本会计的对象就是产品的生产成本。（　　）
5. 成本计算对象是分配成本的客体，它可以是你关心的、希望知道其成本数据的任何事物。（　　）
6. 提供有关预测未来经济活动的成本信息资料，是成本会计监督职能的一种发展。（　　）
7. 以已经发生的各项费用为依据，为经济管理提供真实的、可以验证的成本信息资料，是成本会计反映职能的基本方面。（　　）
8. 成本会计的监督职能，就是通过对实际成本信息资料进行检查和分析，来评价、考核有关经济活动。（　　）
9. 成本会计的监督，包括事前、事中和事后的监督。（　　）
10. 成本会计的任务，包括成本的预测、决策、计划、核算、控制、考核和分析。（　　）
11. 成本预测和计划是成本会计最基本的任务。（　　）
12. 企业主要应根据外部有关方面的需要来组织成本会计工作。（　　）

(三) 单选题

1. （　　）构成商品的理论成本。
   A. 已耗费的生产资料转移的价值
   B. 劳动者为自己劳动所创造的价值
   C. 劳动者为社会劳动所创造的价值
   D. 已耗费的生产资料转移的价值和劳动者为自己劳动所创造的价值

2. 理论成本的内涵是（　　）。
   A. 生产经营过程中所耗费生产资料转移价值的货币表现
   B. 劳动者为自己劳动所创造价值的货币表现
   C. 劳动者为社会劳动所创造价值的货币表现
   D. 企业在生产经营过程中所耗费的资金的总和

3. 一般来说，实际工作中的成本开支范围与理论成本包括的内容（　　）。
   A. 是有一定差别的   B. 是相互一致的
   C. 是不相关的   D. 是可以相互替代的

4. 从现行企业会计制度的有关规定出发，成本会计的对象是（　　）。
   A. 各项期间费用的支出及归集过程
   B. 产品生产成本的形成过程
   C. 诸会计要素的增减变动
   D. 企业生产经营过程中发生的生产经营业务成本和期间费用

5. 成本会计的首要职能是（　　）。
   A. 反映职能   B. 反映和监督职能
   C. 监督职能   D. 计划和考核职能

6. 成本会计反映职能的最基本方面是（　　）。
   A. 检查各项生产经营耗费的合理性、合法性和有效性
   B. 提供真实的、可以验证的成本信息
   C. 分析和考核成本管理工作的业绩
   D. 调节和指导企业的有关经济活动

7. 成本会计的监督（　　）。
   A. 包括事前、事中和事后监督   B. 包括事前和事后的监督
   C. 是事后的监督   D. 是事前的监督

8. 通过对所提供的成本信息资料的检查和分析，控制和考核有关经济活动，属于成本会计的（　　）。
   A. 事前监督   B. 事前、事后监督
   C. 事中、事后监督   D. 事前、事中监督

9. 成本会计最基本的任务和中心环节是（　　）。

A. 进行成本预测，编制成本计划
B. 审核和控制各项费用的支出
C. 进行成本核算，提供实际成本的核算资料
D. 参与企业的生产经营决策

(四) 多选题

1. 商品的理论成本是由生产商品所耗费的（   ）构成的。
A. 生产资料转移的价值
B. 劳动者为自己劳动所创造的价值
C. 劳动者为社会劳动所创造的价值
D. 必要劳动

2. 成本的主要作用在于（   ）。
A. 是补偿生产耗费的尺度
B. 是综合反映企业工作质量的重要指标
C. 是企业对外报告的主要内容
D. 是制定产品价格的重要因素和进行生产经营决策的重要依据

3. 成本会计的对象，总括地说应该包括（   ）。
A. 产品销售收入的实现过程   B. 财务成本
C. 管理成本   D. 利润的实现及分配过程

4. 成本会计的反映职能包括（   ）。
A. 提供反映成本现状的核算资料的功能
B. 提供有关预测未来经济活动的成本信息资料的功能
C. 控制有关经济活动的功能
D. 考核有关经济活动的功能

5. 成本会计的任务包括（   ）。
A. 成本预测和决策   B. 成本计划和控制
C. 成本核算   D. 成本考核和分析

6. 一般来说，企业应根据（   ）来组织成本会计工作。
A. 本单位生产经营的特点   B. 对外报告的需要
C. 本单位生产规模的大小   D. 本单位成本管理的要求

(五) 简答题

1. 简述广义成本与狭义成本。
2. 简述理论成本与实际工作中所应用的成本概念的联系与区别。
3. 简述成本的作用。
4. 简述成本会计的产生和发展过程及其面临的机遇和挑战。
5. 简述成本会计的反映职能。

6. 简述成本会计的监督职能。

7. 简述成本会计的任务。

8. 简述成本会计的对象。

9. 简述成本会计工作组织应遵循的原则。

10. 简述工业企业成本会计制度一般应包括的内容。

练习题答案

(一) 名词解释（略）

(二) 判断题

1. √

2. √

3. √

4. ×，成本会计的对象，总括地说应该包括各行业企业的财务成本和管理成本。

5. √

6. ×，成本预测是成本会计反映职能的一种发展。

7. √

8. ×，成本会计的监督职能是指按照一定目的和要求，通过控制、调节、指导和考核，保证各项生产经营耗费的合理性、合法性和有效性，以达到预期成本管理目标的功能。

9. √

10. √

11. ×，及时、正确地进行成本核算，是成本会计最基本的任务。

12. ×，企业应根据生产经营的特点、生产规模的大小和成本管理的要求等具体情况来组织成本会计工作。

(三) 单选题

| 1. D | 2. D | 3. A | 4. D | 5. A |
| 6. B | 7. A | 8. C | 9. C | |

(四) 多选题

| 1. AB | 2. ABD | 3. BC | 4. AB | 5. ABCD |
| 6. ACD | | | | |

(五) 简答题（略）

第 2 章　工业企业成本核算的要求和一般程序

学习指导

本章以工业企业为例，主要阐述一些与成本核算直接相关的、具体的基础性问题。通过本章的学习，应明确企业成本核算与成本管理的关系，以及为了满足成本管理的需要，成本核算应符合哪些要求；为了正确地计算成本，及时、准确地提供成本信息，成本会计应做好哪些方面的基础性工作；理解成本费用的分类和成本核算的一般程序和账务处理的基本过程，为进一步学习成本核算打好基础。本章各节的主要内容和学习要点如表 2-1 所示。

表 2-1　主要内容和学习要点

章节	主要内容	学习要点
2.1　成本核算的要求	成本核算应符合的要求	▲加强对费用的审核与控制 ▲正确划分各种费用界限 ▲做好各项基础工作 ▲按照生产特点和管理要求，采用适当的成本计算方法
2.2　费用的分类	生产经营过程中发生的费用的各种分类	▲费用按经济内容的分类 ▲生产费用按经济用途的分类 ▲期间费用按经济用途的分类 ▲生产费用按与生产工艺的关系分类 ▲生产费用按计入产品成本的方法分类
2.3　成本核算的一般程序和主要会计科目	成本核算的一般程序	▲成本核算的一般程序 ▲成本核算的一般程序与划分各种费用界限之间的联系
	成本核算的主要会计科目	▲成本核算需要设置的主要会计科目 ▲成本核算主要会计科目的用途和结构

练习题

(一) 名词解释

1. 成本核算
2. 费用要素
3. 产品生产成本项目
4. 制造费用
5. 销售费用
6. 管理费用
7. 财务费用
8. 直接生产费用
9. 间接生产费用
10. 直接计入费用
11. 间接计入费用
12. 基本生产
13. 辅助生产
14. 成本计算对象
15. 成本计算期

(二) 判断题（正确的画"√"，错误的画"×"，并说明理由）

1. 为了正确地计算产品成本，应该也可能绝对正确地划分各个会计期间的费用界限。（　）
2. 为了正确地计算产品成本，应该也可能绝对正确地划分各种产品的费用界限。（　）
3. 为了正确地计算产品成本，应该也可能绝对正确地划分完工产品和在产品的费用界限。（　）
4. 制定和修订定额，只是为了进行成本考核，与成本计算没有关系。（　）
5. 企业生产经营的原始记录，是进行成本预测、编制成本计划、进行成本核算的重要依据。（　）
6. 制定企业内部计划价格是为了分清内部各单位的经济责任，便于分析内部各单位成本计划的完成情况和管理业绩，并加速和简化核算工作。（　）
7. 为了尽可能地符合实际情况，企业内部价格应该在年度内经常变动。（　）
8. 所谓费用要素，就是费用按经济内容的分类。（　）
9. 外购材料、外购动力属于费用要素。（　）
10. 折旧费用和职工薪酬费用是产品成本项目。（　）
11. 费用按经济内容分类，便于分析各种费用的支出是否节约、合理。（　）
12. 产品成本项目就是计入产品成本的费用按经济内容分类核算的项目。（　）
13. "直接人工"是反映直接参加产品生产工人的薪酬费用的产品成本项目。（　）
14. 如果工艺上耗用的燃料和动力不多，可以将其中的燃料费用并入"直接材料"成本项目，将其中的动力费用并入"制造费用"成本项目。（　）
15. 工业企业的期间费用按照经济内容可以分为销售费用、管理费用和财务

费用。（　）

16. 计入产品的各项生产费用按与生产工艺的关系可以分为直接计入费用和间接计入费用。（　）

17. 计入产品的各项生产费用按与生产工艺的关系可以分为直接生产费用和间接生产费用。（　）

18. 直接生产费用多数情况下是直接计入费用，间接生产费用多数情况下是间接计入费用。（　）

19. 在只生产一种产品的企业（或车间）中，全部生产费用均属于直接计入费用。（　）

20. 在只生产一种产品的企业（或车间）中，全部生产费用均属于直接生产费用。（　）

21. 在联产品生产企业（或车间）中，全部生产费用均属于间接计入费用。（　）

22. 在联产品生产企业（或车间）中，全部生产费用均属于间接生产费用。（　）

23. 生产设备的折旧费用计入制造费用，因此它属于间接生产费用。（　）

24. 直接生产费用既可能是直接计入费用，也可能是间接计入费用。（　）

25. "基本生产成本"科目应该按成本计算对象设置明细分类账，账内按成本项目分设专栏或专行。（　）

26. 为了核算企业的期间费用，应该设置"销售费用""管理费用""制造费用"科目。（　）

27. "辅助生产成本"科目月末应无余额。（　）

28. 直接材料费用、直接人工费用和直接燃料和动力费用，均属于直接生产费用。（　）

29. 期间费用的节约与否，不会直接影响当期利润。（　）

30. "管理费用"科目的明细核算，应采用多栏式明细分类账，账内应按费用项目设置专栏。（　）

（三）单选题

1. 下列各项中，属于费用要素的是（　）。
   A. 直接材料　　　　　　B. 直接人工
   C. 外购材料　　　　　　D. 废品损失

2. 下列各项中，属于费用要素的是（　）。
   A. 销售费用　　　　　　B. 管理费用
   C. 折旧费用　　　　　　D. 制造费用

3. 下列各项中，属于产品成本项目的是（　）。

A. 废品损失 　　　　　　　　B. 职工薪酬费用

C. 管理费用 　　　　　　　　D. 销售费用

4. 下列各项中，属于成本项目的是（　　）。

A. 外购动力 　　　　　　　　B. 利息支出

C. 外购燃料 　　　　　　　　D. 直接材料

5. 下列各项中，应计入制造费用的是（　　）。

A. 构成产品实体的原材料费用　　B. 产品生产工人工资

C. 车间管理人员工资　　　　　　D. 工艺用燃料费用

6. 下列各项中，应计入管理费用的是（　　）。

A. 企业行政管理部门用固定资产的折旧费用

B. 车间厂房的折旧费用

C. 车间生产用设备的折旧费用

D. 车间辅助人员的工资

7. 下列各项中，应计入管理费用的是（　　）。

A. 企业专设销售机构人员的工资

B. 产品广告费用

C. 企业行政管理部门的办公费

D. 车间的办公费用

8. 下列各项中，应计入管理费用的是（　　）。

A. 银行借款的利息支出　　　　B. 银行存款的利息收入

C. 企业的技术转让费用　　　　D. 车间管理人员的工资

9. 下列各项中，属于直接生产费用的是（　　）。

A. 生产车间厂房的折旧费用

B. 产品生产用设备的折旧费用

C. 企业行政管理部门用固定资产的折旧费用

D. 生产车间管理人员的工资

10. 下列各项中，属于直接生产费用的是（　　）。

A. 产品生产工人的薪酬费用　　B. 车间辅助人员的薪酬费用

C. 车间管理人员的薪酬费用　　D. 生产车间的办公费用

11. 下列各项中，属于间接生产费用的是（　　）。

A. 构成产品主要实体的原料及主要材料费用

B. 有助于产品形成的辅助材料费用

C. 工艺用燃料费用

D. 生产车间一般消耗性材料费用

12. 下列各项中，属于间接生产费用的是（　　）。

A. 生产车间厂房的折旧费

B. 产品生产工人的薪酬费用

C. 产品生产用固定资产的折旧费

D. 企业行政管理部门用固定资产的折旧费

13. 正确处理跨期费用的摊提工作，是为了正确划分（　　）。

A. 各月份的费用界限

B. 生产费用与期间费用的界限

C. 各种产品之间的费用界限

D. 完工产品与在产品的费用界限

14. 设置产品成本项目的目的是（　　）。

A. 为了反映费用支出所属的劳动要素

B. 为了反映各个时期各种费用的构成和水平

C. 为了给编制材料采购和劳动工资计划提供资料

D. 为了反映生产费用的具体用途，提供产品成本构成情况的资料

（四）多选题

1. 为了正确计算产品成本，必须做好的各项基础工作有（　　）。

A. 定额的制定和修订

B. 企业内部计划价格的制定和修订

C. 各项原始记录

D. 材料物资的计量、收发、领退和盘点

2. 为了正确计算产品成本，必须正确划分的费用界限有（　　）。

A. 生产费用与期间费用的界限

B. 各月份的费用界限

C. 销售费用与财务费用的界限

D. 各种产品的费用界限

3. 下列各项中，属于费用要素的有（　　）。

A. 直接材料　　　　　　　　B. 固定资产折旧费

C. 利息支出　　　　　　　　D. 直接燃料和动力

4. 下列各项中，属于费用要素的有（　　）。

A. 外购材料　　　　　　　　B. 外购动力

C. 直接人工　　　　　　　　D. 制造费用

5. 下列各项中，属于产品成本项目的有（　　）。

A. 废品损失　　　　　　　　B. 制造费用

C. 直接人工　　　　　　　　D. 职工薪酬

6. 下列各项中，属于直接生产费用的有（　　）。

A. 机器设备的折旧费

B. 车间厂房的折旧费

C. 几种产品共同消耗的原材料费用

D. 车间的机物料消耗

7. 下列各项中，属于间接生产费用的有（　　）。

A. 车间厂房的折旧费

B. 车间管理人员的职工薪酬

C. 几种产品共同消耗的动力费用

D. 车间辅助人员的职工薪酬

8. 下列各项中，属于直接计入费用的有（　　）。

A. 几种产品共同消耗的辅助材料费用

B. 几种产品共同负担的制造费用

C. 一种产品消耗的原材料费用

D. 一种产品消耗的生产工人薪酬费用

9. 下列各项中，属于间接计入费用的有（　　）。

A. 联产品消耗的原材料费用

B. 一种产品负担的辅助材料费用

C. 几种产品共同负担的生产工人薪酬费用

D. 管理费用

10. 记入"直接材料"成本项目的有（　　）。

A. 直接用于产品生产的原料费用

B. 直接用于产品生产的主要材料费用

C. 车间的机物料消耗

D. 直接用于产品生产的辅助材料费用

11. 要素费用中的外购材料费用，可能记入的成本项目有（　　）。

A. "直接材料"　　　　　　B. "直接人工"

C. "废品损失"　　　　　　D. "制造费用"

12. 要素费用中的职工薪酬费用，可能记入的会计科目有（　　）。

A. "制造费用"　　　　　　B. "销售费用"

C. "财务费用"　　　　　　D. "基本生产成本"

13. 下列各项中，属于产品销售费用的有（　　）。

A. 广告费　　　　　　　　B. 委托代销手续费

C. 展览费　　　　　　　　D. 专设销售机构的办公费

14. 下列各项中，属于管理费用的有（　　）。

A. 咨询费　　　　　　　　B. 诉讼费

C. 公司经费　　　　　　　　D. 业务招待费

15. 下列各项中，可能计入财务费用的有（　　）。

A. 金融机构手续费　　　　　B. 利息费用

C. 汇兑损失　　　　　　　　D. 利息收入

（五）简答题

1. 正确计算产品成本应该正确划清哪些费用界限？
2. 正确计算产品成本应该做好哪些基础工作？
3. 简述费用按经济内容的分类。
4. 简述费用按经济用途的分类。
5. 简述生产费用按与生产工艺的关系的分类。
6. 简述生产费用按计入产品成本的方法的分类。
7. 简述成本核算的一般程序。
8. 为了进行产品成本的核算需要设置哪些会计科目？

练习题答案

（一）名词解释（略）

（二）判断题

1. ×，有些费用，如跨期摊提费用，其受益的期限或各期的受益程度并不明确，需要加以估计，不能做到绝对正确。

2. ×，对于几种产品共同耗用的费用，需要按照一定的方法，在各种产品之间进行分配，不能做到绝对正确。

3. ×，完工产品与在产品之间的费用分配，需要采用一定的方法进行，不能做到绝对正确。

4. ×，在产品成本计算中，定额消耗量、定额费用往往是分配实际费用的标准。

5. √

6. √

7. ×，企业内部价格一般在年度内不变。

8. √

9. √

10. ×，折旧费用和职工薪酬费用属于费用要素。

11. ×，费用按经济内容分类，不能说明各项费用的用途，因而不便于分析各种费用支出是否节约、合理。

12. ×，产品成本项目是生产费用按其用途分类核算的项目。

13. √

14. √
15. ×，销售费用、管理费用和财务费用是期间费用按经济用途的一种分类。
16. ×，直接计入费用和间接计入费用是生产费用按计入成本的方法的分类。
17. √
18. √
19. √
20. ×，在只生产一种产品的企业（或车间）中，全部生产费用均属于直接计入费用。
21. √
22. ×，在联产品生产企业（或车间）中，全部生产费用均属于间接计入费用。
23. ×，生产设备的折旧费用是由生产工艺本身引起的、直接用于产品生产的费用，因而属于直接生产费用。
24. √
25. √
26. ×，制造费用不属于期间费用。
27. ×，与"基本生产成本"科目一样，"辅助生产成本"科目月末可能有余额。
28. √
29. ×，期间费用直接计入当期损益，其节约与否会直接影响当期利润。
30. √

（三）单选题

1. C	2. C	3. A	4. D	5. C
6. A	7. C	8. C	9. B	10. A
11. D	12. A	13. A	14. D	

（四）多选题

1. ABCD	2. ABD	3. BC	4. AB	5. ABC
6. AC	7. ABD	8. CD	9. AC	10. ABD
11. ACD	12. ABD	13. ABCD	14. ABCD	15. ABCD

（五）简答题（略）

教材部分习题答案

案例题

1. 由于各基本生产车间生产的产品品种都比较多，在产品成本账的设置上，除了设置基本生产成本总账以及按产品设置产品成本明细账以外，还应按车间设置基本生产成本二级账。

由于该企业能源方面的费用在产品成本中所占比重很大，应予以重点反映和控制，该企业应该为各种产品设置"直接材料""直接人工""直接燃料和动力""制造费用"等成本项目，即应该专设"直接燃料和动力"成本项目，用以单独反映产品成本中的能源消耗情况。

2. 应该为辅助部门设置"辅助生产成本"总账以及相关的明细账进行辅助生产产品或劳务的成本核算。由于锅炉车间的规模比较大，该车间的制造费用应单独设账核算；而运输队的规模较小，为简化核算起见，该车间可以不设置制造费用明细账，所发生的制造费用直接在该车间的"辅助生产成本"明细账中核算。

第 3 章　费用在各种产品以及期间费用之间的归集和分配

学习指导

本章讲述各种费用的横向归集和分配（费用在各种产品及期间费用之间的归集和分配）。本章的内容与第 4 章讲述的各种费用的纵向归集和分配（费用在完工产品与在产品之间的归集和分配）共同构成工业企业成本核算的基本程序，是成本核算中最基本的内容。因此，对于本章的内容应全面、深入地理解，切实加以掌握。本章各节的主要内容和学习要点如表 3-1 所示。

表 3-1　主要内容和学习要点

章节	主要内容	学习要点
3.1 各项要素费用的分配	要素费用分配概述	▲各项要素费用分配应记入的科目及其成本项目（或费用项目） ▲间接计入费用的分配标准及分配的一般计算公式
	材料费用的分配	▲原材料费用分配的主要标准和方法及账务处理 ▲燃料费用的分配方法及账务处理 ▲低值易耗品的摊销方法及账务处理
	外购动力费用的分配	▲外购动力费用的分配方法及账务处理
	职工薪酬的分配	▲工资费用的计算与分配 ▲其他短期薪酬的分配
	固定资产折旧费用的分配	▲固定资产折旧费用的计提及账务处理
	利息及其他费用的分配	▲利息和其他费用的核算
3.2 跨期摊提费用的归集和分配	费用的跨期摊销	▲费用的跨期摊销的内容 ▲费用的跨期摊销的账务处理
	费用的跨期计提	▲费用的跨期计提的内容 ▲费用的跨期计提的账务处理

续表

章节	主要内容	学习要点
3.3 辅助生产费用的归集和分配	辅助生产费用的归集	▲辅助生产设置制造费用明细账和不设置制造费用明细账两种情况下辅助生产费用的归集程序
	辅助生产费用的分配	▲辅助生产费用分配的各种方法的具体应用及账务处理 ▲辅助生产费用各种分配方法的特点、适用情况及优缺点
3.4 制造费用的归集和分配	制造费用的归集	▲制造费用在构成内容方面的特点 ▲制造费用明细账的设置
	制造费用的分配	▲制造费用分配的各种方法的具体应用及账务处理 ▲制造费用分配的各种方法的特点、适用情况及优缺点
3.5 废品损失和停工损失的核算	废品损失的归集和分配	▲废品的含义及不可修复废品损失的计算 ▲不可修复废品损失归集与分配的账务处理 ▲可修复废品损失的计算 ▲可修复废品损失的归集与分配的账务处理
	停工损失的归集和分配	▲停工损失的含义 ▲停工损失的归集和分配的账务处理
3.6 期间费用的核算	销售费用的归集和结转	▲销售费用明细账的设置 ▲销售费用归集和结转的账务处理
	管理费用的归集和结转	▲管理费用明细账的设置 ▲管理费用归集和结转的账务处理
	财务费用的归集和结转	▲财务费用明细账的设置 ▲财务费用归集和结转的账务处理

练习题

（一）名词解释

1. 低值易耗品
2. 一次摊销法
3. 分次摊销法
4. 五五摊销法
5. 职工薪酬
6. 直接分配法
7. 顺序分配法
8. 交互分配法
9. 代数分配法
10. 计划成本分配法
11. 废品损失
12. 停工损失
13. 跨期摊提费用

（二）判断题（正确的画"√"，错误的画"×"，并说明理由）

1. 直接生产费用都是直接计入费用，间接生产费用都是间接计入费用。（　）

2. 若辅助生产车间未设"制造费用"明细账，则对于直接或间接用于辅助生产的各项费用，均记入"辅助生产成本"科目。（　）

3. 基本生产车间直接用于产品生产，但没有专设成本项目的各项费用，应先记入"制造费用"科目。（　）

4. 基本生产车间间接用于产品生产的各项费用应先记入"制造费用"科目。（　）

5. 各项期间费用均不计入产品成本，应全部计入当期损益。（　）

6. 由几种产品共同耗用的、有助于产品形成的辅助材料费用，可以直接计入各种产品成本。（　）

7. 由几种产品共同耗用的原材料费用，按原材料定额消耗量比例分配与按原材料定额费用比例分配的计算结果是不同的。（　）

8. 基本生产车间用于生产的低值易耗品，其摊销额应计入制造费用。（　）

9. 五五摊销法适用于各月领用和报废比较均衡、各月摊销额相差不多的低值易耗品的摊销。（　）

10. 一次摊销法适用于一些单位价值低、使用期限较短、一次领用数量不多以及容易损坏的低值易耗品的摊销。（　）

11. 基本生产车间和辅助生产车间的照明用电费用，不计入产品成本，应计入管理费用。（　）

12. 在计件工资制度下，如果是生产多种产品，需要采用一定的分配标准计算分配产品生产工人的薪酬费用。（　）

13. 按年度计划分配率分配法，特别适用于季节性生产企业制造费用的分配。（　）

14. 对于几种产品共同耗用的计时工资，按实际工时比例进行分配比按定额工时比例进行分配更能体现产品负担的直接人工费用与其劳动生产率高低之间的关系。（　）

15. 跨期摊提费用是指费用的受益期不是或不限于支付月份，而是跨越若干个月份，需要在受益的各月份进行摊销或计提的费用。（　）

16. 要素费用中利息费用，是期间费用中管理费用的组成部分。（　）

17. 长期待摊费用是指本期发生（支付）的、应在一年以上的期间分期摊销的各项费用。（　）

18. 在辅助生产车间不设制造费用明细账的情况下，辅助生产成本明细账应采用成本项目与费用项目相结合的办法来设置专栏。（　）

19. 直接分配法是将辅助生产费用直接分配给所有受益单位的一种辅助生产

费用的分配方法。（　）

20. 在顺序分配法下，应将辅助生产车间之间相互提供劳务受益多的车间排在前面，先将费用分配出去，受益少的车间排在后面，后将费用分配出去。（　）

21. 在交互分配法下，对外分配的辅助生产费用，应为交互分配前的费用加上交互分配时转入的费用减去交互分配时转出的费用。（　）

22. 在计划成本分配法下，计算出的辅助生产车间实际发生的费用，是完全的实际费用。（　）

23. 制造费用是指企业为生产产品而发生的、应计入产品成本，但没有专设成本项目的各项费用。（　）

24. 不论采用什么分配方法分配制造费用，分配结果都是"制造费用"科目期末没有余额。（　）

25. 可修复废品是指技术上、工艺上可以修复的废品。（　）

26. 企业各生产车间的制造费用应该加以汇总，在整个企业的各种产品之间统一分配。（　）

（三）单选题

1. 直接用于产品生产的燃料费用，应记入的会计科目是（　）。
   A. "制造费用"　　　　　　B. "管理费用"
   C. "销售费用"　　　　　　D. "基本生产成本"

2. 在不设"直接燃料和动力"成本项目的情况下，直接用于产品生产的动力费用，应记入的会计科目是（　）。
   A. "制造费用"　　　　　　B. "管理费用"
   C. "销售费用"　　　　　　D. "基本生产成本"

3. 基本生产车间耗用的机物料费用，应记入的会计科目是（　）。
   A. "基本生产成本"　　　　B. "管理费用"
   C. "辅助生产成本"　　　　D. "制造费用"

4. 产品销售过程中发生的各项费用，应记入的会计科目是（　）。
   A. "制造费用"　　　　　　B. "管理费用"
   C. "销售费用"　　　　　　D. "财务费用"

5. 在下列辅助生产费用的分配方法中，计算分配工作最为简便的是（　）。
   A. 直接分配法　　　　　　B. 顺序分配法
   C. 交互分配法　　　　　　D. 代数分配法

6. 在下列辅助生产费用的分配方法中，分配结果最为准确的是（　）。
   A. 直接分配法　　　　　　B. 代数分配法
   C. 交互分配法　　　　　　D. 计划成本分配法

7. 在计件工资制度下，产品生产工人的工资费用（　）。

A. 是直接生产费用，也是直接计入费用

B. 是直接生产费用，但属于间接计入费用

C. 是间接生产费用，也是间接计入费用

D. 是间接生产费用，但属于直接计入费用

8. 基本生产车间计提的固定资产折旧费，应记入（　　）科目。

A. "制造费用"　　　　　　　B. "财务费用"

C. "管理费用"　　　　　　　D. "销售费用"

9. 企业行政管理部门计提的固定资产折旧费，应记入（　　）科目。

A. "制造费用"　　　　　　　B. "财务费用"

C. "管理费用"　　　　　　　D. "销售费用"

10. 长期待摊费用的摊销期限应该是（　　）。

A. 一年以内　　　　　　　　B. 一年以上

C. 2年以内　　　　　　　　D. 视情况而定

11. 直接分配法是将辅助生产费用（　　）。

A. 直接分配给受益的各基本生产车间的方法

B. 直接计入管理费用的方法

C. 直接分配给辅助车间以外的各受益单位的方法

D. 直接分配给各受益单位的方法

12. 在交互分配法下，交互分配后的实际费用应在（　　）。

A. 辅助车间以外的受益单位之间进行分配

B. 各受益单位之间进行分配

C. 各辅助车间之间进行分配

D. 各受益的基本车间之间进行分配

13. 辅助生产费用的分配方法中，便于考核和分析受益单位的经济责任，能够反映辅助生产产品或劳务的成本差异的是（　　）。

A. 直接分配法　　　　　　　B. 交互分配法

C. 顺序分配法　　　　　　　D. 计划成本分配法

14. 基本生产车间用于生产的低值易耗品，其价值摊销额应记入的会计科目是（　　）。

A. "基本生产成本"　　　　　B. "制造费用"

C. "销售费用"　　　　　　　D. "管理费用"

15. 在下列制造费用分配方法中，适用于季节性生产企业的是（　　）。

A. 生产工时比例法　　　　　B. 生产工人工资比例法

C. 机器工时比例法　　　　　D. 按年度计划分配率分配法

16. 在下列制造费用分配方法中，使"制造费用"科目在每月分配制造费用

后有可能有余额的是（   ）。

A. 生产工时比例法　　　　　　　B. 生产工人工资比例法
C. 机器工时比例法　　　　　　　D. 按年度计划分配率分配法

（四）多选题

1. 基本生产车间领用材料的费用，按其用途进行分配，可能记入的会计科目有（   ）。

A. "基本生产成本"　　　　　　　B. "制造费用"
C. "管理费用"　　　　　　　　　D. "销售费用"

2. 直接材料费用的分配标准有（   ）。

A. 直接材料定额消耗量　　　　　B. 直接材料定额费用
C. 产品的体积　　　　　　　　　D. 产品的重量

3. 在下列方法中，属于低值易耗品摊销方法的有（   ）。

A. 一次摊销法　　　　　　　　　B. 分次摊销法
C. 五五摊销法　　　　　　　　　D. 定额比例法

4. 在计时工资制度下，产品生产工人工资的分配标准一般有（   ）。

A. 产品的售价　　　　　　　　　B. 产品的体积
C. 产品的实际生产工时　　　　　D. 产品的定额生产工时

5. 应计入产品成本的职工薪酬费用，按其用途进行分配，可能记入的会计科目有（   ）。

A. "销售费用"　　　　　　　　　B. "基本生产成本"
C. "制造费用"　　　　　　　　　D. "管理费用"

6. 在下列职工薪酬费用中，应计入产品成本的有（   ）。

A. 产品生产工人的薪酬费用
B. 基本生产车间管理人员的薪酬费用
C. 基本生产车间辅助工人的薪酬费用
D. 企业专设销售机构人员的薪酬费用

7. 用于企业生产经营管理的固定资产的折旧费用，按其用途进行分配，可能记入的会计科目有（   ）。

A. "基本生产成本"　　　　　　　B. "制造费用"
C. "销售费用"　　　　　　　　　D. "管理费用"

8. 经过要素费用的分配，记入"基本生产成本"科目借方的费用，同时也记入了其所属明细账的（   ）成本项目。

A. "直接材料"　　　　　　　　　B. "直接人工"
C. "直接燃料和动力"　　　　　　D. "制造费用"

9. 在下列辅助生产费用分配方法中，对所有受益单位都分配费用的有（   ）

A. 顺序分配法 B. 直接分配法
C. 交互分配法 D. 代数分配法

10. 在下列辅助生产费用分配方法中，对辅助生产费用进行两次或两次以上分配的有（ ）。

A. 顺序分配法 B. 直接分配法
C. 交互分配法 D. 代数分配法

11. 辅助生产费用分配的计划成本分配法的优点有（ ）。

A. 分配结果最为正确
B. 可以简化和加速计算分配工作
C. 便于考核和分析受益单位的经济责任
D. 可以反映辅助生产车间产品或劳务的成本差异

12. 在按年度计划分配率分配法下，要计算年度计划分配率，必须取得的数据有（ ）。

A. 年度制造费用计划总额 B. 年度各种产品的计划产量
C. 各种产品的工时定额 D. 各种产品的计划销售单价

13. 在五五摊销法下，应在"低值易耗品"总账科目下分设的二级科目有（ ）。

A. "在库低值易耗品" B. "在用低值易耗品"
C. "低值易耗品摊销" D. "低值易耗品成本差异"

14. 辅助生产车间的制造费用不通过"制造费用"科目核算，应符合的条件有（ ）。

A. 辅助生产车间规模较大，发生的制造费用较多
B. 辅助生产车间规模很小，发生的制造费用很少
C. 辅助生产不对外销售产品或提供劳务
D. 辅助生产对外销售产品或提供劳务

15. 在下列方法中，属于制造费用分配方法的有（ ）。

A. 生产工时比例法 B. 机器工时比例法
C. 按年度计划分配率分配法 D. 定额比例法

16. 废品损失包括的内容有（ ）。

A. 不可修复废品的生产成本扣除废品残值和应收赔款后的数额
B. 可修复废品的修复费用
C. 不合格品的降价损失
D. 产品入库后因保管不善造成的损失

17. "废品损失"科目借方对应的科目可能有（ ）。

A. "基本生产成本" B. "制造费用"

C. "应付职工薪酬"   D. "原材料"

18. "废品损失"科目贷方对应的科目可能有（   ）。

A. "其他应收款"   B. "基本生产成本"

C. "原材料"   D. "销售费用"

19. 下列费用中，属于财务费用的抵减项目的有（   ）。

A. 固定资产盘盈   B. 存货盘盈

C. 汇兑收益   D. 利息收入

（五）核算与计算题

1. 按定额费用比例分配直接材料费用

[资料] 某企业生产甲、乙两种产品，耗用直接材料费用共计 58 800 元。本月投产甲产品 200 件，乙产品 250 件。单件直接材料费用定额：甲产品 120 元，乙产品 100 元。

[要求] 按直接材料定额费用比例分配甲、乙产品直接材料实际费用（计算直接材料定额费用、直接材料费用分配率，分配直接材料实际费用）。

2. 按定额消耗量比例分配直接材料费用

[资料] 某企业生产甲、乙两种产品，共同耗用某种直接材料 38 400 元。单件产品直接材料消耗定额为：甲产品 15 千克，乙产品 12 千克。产量分别为：甲产品 200 件，乙产品 150 件。

[要求] 按直接材料定额消耗量比例分配计算甲、乙产品实际耗用直接材料费用。

3. 按定额消耗量比例分配直接材料费用

[资料] 某企业生产 A、B 两种产品，共同耗用甲材料 3 600 千克。单件产品的直接材料消耗定额为：A 产品 9 千克，B 产品 12 千克。产量分别为：A 产品 200 件，B 产品 100 件。甲材料的计划单价为每千克 200 元，本月甲材料的材料成本差异率为 -1%。

[要求]

（1）计算 A，B 两种产品的定额消耗量，并据以计算分配率，分配 A，B 两种产品的实际消耗量。

（2）计算 A，B 两种产品应负担的按计划单价和实际消耗量计算的直接材料费用，并编制相应的会计分录。

（3）计算 A，B 两种产品应负担的材料成本差异，并编制相应的会计分录。

4. 低值易耗品一次摊销法

[资料] 某企业对于某些低值易耗品采用一次摊销法。基本生产车间领用一批工具，计划成本 2 000 元；本月报废以前月份领用的另一批工具，计划成本为 3 000 元，残料计价 100 元，已验收入库。该月低值易耗品的成本差异率为超支 3%。

[要求] 编制低值易耗品领用、报废和调整成本差异的会计分录。

5. 低值易耗品分次摊销法

[资料] 某企业低值易耗品采用分次摊销法。基本生产车间领用专用工具一批，计划成本 24 000 元，本月低值易耗品成本差异率为超支 1%，该批专用工具在一年内分月平均摊销。

[要求] 编制领用、摊销和调整成本差异的会计分录。

6. 低值易耗品五五摊销法

[资料] 某企业低值易耗品采用五五摊销法。本月企业行政管理部门领用管理用具一批，计划成本 8 000 元，本月低值易耗品成本差异率为超支 2%；本月报废另一批管理用具，计划成本 10 000 元，回收残料计价 200 元，已验收入库。

[要求] 编制领用、摊销、报废和调整成本差异的会计分录。

7. 外购动力费用分配

[资料] 某企业 20××年 10 月份应付外购电力费用 20 000 元，增值税进项税额 2 600 元，款项尚未支付。本月该企业基本生产车间耗电 43 000 度，其中车间照明用电 3 000 度，产品生产动力用电 40 000 度；企业行政管理部门耗电 7 000 度。企业基本生产车间生产 A，B 两种产品，A 产品生产工时 6 000 小时，B 产品生产工时 2 000 小时。

[要求] 按所耗电度数计算分配电力费用，A，B 产品按生产工时计算分配电费，编制分配电力费用的会计分录。

8. 按定额工时比例计算分配生产工人薪酬费用

[资料] 某企业基本生产第一车间生产甲、乙两种产品，6 月份生产工人的计时工资为 90 000 元，车间管理人员工资为 20 000 元；甲产品生产耗用定额工时 8 000 小时，乙产品生产耗用定额工时 1 000 小时。该企业其他短期职工薪酬的提取比例为工资总额的 40%。

[要求]

（1）按定额工时比例计算分配甲、乙产品生产工人薪酬费用。

（2）计算本月应计提的其他职工薪酬费用。

（3）根据以上计算分配的结果编制分配职工薪酬费用的会计分录。

9. 直接人工费用的分配

[资料] 江城公司第一生产车间生产甲、乙两种产品。两种产品的工时消耗定额为 5 小时/件。6 月份生产甲产品 1 000 件，乙产品 800 件（两种产品期初和期末均无在产品）；甲产品实际耗用生产工时 4 800 小时，乙产品实际耗用生产工时 4 100 小时。本月甲、乙两种产品的生产工人的薪酬费用（直接人工费用）为 80 100 元。

[要求]

(1) 计算甲、乙两种产品本月消耗的定额工时，并据以分配甲、乙两种产品共同耗用的生产工人的薪酬费用。

(2) 根据本题所提供的资料，按实际耗用生产工时计算分配甲、乙两种产品共同耗用的生产工人的薪酬费用。

(3) 根据以上计算结果并结合所给资料，说明选择哪一种分配标准较为合理，并简要评价甲、乙两种产品在生产过程中的生产效率问题。

10. 编制原材料费用分配表

[资料] 某企业基本生产车间生产 A，B 两种产品，根据领料单凭证归类汇总后，编制原材料耗用表，见表 3-2。

表 3-2 原材料耗用表

原材料名称	计划单位成本（元）	A 产品消耗定额（千克）	B 产品消耗定额（千克）	实际消耗总量（千克）
甲材料	2	50	100	24 500
乙材料	4	40	80	19 000
丙材料	6	30	50	14 300

本月投产 A 产品 100 件，B 产品 200 件。材料成本差异率为超支 1%。

[要求] 按定额消耗量比例分配实际消耗量，在此基础上根据所给资料计算各种产品的原材料实际费用，并据以编制原材料费用分配表（分配率要列出计算过程）。

11. 辅助生产费用分配的直接分配法和顺序分配法

[资料] 某企业设有供水车间和运输队两个辅助生产部门，辅助生产部门的制造费用，不通过"制造费用"明细账核算。供水车间本月发生费用 43 800 元，提供水 38 000 立方米，其中为运输队供水 1 500 立方米，为基本生产车间供水 36 000 立方米（基本生产车间一般耗用），为行政管理部门供水 500 立方米。运输队本月发生费用 64 000 元，提供运输劳务 64 500 吨公里，其中为供水车间提供 500 吨公里，为基本生产车间提供 60 000 吨公里，为行政管理部门提供 4 000 吨公里。

[要求]

(1) 采用直接分配法分配辅助生产费用，并根据分配结果编制有关会计分录。

(2) 采用顺序分配法分配辅助生产费用，并根据分配结果编制有关会计分录。

12. 辅助生产费用分配的交互分配法和代数分配法

[资料] 某企业设有供水车间和供电车间两个辅助生产部门，辅助生产部门的制造费用，通过"制造费用"科目进行明细核算。本月各辅助生产车间发生的

费用和提供的产品数量见表3-3。

表3-3 辅助生产费用及产品数量表

项目		供水车间	供电车间
待分配费用（元）	"辅助生产成本"科目	8 400	95 000
	"制造费用"科目	1 500	25 000
	小计	9 900	120 000
产品数量		9 000 立方米	150 000 度
耗用产品数量	供水车间		30 000 度（动力用电）
	供电车间	2 000 立方米	
	基本生产——甲产品		100 000 度（动力用电）
	基本生产车间	5 000 立方米	10 000 度（照明用电）
	行政管理部门	2 000 立方米	10 000 度

[要求]

（1）采用交互分配法分配辅助生产费用，并根据分配结果编制有关会计分录。"基本生产成本"明细账设有"直接燃料和动力"成本项目，"辅助生产成本"明细账未设"直接燃料和动力"成本项目。

（2）采用代数分配法分配辅助生产费用，并根据分配结果编制有关会计分录。

13. 辅助生产费用分配的计划成本分配法

[资料] 某企业设有供水车间和运输队两个辅助生产部门，辅助生产部门的制造费用，通过"制造费用"科目进行明细核算。本月两个辅助生产部门的费用和提供的产品或劳务的数量见表3-4。

表3-4 辅助生产费用及产品或劳务数量表

项目		供水车间	运输队
待分配费用（元）	"辅助生产成本"科目	8 000	15 000
	"制造费用"科目	2 000	5 000
	小计	10 000	20 000
产品或劳务数量		10 000 立方米	16 000 吨公里
计划单位成本		1.1	1.2
耗用产品或劳务数量	供水车间		2 000 吨公里
	运输队	1 000 立方米	
	基本生产车间	8 000 立方米	10 000 吨公里
	行政管理部门	1 000 立方米	4 000 吨公里

[要求] 采用计划成本分配法分配辅助生产费用（列示计算过程）。

(1) 计算各受益单位按计划成本分配费用的数额。

(2) 计算辅助生产（供水、运输）实际成本数额。

(3) 计算辅助生产成本差异。

(4) 编制按计划成本分配辅助生产成本及其差异的会计分录（"辅助生产成本""制造费用"科目列示明细科目）。

14. 制造费用的归集和分配的核算

[资料] 某工业企业设有一个基本生产车间、一个辅助生产车间。基本生产车间生产甲、乙两种产品，辅助生产车间提供一种劳务。9月份发生的有关经济业务如下：

(1) 领用原材料，直接用于产品生产60 000元，用于基本生产车间机物料消耗20 000元；直接用于辅助生产30 000元，用于辅助生产车间机物料消耗6 000元；用于行政管理部门4 000元，共计120 000元。

(2) 工资分配，基本生产车间生产工人工资60 000元，车间管理人员工资10 000元；辅助生产车间生产工人工资20 000元，车间管理人员工资5 000元；行政管理人员工资5 000元，共计100 000元。

(3) 按工资的40%计提本月的各项其他职工薪酬费用。

(4) 计提固定资产折旧，基本生产车间计提折旧20 000元，辅助生产车间计提折旧10 000元，行政管理部门计提折旧10 000元，共计40 000元。

(5) 用银行存款支付其他费用20 000元。其中，基本生产车间10 000元，辅助生产车间5 000元，行政管理部门5 000元。

该企业辅助生产的制造费用要通过"制造费用"科目核算。基本生产车间的制造费用按产品生产工时比例分配，生产工时：甲产品2 500小时，乙产品1 500小时。辅助生产车间提供的劳务采用直接分配法分配，基本生产车间负担70 000元，行政管理部门负担16 000元。

[要求]

(1) 编制各项费用发生的会计分录，归集和分配辅助生产和基本生产的制造费用。

(2) 计算基本生产车间甲、乙产品应分配的制造费用，并编制将制造费用记入"基本生产成本"和"辅助生产成本"科目的会计分录。

(3) 登记"制造费用——基本生产车间"和"制造费用——辅助生产车间"明细账。

15. 按年度计划分配率分配制造费用

[资料] 某企业基本生产车间全年制造费用计划为280 000元，全年各种产品的计划产量为：甲产品2 000件，乙产品1 000件。单件产品工时定额为：甲产品5小时，乙产品4小时。1月实际产量为：甲产品300件，乙产品100件。

本月实际发生的制造费用为 31 000 元。

[要求] 按年度计划分配率分配制造费用（列示计算过程）。

（1）计算各种产品年度计划产量的定额工时。

（2）计算年度计划分配率。

（3）计算各种产品本月实际产量的定额工时。

（4）计算各种产品本月应分配的制造费用。

（5）编制制造费用分配的会计分录（"基本生产成本"科目列示明细科目），并登记"制造费用""基本生产成本"等总账。

16. 不可修复废品损失的核算（实际成本）

[资料] 某企业基本生产车间本月生产乙产品 400 件，完工验收入库时发现废品 5 件；合格品生产工时 7 900 小时，废品工时 100 小时。乙产品生产成本明细账所记合格品和废品的全部生产费用为：直接材料 120 000 元，直接燃料和动力 24 000 元，直接人工 128 000 元，制造费用 80 000 元。原材料是生产开始时一次投入。废品残料入库，作价 100 元。

[要求] 根据以上资料，编制不可修复废品损失计算表，并编制有关废品损失的会计分录（"基本生产成本""废品损失"科目列示明细科目）。

17. 不可修复废品损失的核算（定额成本）

[资料] 某企业基本生产车间本月在甲产品的生产过程中发现不可修复废品 10 件，按所耗定额费用计算不可修复废品的生产成本。单件原材料费用定额为 50 元，已完成的定额工时共计 100 小时，每小时的费用定额为：直接燃料和动力 2 元，直接人工 20 元，制造费用 10 元。不可修复废品的残料作价 80 元以辅助材料入库，应由过失人员赔款 200 元。废品净损失由当月同种产品成本负担。

[要求]

（1）计算甲产品不可修复废品成本及净损失。

（2）编制结转不可修复废品成本（定额成本）、废品残值、应收赔款和废品净损失的会计分录。

（六）简答题

1. 简述直接材料费用按定额消耗量比例分配与按定额费用比例分配的计算程序、优缺点。

2. 简述辅助生产费用分配的特点。

3. 简述辅助生产费用分配的直接分配法的特点和适用情况。

4. 简述辅助生产费用分配的顺序分配法的特点和适用情况。

5. 简述辅助生产费用分配的交互分配法的特点和分配程序。

6. 简述辅助生产费用分配的计划成本分配法的特点、分配程序和优点。

7. 什么是制造费用？其明细账以及明细账中的费用项目应如何设置？

8. 制造费用的分配方法有哪些？分别适用于什么情况？

9. 什么是废品损失？如何进行废品损失的核算？

练习题答案

（一）名词解释（略）

（二）判断题

1. ×，在生产多种产品的数情况下，几种产品共同耗用和不单设成本项目的直接生产费用属于间接计入费用；在只生产一种产品的情况下，直接生产费用和间接生产费用均属于直接计入费用。

2. √

3. √

4. √

5. √

6. ×，只能分配计入各种产品成本。

7. ×，因比例关系相同，故分配结果应相同。

8. √

9. √

10. √

11. ×，基本生产车间和辅助生产车间的照明用电费应计入产品（或劳务）成本。

12. ×，计件工资属于直接计入费用，不需要采用一定的分配标准计算分配。

13. √

14. √

15. √

16. ×，要素费用中利息费用，是期间费用中财务费用的组成部分。

17. √

18. √

19. ×，直接分配法是将辅助生产费用直接分配给辅助生产车间之外的各受益单位的一种辅助生产费用的分配方法。

20. ×，在顺序分配法下，应将辅助生产车间之间相互提供劳务受益少的车间排在前面，先将费用分配出去，受益多的车间排在后面，后将费用分配出去。

21. √

22. ×，在计划成本分配法下，辅助生产车间相互分配转入的费用是按计划单位成本计算的，因此，在此基础上计算出的辅助生产费用不是完全的实际费用。

23. √

24. ×，在按年度计划分配率分配法下，"制造费用"科目期末可能有余额。

25. ×，这种修复在经济上还必须是合算的。

26. ×，制造费用应该按车间分别进行归集和分配。

(三) 单选题

1. D	2. A	3. D	4. C	5. A
6. B	7. A	8. A	9. C	10. B
11. C	12. A	13. D	14. B	15. D
16. D				

(四) 多选题

1. AB	2. ABCD	3. ABC	4. CD	5. BC
6. ABC	7. BCD	8. ABC	9. CD	10. AC
11. BCD	12. ABC	13. ABC	14. BC	15. ABC
16. AB	17. ABCD	18. ABC	19. CD	

(五) 核算与计算题

1. 按定额费用比例分配直接材料费用

(1) 直接材料定额费用。

甲产品：$200 \times 120 = 24\,000$(元)

乙产品：$250 \times 100 = 25\,000$(元)

(2) 直接材料费用分配率 $= \dfrac{58\,800}{24\,000 + 25\,000} = 1.2$

(3) 分配直接材料实际费用。

甲产品分配直接材料费用 $= 24\,000 \times 1.2 = 28\,800$(元)

乙产品分配直接材料费用 $= 25\,000 \times 1.2 = 30\,000$(元)

2. 按定额消耗量比例分配直接材料费用

(1) 直接材料定额消耗量。

甲产品：$200 \times 15 = 3\,000$(千克)

乙产品：$150 \times 12 = 1\,800$(千克)

(2) 直接材料费用分配率 $= \dfrac{38\,400}{3\,000 + 1\,800} = 8$

(3) 分配直接材料实际费用。

甲产品分配直接材料费用＝3 000×8＝24 000(元)
乙产品分配直接材料费用＝1 800×8＝14 400(元)

3. 按定额消耗量比例分配直接材料费用

(1) 计算 A，B 两种产品的定额消耗量、分配率，并计算分配 A，B 两种产品的实际消耗量。

A 产品的定额消耗量＝200×9＝1 800(千克)
B 产品的定额消耗量＝100×12＝1 200(千克)

$$分配率 = \frac{3\,600}{1\,800 + 1\,200} = 1.2$$

A 产品的实际消耗量＝1 800×1.2＝2 160(千克)
B 产品的实际消耗量＝1 200×1.2＝1 440(千克)

(2) 计算 A，B 两种产品应负担的按计划价格和实际消耗量计算的直接材料费用。

A 产品应负担的按计划价格和实际消耗量计算的直接材料费用＝2 160×200＝432 000(元)

B 产品应负担的按计划价格和实际消耗量计算的直接材料费用＝1 440×200＝288 000(元)

(3) 计算 A，B 两种产品应负担的材料成本差异。

A 产品应负担的材料成本差异＝432 000×(−1%)＝−4 320(元)
B 产品应负担的材料成本差异＝288 000×(−1%)＝−2 880(元)

(4) 根据以上计算结果编制相关经济业务的会计分录。

① 借：基本生产成本——A 产品　　　　　　　　　　　　432 000
　　　　　　　　　　——B 产品　　　　　　　　　　　　288 000
　　贷：原材料　　　　　　　　　　　　　　　　　　　　720 000

② 借：基本生产成本——A 产品　　　　　　　　　　　　4 320
　　　　　　　　　　——B 产品　　　　　　　　　　　　2 880
　　贷：材料成本差异——原材料成本差异　　　　　　　　7 200

4. 低值易耗品一次摊销法

(1) 领用。

借：制造费用　　　　　　　　　　　　　　　　　　　　2 000
　贷：低值易耗品　　　　　　　　　　　　　　　　　　2 000

(2) 报废时残料入库。

借：原材料　　　　　　　　　　　　　　　　　　　　　　　100
　　贷：制造费用　　　　　　　　　　　　　　　　　　　　　　100

(3) 月末调整本月领用工具的成本差异。

借：制造费用（2 000×3%）　　　　　　　　　　　　　　　　60
　　贷：材料成本差异——低值易耗品成本差异　　　　　　　　　60

5. 低值易耗品分次摊销法

(1) 领用。

借：低值易耗品——在用　　　　　　　　　　　　　　　　24 000
　　贷：低值易耗品——在库　　　　　　　　　　　　　　　24 000

(2) 本月摊销低值易耗品的价值。

借：制造费用（24 000÷12）　　　　　　　　　　　　　　　2 000
　　贷：低值易耗品——摊销　　　　　　　　　　　　　　　　2 000

(3) 月末，调整领用低值易耗品成本差异。

借：制造费用（24 000×1%）　　　　　　　　　　　　　　　240
　　贷：材料成本差异——低值易耗品成本差异　　　　　　　　　240

6. 低值易耗品五五摊销法

(1) 领用。

借：低值易耗品——在用　　　　　　　　　　　　　　　　18 000
　　贷：低值易耗品——在库　　　　　　　　　　　　　　　18 000

(2) 领用月份摊销其价值的一半。

借：管理费用（18 000×50%）　　　　　　　　　　　　　　9 000
　　贷：低值易耗品——摊销　　　　　　　　　　　　　　　　9 000

(3) 报废月份摊销另一批低值易耗品价值的一半。

借：原材料　　　　　　　　　　　　　　　　　　　　　　　200
　　管理费用　　　　　　　　　　　　　　　　　　　　　　4 800
　　贷：低值易耗品——摊销　　　　　　　　　　　　　　　　5 000

(4) 注销报废低值易耗品价值及摊销额。

借：低值易耗品——摊销　　　　　　　　　　　　　　　　10 000
　　贷：低值易耗品——在用　　　　　　　　　　　　　　　10 000

(5) 月末，调整本月领用低值易耗品成本差异。

借：管理费用（18 000×1%）　　　　　　　　　　　　　　　180
　　贷：材料成本差异——低值易耗品成本差异　　　　　　　　　180

7. 外购动力费用分配

$$度数分配率 = \frac{20\,000}{3\,000 + 40\,000 + 7\,000} = 0.4$$

企业行政管理部门电费 = $7\,000 \times 0.4 = 2\,800$（元）

基本生产车间照明用电电费 = $3\,000 \times 0.4 = 1\,200$（元）

基本生产车间产品动力用电电费 = $40\,000 \times 0.4 = 16\,000$（元）

产品动力用电电费的分配：

$$分配率 = \frac{16\,000}{6\,000 + 2\,000} = 2$$

A 产品负担电费 = $6\,000 \times 2 = 12\,000$（元）

B 产品负担电费 = $2\,000 \times 2 = 4\,000$（元）

会计分录：

借：基本生产成本——A 产品	12 000
——B 产品	4 000
制造费用	1 200
管理费用	2 800
应交税费——应交增值税（进项税额）	2 600
贷：应付账款	22 600

8. 按定额工时比例计算分配生产工人薪酬费用

$$分配率 = \frac{90\,000}{8\,000 + 1\,000} = 10$$

甲产品应分配生产工人薪酬费用 = $8\,000 \times 10 = 80\,000$（元）

乙产品应分配生产工人薪酬费用 = $1\,000 \times 10 = 10\,000$（元）

甲产品应计提的其他职工薪酬费用 = $80\,000 \times 40\% = 32\,000$（元）

乙产品应计提的其他职工薪酬费用 = $10\,000 \times 40\% = 4\,000$（元）

车间管理人员应计提的其他职工薪酬费用 = $20\,000 \times 40\% = 8\,000$（元）

甲产品直接人工费用 = $80\,000 + 32\,000 = 112\,000$（元）

乙产品直接人工费用 = $10\,000 + 4\,000 = 14\,000$（元）

应计入制造费用的职工薪酬费用 = $20\,000 + 8\,000 = 28\,000$（元）

会计分录如下：

借：基本生产成本——甲产品	112 000
——乙产品	14 000
制造费用	28 000
贷：应付职工薪酬	154 000

第3章 费用在各种产品以及期间费用之间的归集和分配

9. 直接人工费用的分配

(1) 按定额工时比例分配直接人工费用。

  甲产品定额工时＝1 000×5＝5 000(小时)

  乙产品定额工时＝800×5＝4 000(小时)

  分配率＝$\dfrac{80\,100}{5\,000+4\,000}$＝8.9

  甲产品应负担的直接人工费用＝5 000×8.9＝44 500(元)

  乙产品应负担的直接人工费用＝4 000×8.9＝35 600(元)

(2) 按实际工时比例分配直接人工费用。

  分配率＝$\dfrac{80\,100}{4\,800+4\,100}$＝9

  甲产品应负担的直接人工费用＝4 800×9＝43 200(元)

  乙产品应负担的直接人工费用＝4 100×9＝36 900(元)

(3) 根据所给资料可知，甲、乙两种产品的工时消耗定额是相同的，均为5 小时/件，但甲、乙两种产品的单位产品的实际工时消耗是不同的，甲产品为 4.8 小时 (4 800÷1 000)，乙产品为 5.125 小时 (4 100÷800)，甲产品的劳动效率要高于乙产品。因此，乙产品应负担相对较多的费用。由以上计算结果可以看出，按实际工时比例分配直接人工费用更好地体现了这一点，即它使费用负担的多少与劳动生产率高低的联系更为密切，从而更为合理地分配了费用。

10. 编制原材料费用分配表

根据所给资料编制的原材料费用分配表，如表 3-5 所示。

表中分配率的计算过程如下：

  A 产品甲材料定额消耗量＝100×50＝5 000(千克)

  B 产品甲材料定额消耗量＝200×100＝20 000(千克)

  甲材料消耗量分配率＝24 500÷(5 000+20 000)＝0.98

  A 产品乙材料定额消耗量＝100×40＝4 000(千克)

  B 产品乙材料定额消耗量＝200×80＝16 000(千克)

  乙材料消耗量分配率＝19 000÷(4 000+16 000)＝0.95

  A 产品丙材料定额消耗量＝100×30＝3 000(千克)

  B 产品丙材料定额消耗量＝200×50＝10 000(千克)

  甲材料消耗量分配率＝14 300÷(3 000+10 000)＝1.1

表 3-5 原材料费用分配表

数量单位：千克
金额单位：元

原材料名称	A产品 消耗定额	A产品 定额消耗量	B产品 定额	B产品 定额消耗量	定额消耗总量	实际消耗总量	分配率（%）	实际消耗量 A产品	实际消耗量 B产品	计划单位成本	按计划单位成本计算材料费用 A产品	按计划单位成本计算材料费用 B产品	合计
甲材料	50	5 000	100	20 000	25 000	24 500	0.98	4 900	19 600	2	9 800	39 200	49 000
乙材料	40	4 000	80	16 000	20 000	19 000	0.95	3 800	15 200	4	15 200	60 800	76 000
丙材料	30	3 000	50	10 000	13 000	14 300	1.1	3 300	11 000	6	19 800	66 000	85 800
合计	—	—	—	—	—	—	—	—	—	—	44 800	166 000	210 800
原材料成本差异											448	1 660	2 108
原材料实际费用											45 248	167 660	212 908

11. 辅助生产费用分配的直接分配法和顺序分配法

（1）直接分配法。编制辅助生产费用分配表如表 3-6 所示。

表 3-6 辅助生产费用分配表
（直接分配法） 金额单位：元

项目		供水车间	运输队	合计
待分配辅助生产费用		43 800	64 000	107 800
供应辅助生产以外的劳务数量		36 500 立方米	64 000 吨公里	—
单位成本（分配率）		1.2 元/立方米	1 元/吨公里	—
基本生产车间	耗用数量	36 000 立方米	60 000 吨公里	—
	分配金额	43 200	60 000	103 200
行政管理部门	耗用数量	500 立方米	4 000 吨公里	—
	分配金额	600	4 000	4 600
专设销售机构	耗用数量			
	分配金额			
合计		43 800	64 000	107 800

表中有关数据的计算过程如下：

$$\text{单位成本（分配率）} = \frac{\text{待分配辅助生产费用}}{\text{辅助生产劳务（产品）总量} - \text{其他辅助生产劳务（产品）耗用量}}$$

供水单位成本（分配率）$= \frac{43\,800}{36\,500} = 1.2$（元/立方米）

运输单位成本（分配率）$= \frac{64\,000}{64\,000} = 1$（元/吨公里）

基本生产车间应负担的水费 $= 36\,000 \times 1.2 = 43\,200$（元）
基本生产车间应负担的运输费 $= 60\,000 \times 1 = 60\,000$（元）

合计 103 200 元

行政管理部门应负担的水费 $= 500 \times 1.2 = 600$（元）
行政管理部门应负担的运输费 $= 4\,000 \times 1 = 4\,000$（元）

合计 4 600 元

根据辅助生产费用分配表（直接分配法）编制会计分录如下：

借：制造费用——基本生产车间 103 200
　　管理费用 4 600
　贷：辅助生产成本——供水车间 43 800
　　　　　　　　　——运输队 64 000

（2）顺序分配法。编制辅助生产费用分配表如表 3-7 所示。

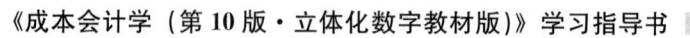

表 3-7 辅助生产费用分配表
（顺序分配法）
金额单位：元

项目	辅助生产车间						基本生产车间		行政管理部门	
^	供水车间			运输队			^		^	
^	劳务量	待分配费用	分配率	劳务量	待分配费用	分配率	耗量	分配金额	耗量	分配金额*
部门	38 000 立方米	43 800		64 000 吨公里	64 000					
分配 水费	−38 000 立方米	−43 800	1.152 6	1 500 立方米	1 728.9		36 000 立方米	41 493.6	500 立方米	577.5
分配运输费			^	−64 000 吨公里	−65 728.9	1.027	60 000 吨公里	61 620	4 000 吨公里	4 108.9
分配金额合计								—	103 113.6	—	4 686.4

* 数字四舍五入，小数尾差计入管理费用。

表中有关数据计算如下：

水费分配率 = $\dfrac{43\ 800}{38\ 000}$ = 1.152 6

运输费分配率 = $\dfrac{64\ 000 + 1\ 728.9}{64\ 500 - 500}$ = 1.027

运输队应负担水费 = 1 500 × 1.152 6 = 1 728.9(元)

基本生产车间应负担水费 = 36 000 × 1.152 6 = 41 493.6(元)

基本生产车间应负担运输费 = 60 000 × 1.027 = 61 620(元)

合计　　　　　　　　　　　103 113.6 元

行政管理部门应负担水费 = 43 800 − (1 728.9 + 41 493.6) = 577.5(元)

行政管理部门应负担运输费 = 65 728.9 − 61 620 = 4 108.9(元)

合计　　　　　　　　　　　4 686.4 元

根据辅助生产费用分配表（顺序分配法），编制会计分录如下：

1) 借：辅助生产成本——运输队　　　　　　　　　　1 728.90
　　　制造费用——基本生产车间　　　　　　　　　41 493.60
　　　管理费用　　　　　　　　　　　　　　　　　　577.50
　　贷：辅助生产成本——供水车间　　　　　　　　　43 800.00
2) 借：制造费用——基本生产车间　　　　　　　　　61 620.00
　　　管理费用　　　　　　　　　　　　　　　　　4 108.90
　　贷：辅助生产成本——运输队　　　　　　　　　　65 728.90

12. 辅助生产费用分配的交互分配法和代数分配法

(1) 交互分配法。编制辅助生产费用分配表如表 3-8 所示。

表 3-8 辅助生产费用分配表
（交互分配法） 金额单位：元

项目			交互分配			对外分配		
辅助车间名称			供水	供电	合计	供水	供电	合计
待分配辅助生产费用	"辅助生产成本"科目		8 400	95 000	103 400			
	"制造费用"科目		1 500	25 000	26 500			
	小计		9 900	120 000	129 900	31 700	98 200	129 900
劳务供应数量			9 000 立方米	150 000 度		7 000 立方米	120 000 度	
费用分配率（单位成本）			1.1	0.8		4.528 57	0.818 33	
辅助生产车间耗用	供水车间	耗用数量		30 000 立方米				
		分配金额		24 000				
	供电车间	耗用数量	2 000 度					
		分配金额	2 200					
基本生产——甲产品		耗用数量					100 000 度	
		分配金额					81 833	81 833
基本生产车间耗用		耗用数量				5 000 立方米	10 000 度	
		分配金额				22 642.85	8 183.3	30 826.15
行政管理部门耗用		耗用数量				2 000 立方米	10 000 度	
		分配金额				9 057.15*	8 183.7*	17 240.85
分配金额合计						31 700	98 200	129 900

*尾差计入管理费用。

表中的有关数据计算过程如下：

1) 交互分配。

$$水费的分配率 = \frac{9\ 900}{9\ 000} = 1.1$$

$$电费的分配率 = \frac{120\ 000}{150\ 000} = 0.8$$

供水车间应分配的电费 = 30 000×0.8 = 24 000(元)

供电车间应分配的水费 = 2 000×1.1 = 2 200(元)

2) 交互分配后的实际费用。

供水车间实际费用 = 9 900+24 000-2 200 = 31 700(元)

供电车间实际费用 = 120 000+2 200-24 000 = 98 200(元)

3) 对外分配。

$$水费的分配率 = \frac{31\ 700}{7\ 000} = 4.528\ 57$$

电费的分配率＝$\frac{98\,200}{120\,000}$＝0.818 33

甲产品应分配电费＝100 000×0.818 33＝81 833(元)

基本生产车间应分配水费＝5 000×4.528 57＝22 642.85(元)

基本生产车间应分配电费＝10 000×0.818 33＝8 183.3(元)

合计　　　　　　　　　　　　　30 826.15 元

行政管理部门应分配水费＝31 700－22 642.85＝9 057.15(元)

行政管理部门应分配电费＝98 200－(81 833＋8 183.3)＝8 183.7(元)

合计　　　　　　　　　　　　　17 240.85 元

根据辅助生产费用分配表（交互分配法）编制会计分录如下：

1) 交互分配。

　　借：制造费用——供水车间　　　　　　　　　　　　24 000
　　　　　　　　——供电车间　　　　　　　　　　　　 2 200
　　　　贷：辅助生产成本——供水车间　　　　　　　　 2 200
　　　　　　　　　　　　——供电车间　　　　　　　　24 000

2) 结转辅助生产车间的制造费用。

　　借：辅助生产成本——供水车间　　　　　　　　　　25 500
　　　　　　　　　　——供电车间　　　　　　　　　　27 200
　　　　贷：制造费用——供水车间　　　　　　　　　　25 500
　　　　　　　　　　——供电车间　　　　　　　　　　27 200

3) 对外分配。

　　借：基本生产成本——甲产品　　　　　　　　　　　81 833.00
　　　　制造费用——基本生产车间　　　　　　　　　　30 826.15
　　　　管理费用　　　　　　　　　　　　　　　　　　17 240.85
　　　　贷：辅助生产成本——供水车间　　　　　　　　31 700.00
　　　　　　　　　　　　——供电车间　　　　　　　　98 200.00

(2) 代数分配法。计算水、电的单位成本。设水的单位成本为 x 元，电的单位成本为 y 元，根据所给资料，可以建立以下联立方程：

$$\begin{cases}(8\,400+1\,500)+30\,000y=9\,000x\\(95\,000+25\,000)+2\,000x=150\,000y\end{cases}$$

解得

$$\begin{cases}x=3.941\,86\\y=0.852\,558\end{cases}$$

根据 x，y 的值以及各受益单位所耗水和电的数量，可编制辅助生产费用分配表如表 3-9 所示。

第3章 费用在各种产品以及期间费用之间的归集和分配

表 3-9 辅助生产费用分配表
(代数分配法)

金额单位：元

项目		单位成本(分配率)	费用合计	辅助生产				基本生产(甲产品)		基本生产车间		行政管理部门	
				供水车间		供电车间							
				数量	金额	数量	金额	数量	金额	数量	金额	数量	金额
待分配辅助生产费用					9 900		120 000						
费用分配	供水车间	3.941 86	35 476.74			2 000 立方米	7 883.72			5 000 立方米	19 709.3	2 000 立方米	7 883.72*
	供电车间	0.852 558	127 883.72	30 000 度	25 576.74			100 000 度	85 255.8	10 000 度	8 525.58	10 000 度	8 525.6*
合计			163 360.46		35 476.74		127 883.72		85 255.8		28 234.88		16 409.32

* 尾差计入管理费用。

根据辅助生产费用分配表（代数分配法）编制会计分录如下：

1）向各受益单位分配辅助生产费用。

借：制造费用——供水车间　　　　　　　　　　　25 576.74
　　　　　　——供电车间　　　　　　　　　　　 7 883.72
　　　　　　——基本生产车间　　　　　　　　　28 234.88
　　基本生产成本——甲产品　　　　　　　　　　85 255.80
　　管理费用　　　　　　　　　　　　　　　　　16 409.32
　　贷：辅助生产成本——供水车间　　　　　　　35 476.74
　　　　　　　　　　——供电车间　　　　　　 127 883.72

2）结转辅助生产车间的制造费用。

借：辅助生产成本——供水车间　　　　　　　　　27 076.74
　　　　　　　　——供电车间　　　　　　　　　32 883.72
　　贷：制造费用——供水车间　　　　　　　　　27 076.74
　　　　　　　　——供电车间　　　　　　　　　32 883.72

13. 辅助生产费用分配的计划成本分配法

编制辅助生产费用分配表，如表3-10所示。

表3-10　辅助生产费用分配表
（计划成本分配法）　　　　　　　　　　　金额单位：元

项目			供水车间	运输队	合计
待分配辅助生产费用	"辅助生产成本"科目		8 000	15 000	23 000
	"制造费用"科目		2 000	5 000	7 000
	小计		10 000	20 000	30 000
供应劳务数量（单位：水——立方米，运输——吨公里）			10 000	16 000	—
计划单位成本			1.1	1.2	—
制造费用	供水车间	耗用数量		2 000	
		分配金额		2 400	2 400
	运输队	耗用数量	1 000		
		分配金额	1 100		1 100
	基本生产车间	耗用数量	8 000	10 000	
		分配金额	8 800	12 000	20 800
管理费用	行政管理部门	耗用数量	1 000	4 000	
		分配金额	1 100	4 800	5 900
按计划成本分配合计			11 000	19 200	30 200
辅助生产实际成本			12 400	21 100	33 500
辅助生产成本差异			+1 400	+1 900	+3 300

表中有关数据计算如下：

(1) 各受益单位应分配的费用。

供水车间应分配运输费用=2 000×1.2=2 400(元)

运输队应分配水费=1 000×1.1=1 100(元)

基本生产车间应分配水费=8 000×1.1=8 800(元)

基本生产车间应分配运输费=10 000×1.2=12 000(元)

合计　　　　　　　　20 800 元

行政管理部门应分配水费=1 000×1.1=1 100(元)

行政管理部门应分配运输费=4 000×1.2=4 800(元)

合计　　　　　　　　5 900 元

(2) 辅助生产实际成本。

供水车间实际成本=10 000+2 400=12 400(元)

运输队实际成本=20 000+1 100=21 100(元)

(3) 辅助生产成本差异。

供水车间成本差异=12 400-11 000=1 400(元)

运输队成本差异=21 100-19 200=1 900(元)

合计　　　　　　　　3 300 元

(4) 根据辅助生产费用分配表编制会计分录。

1) 按计划成本分配辅助生产费用。

借：制造费用——供水车间	2 400
——运输队	1 100
——基本生产车间	20 800
管理费用	5 900
贷：辅助生产成本——供水车间	11 000
——运输队	19 200

2) 结转辅助生产车间制造费用。

借：辅助生产成本——供水车间	4 400
——运输队	6 100
贷：制造费用——供水车间	4 400
——运输队	6 100

3) 结转辅助生产成本差异。

借：管理费用	3 300
贷：辅助生产成本——供水车间	1 400
——运输队	1 900

14. 制造费用归集和分配的核算

（1）根据经济业务编制会计分录。①

①借：基本生产成本　　　　　　　　　　　　　　　　　　60 000
　　　辅助生产成本　　　　　　　　　　　　　　　　　　30 000
　　　制造费用——基本生产车间　　　　　　　　　　　　20 000
　　　　　　　——辅助生产车间　　　　　　　　　　　　 6 000
　　　管理费用　　　　　　　　　　　　　　　　　　　　 4 000
　　贷：原材料　　　　　　　　　　　　　　　　　　　　120 000
②借：基本生产成本　　　　　　　　　　　　　　　　　　60 000
　　　辅助生产成本　　　　　　　　　　　　　　　　　　20 000
　　　制造费用——基本生产车间　　　　　　　　　　　　10 000
　　　　　　　——辅助生产车间　　　　　　　　　　　　 5 000
　　　管理费用　　　　　　　　　　　　　　　　　　　　 5 000
　　贷：应付职工薪酬　　　　　　　　　　　　　　　　　100 000
③借：基本生产成本　　　　　　　　　　　　　　　　　　24 000
　　　辅助生产成本　　　　　　　　　　　　　　　　　　 8 000
　　　制造费用——基本生产车间　　　　　　　　　　　　 4 000
　　　　　　　——辅助生产车间　　　　　　　　　　　　 2 000
　　　管理费用　　　　　　　　　　　　　　　　　　　　 2 000
　　贷：应付职工薪酬　　　　　　　　　　　　　　　　　40 000
④借：制造费用——基本生产车间　　　　　　　　　　　　20 000
　　　　　　　——辅助生产车间　　　　　　　　　　　　10 000
　　　管理费用　　　　　　　　　　　　　　　　　　　　10 000
　　贷：累计折旧　　　　　　　　　　　　　　　　　　　40 000
⑤借：制造费用——基本生产车间　　　　　　　　　　　　10 000
　　　　　　　——辅助生产车间　　　　　　　　　　　　 5 000
　　　管理费用　　　　　　　　　　　　　　　　　　　　 5 000
　　贷：银行存款　　　　　　　　　　　　　　　　　　　20 000
⑥借：制造费用——基本生产车间　　　　　　　　　　　　70 000
　　　管理费用　　　　　　　　　　　　　　　　　　　　16 000
　　贷：辅助生产成本　　　　　　　　　　　　　　　　　86 000

（2）计算基本生产车间甲、乙产品应分配的制造费用，并编制会计分录。

基本生产车间制造费用总额 = 20 000 + 10 000 + 4 000 + 20 000 + 10 000 + 70 000

= 134 000（元）

---

① 为了方便登记明细账，会计分录的序号以①②③……的方式顺延。

第3章 费用在各种产品以及期间费用之间的归集和分配

$$制造费用分配率=\frac{134\ 000}{2\ 500+1\ 500}=33.5$$

甲产品应分配制造费用 $=2\ 500\times33.5=83\ 750(元)$

乙产品应分配制造费用 $=1\ 500\times33.5=50\ 250(元)$

⑦借：基本生产成本——甲产品　　　　　　　　　　　　　　83 750
　　　　　　　　　　——乙产品　　　　　　　　　　　　　　50 250
　　贷：制造费用——基本生产车间　　　　　　　　　　　　134 000

（3）编制将辅助生产车间制造费用计入辅助生产成本的会计分录。

$$辅助生产车间制造费用总额=6\ 000+5\ 000+2\ 000+10\ 000+5\ 000=28\ 000(元)$$

⑧借：辅助生产成本　　　　　　　　　　　　　　　　　　　28 000
　　贷：制造费用——辅助生产车间　　　　　　　　　　　　 28 000

（4）登记基本生产车间和辅助生产车间制造费用明细账。

制造费用——基本生产车间				制造费用——辅助生产车间			
①	20 000	⑦	134 000	①	6 000	⑧	28 000
②	10 000			②	5 000		
③	4 000			③	2 000		
④	20 000			④	10 000		
⑤	10 000			⑤	5 000		
⑥	70 000						
本月合计	134 000	本月合计	134 000	本月合计	28 000	本月合计	28 000

15. 按年度计划分配率分配制造费用

（1）年度计划产量定额工时。

　　甲产品：$2\ 000\times5=10\ 000(小时)$
　　乙产品：$1\ 000\times4=4\ 000(小时)$
　　———————————————
　　　　合计　　　　14 000 小时

（2）年度计划分配率。

$$\frac{280\ 000}{14\ 000}=20$$

（3）本月实际产量定额工时。

　　甲产品：$300\times5=1\ 500(小时)$
　　乙产品：$100\times4=400(小时)$
　　———————————————
　　　　合计　　　　1 900 小时

(4) 各产品应分配的制造费用。

甲产品：1 500×20＝30 000（元）

乙产品：400×20＝8 000（元）

合计　　　　38 000 元

(5) 会计分录。

借：基本生产成本——甲产品　　　　　　　　　　　　　　　　　30 000
　　　　　　　　——乙产品　　　　　　　　　　　　　　　　　 8 000
贷：制造费用　　　　　　　　　　　　　　　　　　　　　　　　38 000

```
原材料、应付职工薪酬                                  
累计折旧、银行存款等        制造费用          基本生产成本
 ×××  31 000 ——  本月实际    本月计划  ——  ×××
                  发生额      分配额          38 000
                  31 000      38 000
                           月末余额 7 000
```

16. 不可修复废品损失的核算（实际成本）

不可修复废品损失的计算见表 3-11。

表 3-11　不可修复废品损失计算表

（按实际成本计算）　　　　　　　　　　　　　　　　　金额单位：元

项目	数量（件）	直接材料	生产工时（小时）	直接燃料和动力	直接人工	制造费用	成本合计
合格品和废品生产费用	400	120 000	8 000	24 000	128 000	80 000	
费用分配率		300		3	16	10	
废品生产成本	5	1 500	100	300	1 600	1 000	4 400
减：废品残料		100					
废品损失		1 400		300	1 600	1 000	4 300

会计分录如下：

(1) 借：废品损失——乙产品　　　　　　　　　　　　　　　　　4 400
　　　贷：基本生产成本——乙产品——直接材料　　　　　　　　1 500
　　　　　　　　　　　　　　　　——直接燃料和动力　　　　　 300
　　　　　　　　　　　　　　　　——直接人工　　　　　　　 1 600
　　　　　　　　　　　　　　　　——制造费用　　　　　　　 1 000

(2) 借：原材料　　　　　　　　　　　　　　　　　　　　　　　　 100
　　　贷：废品损失——乙产品　　　　　　　　　　　　　　　　　 100

(3) 借：基本生产成本——乙产品——废品损失　　　　　　　　4 300
　　　贷：废品损失——乙产品　　　　　　　　　　　　　　　　　4 300

17. 不可修复废品损失的核算（定额成本）

(1) 不可修复废品的定额成本。

　　直接材料：10×50＝500（元）
　　直接燃料和动力：100×2＝200（元）
　　直接人工：100×20＝2 000（元）
　　制造费用：100×10＝1 000（元）
　　────────────────
　　　合计　　　　3 700元

不可修复废品净损失：

　　3 700－80－200＝3 420（元）

(2) 会计分录。

1) 结转不可修复废品的定额成本。

　借：废品损失——甲产品　　　　　　　　　　　　　　　　　3 700
　　　贷：基本生产成本——甲产品——直接材料　　　　　　　　 500
　　　　　　　　　　　　　　　　　——直接燃料和动力　　　　200
　　　　　　　　　　　　　　　　　——直接人工　　　　　　2 000
　　　　　　　　　　　　　　　　　——制造费用　　　　　　1 000

2) 残料入库。

　借：原材料　　　　　　　　　　　　　　　　　　　　　　　　 80
　　　贷：废品损失——甲产品　　　　　　　　　　　　　　　　　 80

3) 应收赔款。

　借：其他应收款　　　　　　　　　　　　　　　　　　　　　　200
　　　贷：废品损失——甲产品　　　　　　　　　　　　　　　　　200

4) 废品净损失转账。

　借：基本生产成本——甲产品——废品损失　　　　　　　　　3 420
　　　贷：废品损失——甲产品　　　　　　　　　　　　　　　　3 420

（六）简答题（略）

教材实训专栏参考答案

业务1：领料汇总

1. 根据领料单，编制领料凭证汇总表，见表3-12。

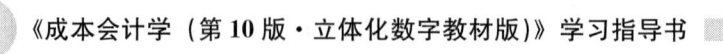

表 3-12 领料凭证汇总表

2024 年 4 月　　　　　　　　　　　　　　　　　　　金额单位：元

应借科目		钢板 领用数量(米)	钢板 实际成本	油漆 领用数量(千克)	油漆 实际成本	电机 领用数量(套)	电机 实际成本	劳保用品 领用数量(套)	劳保用品 实际成本	合计 实际成本
基本生产成本	毛坯车间 全自动洗衣机	1 560	31 200							31 200
	毛坯车间 普通洗衣机	240	4 800							4 800
	彩涂车间 全自动洗衣机			1 440	8 640					8 640
	彩涂车间 普通洗衣机			960	5 760					5 760
	装配车间 全自动洗衣机					1 440	72 000			72 000
	装配车间 普通洗衣机					600	30 000			30 000
制造费用	毛坯车间			120	720					720
	彩涂车间			60	360					360
	装配车间			180	1 080					1 080
辅助生产成本	供水车间							60	3 000	3 000
	供电车间							24	1 200	1 200
合计		1 800	36 000	2 760	16 560	2 040	102 000	84	4 200	158 760

2. 编制转账凭证，见表 3-13。

表 3-13 转账凭证

2024 年 4 月 20 日　　　　　　　　　　　　　　　　　　　转字第 1 号

摘要	会计科目 总账科目	会计科目 明细科目	√	借方金额 千百十万千百十元角分	√	贷方金额 千百十万千百十元角分
领用原材料	基本生产成本	毛坯车间——全自动洗衣机	√	3 1 2 0 0 0 0		
	基本生产成本	毛坯车间——普通洗衣机	√	4 8 0 0 0 0		
	基本生产成本	彩涂车间——全自动洗衣机	√	8 6 4 0 0 0		
	基本生产成本	彩涂车间——普通洗衣机	√	5 7 6 0 0 0		
	基本生产成本	装配车间——全自动洗衣机	√	7 2 0 0 0 0 0		

续表

摘要	会计科目		借方金额	贷方金额
	总账科目	明细科目	千百十万千百十元角分	千百十万千百十元角分
领用原材料	基本生产成本	装配车间——普通动洗衣机	✓ 3 0 0 0 0 0	
	辅助生产成本	供水车间	✓ 3 0 0 0 0	
	辅助生产成本	供电车间	✓ 1 2 0 0 0	
	制造费用	毛坯车间	✓ 7 2 0 0 0	
	制造费用	彩涂车间	✓ 3 6 0 0 0	
	制造费用	装配车间	✓ 1 0 8 0 0 0	
	原材料	钢板		✓ 3 6 0 0 0 0
		油漆		✓ 1 6 5 6 0 0
		电机		✓ 1 0 2 0 0 0 0
		劳保用品		✓ 4 2 0 0 0
	合计		1 5 8 7 6 0 0	1 5 8 7 6 0 0

财务主管：俞姚　　记账：王丽　　出纳：张佳　　会计：何北　　制单：赵小花　　附件12张

业务2：厂房折旧分配

1. 根据厂房折旧资料，编制厂房折旧费用分配表，见表3-14。

表3-14　厂房折旧费用分配表

2024年4月　　　　　　　　　　　　　　　　　　　　　　　　　　　　单位：元

应借科目		折旧	
		原值	折旧额
制造费用	毛坯车间	2 400 000	72 000
	彩涂车间	1 200 000	36 000
	装配车间	3 000 000	90 000
辅助生产成本	供水车间	600 000	18 000
	供电车间	240 000	7 200
管理费用		1 800 000	54 000
	合计	9 240 000	277 200

2. 编制转账凭证，见表3-15。

表3-15 转账凭证

2024年4月30日　　　　　　　　　　　　　　　　　　　　　　　转字第2号

摘要	会计科目		√	借方金额		贷方金额
	总账科目	明细科目		千百十万千百十元角分	√	千百十万千百十元角分
计提厂房折旧	制造费用	毛坯车间	√	7 2 0 0 0 0		
	制造费用	彩涂车间	√	3 6 0 0 0 0		
	制造费用	装配车间	√	9 0 0 0 0		
计提厂房折旧	辅助生产成本	供水车间	√	1 8 0 0 0 0		
	辅助生产成本	供电车间	√	7 2 0 0 0		
	管理费用		√	5 4 0 0 0 0		
	累计折旧				√	2 7 7 2 0 0 0 0
	合计			2 7 7 2 0 0 0 0		2 7 7 2 0 0 0 0

财务主管：俞姚　　记账：王丽　　出纳：张佳　　会计：何北　　制单：赵小花　　附件2张

业务3：机器设备折旧分配

1. 根据机器设备折旧资料，编制机器设备折旧分配表，见表3-16。

表3-16 机器设备折旧费用分配表

2024年4月　　　　　　　　　　　　　　　　　　　　　　　　单位：元

应借科目		折旧	
		原值	折旧额
制造费用	毛坯车间	600 000	12 000
	彩涂车间	300 000	6 000
	装配车间	750 000	15 000
合计		1 650 000	33 000

2. 编制转账凭证，见表3-17。

表3-17 转账凭证

2024年4月30日　　　　　　　　　　　　　　　　　　　　　　　转字第3号

摘要	会计科目		√	借方金额	√	贷方金额
	总账科目	明细科目		千百十万千百十元角分		千百十万千百十元角分
计提机器设备折旧	制造费用	毛坯车间	√	1 2 0 0 0 0 0		
	制造费用	彩涂车间	√	6 0 0 0 0 0		
	制造费用	装配车间	√	1 5 0 0 0 0 0		
	累计折旧				√	3 3 0 0 0 0 0
	合计			3 3 0 0 0 0 0		3 3 0 0 0 0 0

财务主管：俞姚　　记账：王丽　　出纳：张佳　　会计：何北　　制单：赵小花　　附件2张

第3章 费用在各种产品以及期间费用之间的归集和分配

业务4：人工费用分配

1. 根据各产品的定额工时和职工薪酬费用汇总表，编制人工费用分配表，见表 3-18。

表 3-18 人工费用分配表
2024 年 4 月　　　　　　　　　　　　　　　　　　金额单位：元

应借科目			定额工时	职工薪酬费用	
				分配率	分配额
基本生产成本	毛坯车间	全自动洗衣机	2 400	10	24 000
		普通洗衣机	600	10	6 000
		合计	3 000	—	30 000
	彩涂车间	全自动洗衣机	1 200	20	24 000
		普通洗衣机	600	20	12 000
		合计	1 800	—	36 000
	装配车间	全自动洗衣机	1 800	20	36 000
		普通洗衣机	600	20	12 000
		合计	2 400	—	48 000
制造费用	毛坯车间		—	—	7 440
	彩涂车间		—	—	7 080
	装配车间		—	—	11 400
辅助生产成本	供水车间		—	—	2 400
	供电车间		—	—	6 180
管理费用			—	—	9 600
合计			—	—	158 100

2. 编制转账凭证，见表 3-19。

表 3-19 转账凭证
2024 年 4 月 30 日　　　　　　　　　　　　　　　　转字第 4 号

摘要	会计科目		√	借方金额 千百十万千百十元角分	√	贷方金额 千百十万千百十元角分
	总账科目	明细科目				
分配职工薪酬	基本生产成本	毛坯车间——全自动洗衣机	√	2 4 0 0 0 0		
	基本生产成本	毛坯车间——普通动洗衣机	√	6 0 0 0 0		
	基本生产成本	彩涂车间——全自动洗衣机	√	2 4 0 0 0 0		
	基本生产成本	彩涂车间——普通动洗衣机	√	1 2 0 0 0 0		
	基本生产成本	装配车间——全自动洗衣机	√	3 6 0 0 0 0		
	基本生产成本	装配车间——普通动洗衣机	√	1 2 0 0 0 0		
	制造费用	毛坯车间	√	7 4 4 0 0 0		

续表

摘要	会计科目		✓	借方金额 千百十万千百十元角分	✓	贷方金额 千百十万千百十元角分
	总账科目	明细科目				
分配职工薪酬	制造费用	彩涂车间	✓	7 0 8 0 0 0		
	制造费用	装配车间	✓	1 1 4 0 0 0		
	管理费用		✓	9 6 0 0 0		
	辅助生产成本	供水车间	✓	2 4 0 0 0		
	辅助生产成本	供电车间	✓	6 1 8 0 0 0		
	应付职工薪酬				✓	1 5 8 1 0 0 0
	合计			1 5 8 1 0 0 0		1 5 8 1 0 0 0

财务主管：俞姚　　记账：王丽　　出纳：张佳　　会计：何北　　制单：赵小花　　附件2张

业务5：登记辅助生产车间成本明细账

登记辅助生产车间成本明细账，见表3-20和表3-21。

表3-20　辅助生产成本明细账

车间：供水车间　　　　　　　　　　　　　　　　　　　　　　　　　　单位：元

日期 月 日	凭证编号	摘要	原材料	折旧费	职工薪酬及福利费	交互分配	合计	转出
4 20	转1	领用原材料	3 000				3 000	
4 30	转2	计提厂房折旧		18 000			18 000	
4 30	转4	分配职工薪酬			2 400		2 400	
4 30	转5	交互分配转出辅助生产成本				−1 170	−1 170	
4 30	转5	交互分配转入辅助生产成本				2 430	2 430	
4 30		合计	3 000	1 800	2 400	1 260	24 660	24 660

表3-21　辅助生产成本明细账

车间：供电车间　　　　　　　　　　　　　　　　　　　　　　　　　　单位：元

日期 月 日	凭证编号	摘要	原材料	折旧费	职工薪酬及福利费	交互分配	合计	转出
4 20	转1	领用原材料	1 200				1 200	
4 30	转2	计提厂房折旧		7 200			7 200	
4 30	转4	分配职工薪酬			6 180		6 180	
4 30	转5	交互分配转出辅助生产成本				−2 430	−2 430	
4 30	转5	交互分配转入辅助生产成本				1 170	1 170	
4 30		合计	1 200	7 200	6 180	−1 260	13 320	13 320

业务 6：编制辅助生产费用分配表

1. 根据辅助生产车间的资料，采用交互分配法编制辅助生产费用分配表，见表 3-22。

表 3-22　辅助生产费用分配表

2024 年 4 月　　　　　　　　　　　　　　　　　　　　金额单位：元

项目				交互分配			对外分配		
				供水	供电	合计	供水	供电	合计
待分配辅助生产费用				23 400	14 580	37 980	24 660	13 320	37 980
劳务供应数量				18 000 吨	32 400 度	—	17 100 吨	27 000 度	—
费用分配率				1.30	0.45		1.44	0.49	
应借科目	辅助生产成本	供水车间	耗用数量		5 400 度				
			分配金额		2 430				
		供电车间	耗用数量	900 吨					
			分配金额	1 170					
	基本生产成本	毛坯车间	耗用数量				9 000	7 200	16 200
			分配金额				12 960	3 528	16 488
		彩涂车间	耗用数量				3 600	10 800	14 400
			分配金额				5 184	5 292	10 476
		装配车间	耗用数量				2 700	3 600	6 300
			分配金额				3 888	1 764	5 652
	管理费用		耗用数量				1 800	5 400	7 200
			分配金额				2 628	2 736	5 364
金额合计							24 660	13 320	37 980

注：若有小数，四舍五入后保留小数点后两位，尾差计入厂部管理费用。

交互分配法计算过程如下：

（1）交互分配。

水的分配率＝23 400/18 000＝1.3(元/立方米)

电的分配率＝14 580/32 400＝0.45(元/度)

供水车间应分配的电费＝0.45×5 400＝2 430(元)

供电车间应分配的水费＝1.3×900＝1 170(元)

（2）交互分配后的实际费用。

供水车间的实际费用＝23 400＋2 430－1 170＝24 660(元)

供电车间的实际费用＝14 580＋1 170－2 430＝13 320(元)

(3) 对外分配。

水的分配率＝24 660/17 100＝1.44(元/立方米)

电的分配率＝13 320/27 000＝0.49(元/度)

毛坯车间应分配的水费＝1.44×9 000＝12 960(元)

彩涂车间应分配的水费＝1.44×3 600＝5 184(元)

装配车间应分配的水费＝1.44×2 700＝3 888(元)

毛坯车间应分配的电费＝0.49×7 200＝3 528(元)

彩涂车间应分配的电费＝0.49×10 800＝5 292(元)

装配车间应分配的电费＝0.49×3 600＝1 764(元)

2. 编制转账凭证，见表3-23和表3-24。

表3-23　转账凭证

2024年4月30日　　　　　　　　　　　　　　　　转字第5号

摘要	会计科目		√	借方金额	√	贷方金额
	总账科目	明细科目		千百十万千百十元角分		千百十万千百十元角分
交互分配辅助生产成本	辅助生产成本	供水车间	√	2 4 3 0 0 0		
	辅助生产成本	供电车间	√	1 1 7 0 0 0		
	辅助生产成本	供水车间			√	1 1 7 0 0 0
	辅助生产成本	供电车间			√	2 4 3 0 0 0
	合计			3 6 0 0 0 0		3 6 0 0 0 0

财务主管：俞姚　　记账：王丽　　出纳：张佳　　会计：何北　　制单：赵小花　　附件1张

表3-24　转账凭证

2024年4月30日　　　　　　　　　　　　　　　　转字第6号

摘要	会计科目		√	借方金额	√	贷方金额
	总账科目	明细科目		千百十万千百十元角分		千百十万千百十元角分
结转辅助生产成本	制造费用	毛坯车间	√	1 6 4 8 8 0 0		
	制造费用	彩涂车间	√	1 0 4 7 6 0 0		
	制造费用	装配车间	√	5 6 5 2 0 0		
	管理费用		√	5 3 6 4 0 0		
	辅助生产成本	供水车间			√	2 4 6 6 0 0 0
	辅助生产成本	供电车间			√	1 3 3 2 0 0 0
	合计			3 7 9 8 0 0 0		3 7 9 8 0 0 0

财务主管：俞姚　　记账：王丽　　出纳：张佳　　会计：何北　　制单：赵小花　　附件1张

业务7：毛坯车间发生机器修理费

根据毛坯车间机器设备的维修资料，编制付款凭证，见表3-25。

第3章 费用在各种产品以及期间费用之间的归集和分配

表 3-25 付款凭证

贷方科目：银行存款　　　　　2024 年 4 月 04 日　　　　　银付字第 1 号

摘要	借方科目		金额	记账
	总账科目	明细科目	亿千百十万千百十元角分	√
毛坯车间发生机器修理费	制造费用	机器修理费	2 0 0 0 0 0	√
	应交税费	应交增值税（进项税额）	2 6 0 0 0	√
	合计		2 2 6 0 0 0	

财务主管：俞姚　　记账：王丽　　出纳：张佳　　审核：何北　　制单：赵小花　　附件 3 张

业务 8：彩涂车间发生机器修理费

根据彩涂车间机器设备的维修资料，编制付款凭证，见表 3-26。

表 3-26 付款凭证

贷方科目：银行存款　　　　　2024 年 4 月 07 日　　　　　银付字第 2 号

摘要	借方科目		金额	记账
	总账科目	明细科目	亿千百十万千百十元角分	√
彩涂车间发生机器修理费	制造费用	机器修理费	5 0 0 0 0	√
	应交税费	应交增值税（进项税额）	6 5 0 0	√
	合计		5 6 5 0 0	

财务主管：俞姚　　记账：王丽　　出纳：张佳　　审核：何北　　制单：赵小花　　附件 2 张

业务 9：装配车间发生机器修理费

根据装配车间机器设备的维修资料，编制转账凭证，见表 3-27。

表 3-27 转账凭证

2024 年 4 月 30 日　　　　　转字第 7 号

摘要	会计科目		√	借方金额	√	贷方金额
	总账科目	明细科目		千百十万千百十元角分		千百十万千百十元角分
装配车间发生机器修理费	制造费用	机器修理费	√	1 0 0 0 0 0		
	应交税费	应交增值税（进项税额）	√	1 3 0 0 0		
	应付账款				√	1 1 3 0 0 0
	合计			1 1 3 0 0 0		1 1 3 0 0 0

财务主管：俞姚　　记账：王丽　　出纳：张佳　　会计：何北　　制单：赵小花　　附件 2 张

业务 10：登记基本生产车间制造费用明细账

登记基本生产车间制造费用明细账，见表 3-28 至表 3-30。

表 3-28 制造费用明细账

车间：毛坯车间　　　　　　　　　　　　　　　　　　　　　　　　　　　　　　　　单位：元

日期 月	日	凭证编号	摘要	机物料	车间厂房折旧费	机器设备折旧费	车间管理人员薪酬及福利费	辅助生产费用	机器修理	合计	转出
4	20	转1	领用原材料	720						720	
4	30	转2	计提厂房折旧		72 000					72 000	
4	30	转3	计提机器设备折旧			12 000				12 000	
4	30	转4	分配职工薪酬				7 440			7 440	
4	30	转6	结转辅助生产成本					16 488		16 488	
4	30	付1	发生机器修理费						2 000	2 000	
4	30	转8	分配制造费用								110 648
4	30		合计	720	72 000	12 000	7 440	16 488	2 000	110 648	110 648

表 3-29 制造费用明细账

车间：彩涂车间　　　　　　　　　　　　　　　　　　　　　　　　　　　　　　　　单位：元

日期 月	日	凭证编号	摘要	机物料	车间厂房折旧费	机器设备折旧费	车间管理人员薪酬及福利费	辅助生产费用	机器修理	合计	转出
4	20	转1	领用原材料	360						360	
4	30	转2	计提厂房折旧		36 000					36 000	
4	30	转3	计提机器设备折旧			6 000				6 000	
4	30	转4	分配职工薪酬				7 080			7 080	
4	30	转6	结转辅助生产成本					10 476		10 476	
4	30	付2	发生机器修理费						500	500	
4	30	转7	分配制造费用								60 416
4	30		合计	360	36 000	6 000	7 080	10 476	500	60 416	60 416

表 3-30 制造费用明细账

车间：装配车间　　　　　　　　　　　　　　　　　　　　　　　　　　　　　　单位：元

日期 月	日	凭证编号	摘要	机物料	车间厂房折旧费	机器设备折旧费	车间管理人员薪酬及福利费	辅助生产费用	机器修理	合计	转出
4	20	转1	领用原材料	1 080						1 080	
4	30	转2	计提厂房折旧		90 000					90 000	
4	30	转3	计提机器设备折旧			15 000				15 000	
4	30	转4	分配职工薪酬				11 400			11 400	
4	30	转6	结转辅助生产成本					5 652		5 652	
4	30	转7	发生机器修理费						1 000	1 000	
4	30	转8	分配制造费用								124 132
4	30		合计	1 080	90 000	15 000	11 400	5 652	1 000	124 132	124 132

业务 11：编制基本生产车间制造费用分配表

1. 根据各产品的定额工时和归集的基本生产车间制造费用，编制基本生产车间制造费用分配表，见表 3-31。

表 3-31　制造费用分配表

2024 年 4 月　　　　　　　　　　　　　　　　　　　　　　　　　　　金额单位：元

应借科目			定额工时	费用	
				分配率	分配额
基本生产成本	毛坯车间	全自动洗衣机	2 400		88 518
		普通洗衣机	600		22 130
		合计	3 000	36.883	110 648
	彩涂车间	全自动洗衣机	1 200		40 277
		普通洗衣机	600		20 139
		合计	1 800	33.564	60 416
	装配车间	全自动洗衣机	1 800		93 099
		普通洗衣机	600		31 033
		合计	2 400	51.722	124 132

2. 编制记账凭证，见表3-32。

表 3-32 转账凭证

2024 年 4 月 30 日　　　　　　　　　　　　　　　　　　　转字第 8 号

摘要	会计科目		√	借方金额 千百十万千百十元角分		贷方金额 千百十万千百十元角分
	总账科目	明细科目				
分配制造费用	基本生产成本	毛坯车间——全自动洗衣机	√	8 8 5 1 8 0 0		
	基本生产成本	毛坯车间——普通洗衣机	√	2 2 1 3 0 0 0		
	基本生产成本	彩涂车间——全自动洗衣机	√	4 0 2 7 7 0 0		
	基本生产成本	彩涂车间——普通洗衣机	√	2 0 1 3 9 0 0		
	基本生产成本	装配车间——全自动洗衣机	√	9 3 0 9 9 0 0		
	基本生产成本	装配车间——普通洗衣机	√	3 1 0 3 3 0 0		
	制造费用	毛坯车间			√	1 1 0 6 4 8 0 0
	制造费用	彩涂车间			√	6 0 4 1 6 0 0
	制造费用	装配车间			√	1 2 4 1 3 2 0 0
合计				2 9 5 1 9 6 0 0		2 9 5 1 9 6 0 0

财务主管：俞姚　　记账：王丽　　出纳：张佳　　会计：何北　　制单：赵小花　　附件1张

教材部分习题答案

练习题

1. 按定额费用比例分配原材料费用

(1) 计算甲、乙两种产品的原材料定额费用。

甲产品 A 材料定额费用＝100×30×8＝24 000(元)

乙产品 A 材料定额费用＝200×20×8＝32 000(元)

(2) 计算分配率。

$$\text{分配率} = \frac{61\,600}{24\,000 + 32\,000} = 1.1$$

(3) 计算甲、乙两种产品应分配的原材料费用。

甲产品应分配的 A 材料费用＝24 000×1.1＝26 400(元)

乙产品应分配的 A 材料费用＝32 000×1.1＝35 200(元)

2. 采用交互分配法分配辅助生产费用

(1) 交互分配。

$$水费分配率 = \frac{48\,000 + 12\,000}{12\,000} = 5$$

$$运费分配率 = \frac{42\,000 + 8\,000}{50\,000} = 1$$

供水车间负担运费 = 1 × 10 000 = 10 000（元）

运输队负担水费 = 5 × 800 = 4 000（元）

(2) 计算交互分配后的实际费用。

供水车间对外分配费用 = 48 000 + 12 000 + 10 000 − 4 000 = 66 000（元）

运输队对外分配费用 = 42 000 + 8 000 + 4 000 − 10 000 = 44 000（元）

(3) 对外分配。

$$水费分配率 = \frac{66\,000}{10\,000 + 1\,200} = 5.892\,857$$

$$运费分配率 = \frac{44\,000}{35\,000 + 5\,000} = 1.1$$

基本车间负担水费 = 5.892 857 × 10 000 = 58 928.57（元）

基本车间负担运输 = 1.1 × 35 000 = 38 500（元）

合计　　　　　　　　　　　　　　97 428.57 元

管理部门负担水费 = 5.892 857 × 1 200 = 7 071.43（元）

管理部门负担运费 = 1.1 × 5 000 = 5 500（元）

合计　　　　　　　　　　　　　　12 571.43 元

(4) 根据以上计算结果编制辅助生产费用分配表，见表 3-33。

表 3-33　辅助生产费用分配表
（交互分配法）

金额单位：元
数量单位：水——立方米
　　　　　运输——公里

项目		交互分配			对外分配		
		供水	运输	合计	供水	运输	合计
待分配辅助生产费用	"辅助生产成本"科目	48 000	42 000				
	"制造费用"科目	12 000	8 000				
	小计	60 000	50 000	110 000	66 000	44 000	
劳务供应量		12 000	50 000		11 200	40 000	
费用分配率		5	1		5.892 857	1.1	

续表

项目			交互分配			对外分配
		供水	运输	合计	供水	运输	合计
辅助生产车间耗用	供水车间	耗用数量		10 000			
		分配金额		10 000			
	运输车间	耗用数量	800				
		分配金额	4 000				
基本生产车间耗用		耗用数量				10 000	35 000	
		分配金额				58 928.57	38 500	97 428.57
企业管理部门耗用		耗用数量				1 200	5 000	
		分配金额				7 071.43	5 500	12 571.43
分配金额合计						66 000	44 000	110 000

(5) 编制会计分录。

1) 交互分配。

借：制造费用——供水车间　　　　　　　　　　　　　　10 000
　　　　　　——运输队　　　　　　　　　　　　　　　　 4 000
　　贷：辅助生产成本——供水车间　　　　　　　　　　　 4 000
　　　　　　　　　　——运输队　　　　　　　　　　　　10 000

2) 结转辅助生产车间的制造费用。

借：辅助生产成本——供水车间　　　　　　　　　　　　　22 000
　　　　　　　　——运输队　　　　　　　　　　　　　　12 000
　　贷：制造费用——供水车间　　　　　　　　　　　　　 22 000
　　　　　　　——运输队　　　　　　　　　　　　　　　12 000

3) 对外分配。

借：制造费用——基本生产车间　　　　　　　　　　　　　97 428.57
　　管理费用　　　　　　　　　　　　　　　　　　　　　12 571.43
　　贷：辅助生产成本——供水车间　　　　　　　　　　　66 000.00
　　　　　　　　　　——运输队　　　　　　　　　　　　44 000.00

3. 采用计划成本法分配辅助生产费用

(1) 按实际耗用量和计划单位成本计算分配辅助生产费用。

供电车间应分配水费＝1 500×5＝7 500(元)

基本生产车间应分配水费＝7 000×5＝35 000(元)

企业管理部门应分配水费＝500×5＝2 500(元)

合计　　　　　　　　　　45 000 元

供水车间动力用电应分配电费＝10 000×0.5＝5 000(元)

供水车间照明用电应分配电费＝1 000×0.5＝500(元)

第3章 费用在各种产品以及期间费用之间的归集和分配

基本生产车间动力用电应分配电费＝44 000×0.5＝22 000(元)
基本生产车间照明用电应分配电费＝3 000×0.5＝1 500(元)
企业管理部门照明用电应分配电费＝2 000×0.5＝1 000(元)

合计　　　　　　　　　　　　　　　　　30 000 元

（2）计算辅助生产实际成本。

供水车间实际成本＝46 000＋(5 000＋500)＝51 500(元)
供电车间实际成本＝25 500＋7 500＝33 000(元)

（3）计算辅助生产成本差异。

供水车间成本差异＝51 500－45 000＝6 500(元)
供电车间成本差异＝33 000－30 000＝3 000(元)

（4）根据以上计算结果编制辅助生产费用分配表（计划成本分配法），见表 3－34。

表 3－34　辅助生产费用分配表
（计划成本分配法）　　　　　金额单位：元

项目		供水车间		供电车间		费用合计
		数量（立方米）	费用	数量(度)	费用	
待分配数量和费用	"辅助生产成本"科目金额		40 000		20 000	60 000
	"制造费用"科目金额		6 000		5 500	11 500
	小计	9 000	46 000	60 000	25 500	71 500
计划单位成本			5		0.5	
供水车间耗用动力电				10 000	5 000	5 000
供水车间耗用照明电				1 000	500	500
供电车间耗用水		1 500	7 500			7 500
基本生产车间生产产品耗用动力电				44 000	22 000	22 000
基本生产车间照明用电及水费		7 000	35 000	3 000	1 500	36 500
企业管理部门照明用电及水费		500	2 500	2 000	1 000	3 500
按计划成本分配合计			45 000		30 000	75 000
辅助生产实际成本			51 500		33 000	84 500
辅助生产成本差异			6 500		3 000	9 500

（5）根据辅助生产费用分配表（计划成本法）编制会计分录。

1）按计划成本分配辅助生产费用。

借：辅助生产成本——供水车间　　　　　　　　　　　5 000
　　基本生产成本——×产品　　　　　　　　　　　　22 000
　　制造费用——基本生产车间　　　　　　　　　　　36 500
　　　　　　——供水车间　　　　　　　　　　　　　　500

                    ——供电车间   7 500
            管理费用   3 500
        贷：辅助生产成本——供水车间   45 000
                    ——供电车间   30 000
    2) 结转辅助车间制造费用。
        借：辅助生产成本——供水车间   6 500
                    ——供电车间   13 000
        贷：制造费用——供水车间   6 500
                ——供电车间   13 000
    3) 结转成本差异。
        借：管理费用   9 500
        贷：辅助生产成本——供水车间   6 500
                    ——供电车间   3 000

案例题

[案例 1]

1. 应按实际工时比例将生产工人的薪酬费用在甲、乙产品之间进行分配。理由是：

(1) 该企业原始记录和业务统计工作较为完善，应该能够提供实际工时的资料；

(2) 选择实际工时作为分配标准，能更好地将劳动生产率的高低与所负担的直接人工费用的多少联系起来。

2. 应按机器工时比例将直接燃料和动力费用、制造费用在甲、乙产品之间进行分配。理由是：

(1) 该企业的原始记录和业务统计工作较为完善，应该能够提供机器工时的资料；

(2) 该车间属于技术密集型生产单位，大型、先进的设备较多，自动化程度较高，燃料和动力方面费用的多少与机器设备的运转时间密切相关，同理，制造费用中与机器设备相关的费用所占比重较大，而这部分费用与机器设备的运转时间有密切的联系。

3. 在成本核算中应该为管理提供以下几个方面的资料：

(1) 甲、乙两种产品的实际总成本和计划（定额）总成本；

(2) 甲、乙两种产品的实际总工时（人工工时和机器工时）和计划（或定额）总工时；

(3) 甲、乙两种产品的实际和计划单位产品成本以及在单位产品成本中各成本项目所占的比重；

（4）甲、乙两种产品的实际和计划的单耗（即单位产品的原材料消耗、工时消耗等）。

[案例 2]

1. 计算分配生产工资费用。

按定额工时比例分配：

甲产品定额工时＝500×8＝4 000（小时）

乙产品定额工时＝400×10＝4 000（小时）

$$分配率 = \frac{120\,000}{4\,000 + 4\,000} = 15$$

甲产品应负担的生产工资费用＝4 000×15＝60 000（元）

乙产品应负担的生产工资费用＝4 000×15＝60 000（元）

按实际工时比例分配：

$$分配率 = \frac{120\,000}{4\,300 + 3\,700} = 15$$

甲产品应负担的生产工资费用＝4 300×15＝64 500（元）

乙产品应负担的生产工资费用＝3 700×15＝55 500（元）

2. 确定差异并分析原因。

从以上计算分配结果可以看出：按实际工时比例分配比按定额工时比例分配，甲产品多负担 4 500 元（64 500－60 000），相应地乙产品少负担 4 500 元（55 500－60 000）。这一结果的形成原因可能来自两个方面：（1）所制定的工时消耗定额不够准确，使本月两种产品按实际产量和工时定额计算求得的定额工时与实际工时有较大差距。（2）两种产品的工时消耗定额比较准确，由于两种产品的劳动生产率（单位产品消耗的工时）有较大差别，即甲产品劳动生产率较低，而乙产品的劳动生产率较高，使劳动生产率高的乙产品因所消耗的生产工时相对较少，而少负担了费用。

通过本案例可以得出以下结论：

（1）在产品的定额管理比较健全，工时定额比较准确的情况下，由于产品的定额资料比较容易取得，而实际工时资料的取得需要比较多的统计工作量，因此，为了加速核算，节约核算成本，可以按产品的定额工时比例来分配生产工资费。

（2）为了将产品负担的生产工资费用的多少与其劳动生产率的高低密切联系起来，并便于管理上对产品成本的深入分析，应该按产品所消耗的实际工时比例来分配生产工资费用。

[案例3]

1. 用不同的方法计算分配辅助生产费用。

(1) 直接分配法。

1) 运输费用的分配。

$$分配率 = \frac{300\,000}{200\,000 - 50\,000} = 2$$

基本生产一车间负担运费 = 65 000×2 = 130 000(元)

基本生产二车间负担运费 = 80 000×2 = 160 000(元)

管理部门负担运费 = 5 000×2 = 10 000(元)

2) 蒸汽费用的分配。

$$分配率 = \frac{100\,000}{20\,000 - 500} = 5.128\,2$$

基本生产一车间负担蒸汽费用 = 10 000×5.128 2 = 51 282(元)

基本生产二车间负担蒸汽费用 = 8 000×5.128 2 = 41 025.6(元)

管理部门负担蒸汽费用 = 1 500×5.128 2 = 7 692.4[①](元)

(2) 顺序分配法。

1) 运输费用的分配。

$$分配率 = \frac{300\,000}{200\,000} = 1.5$$

锅炉车间负担运费 = 50 000×1.5 = 75 000(元)

基本生产一车间负担运费 = 65 000×1.5 = 97 500(元)

基本生产二车间负担运费 = 80 000×1.5 = 120 000(元)

管理部门负担运费 = 5 000×1.5 = 7 500(元)

2) 蒸汽费用的分配。

$$分配率 = \frac{100\,000 + 75\,000}{20\,000 - 500} = 8.974\,359$$

基本生产一车间负担蒸汽费用 = 10 000×8.974 359 = 89 743.59(元)

基本生产二车间负担蒸汽费用 = 8 000×8.974 359 = 71 794.87(元)

管理部门负担蒸汽费用 = 1 500×8.974 359 = 13 461.54(元)

(3) 交互分配法。

1) 交互分配。

$$运费分配率 = \frac{300\,000}{200\,000} = 1.5$$

---

① 含费用分配计算尾差，下文类似处不再一一指出。

第3章 费用在各种产品以及期间费用之间的归集和分配

$$蒸汽费用分配率=\frac{100\,000}{20\,000}=5$$

运输队负担蒸汽费用＝500×5＝2 500(元)

锅炉车间负担运输费用＝50 000×1.5＝75 000(元)

2) 交互分配后的实际费用。

运输队实际费用＝300 000＋2 500－75 000＝227 500(元)

锅炉车间实际费用＝100 000＋75 000－2 500＝172 500(元)

3) 对外分配（尾差计入管理费用）。

$$运费分配率=\frac{227\,500}{200\,000-50\,000}=1.516\,67$$

$$蒸汽费用分配率=\frac{172\,500}{20\,000-500}=8.846\,15$$

基本生产一车间负担运费＝65 000×1.516 67＝98 583.55(元)

基本生产二车间负担运费＝80 000×1.516 67＝121 333.6(元)

管理部门负担运费＝227 500－(98 583.55＋121 333.6)＝7 582.85(元)

基本生产一车间负担蒸汽费用＝10 000×8.846 15＝88 461.5(元)

基本生产二车间负担蒸汽费用＝8 000×8.846 15＝70 769.2(元)

管理部门负担蒸汽费用＝172 500－(88 461.5＋70 769.2)＝13 269.3(元)

(4) 代数分配法。

1) 设运输劳务的单位成本为 x 元，蒸汽的单位成本为 y 元，并根据所给资料建立以下联立方程：

$$\begin{cases} 300\,000+500y=200\,000x \\ 100\,000+50\,000x=20\,000y \end{cases}$$

解得：

$$\begin{cases} x=1.522\,012\,6 \\ y=8.805\,031 \end{cases}$$

2) 根据单位成本计算分配运输费用和蒸汽费用。

锅炉车间负担运费＝50 000×1.522 012 6＝76 100.63(元)

基本生产一车间负担运费＝65 000×1.522 012 6＝98 930.82(元)

基本生产二车间负担运费＝80 000×1.522 012 6＝121 761.01(元)

管理部门负担运费＝5 000×1.522 012 6＝7 610.06(元)

运输队负担蒸汽费用＝500×8.805 031＝4 402.52(元)

基本生产一车间负担蒸汽费用＝10 000×8.805 031＝88 050.31(元)

基本生产二车间负担蒸汽费用＝8 000×8.805 031＝7 044.25(元)

管理部门负担蒸汽费用＝1 500×8.805 031＝13 207.55(元)

2. 比较各种分配方法下辅助生产费用的分配结果。

由于代数分配法的分配结果最为准确，因此将其他方法下的分配结果与之比较，计算差异，并以此衡量各种分配方法的准确性。

(1) 直接分配法下的差异。

基本生产一车间的差异＝(130 000＋51 282)－(98 930.82＋88 050.31)
＝－5 699.13(元)

基本生产二车间的差异＝(160 000＋41 025.6)－(121 761.01＋70 440.25)
＝8 824.34(元)

管理部门的差异＝(10 000＋7 692.4)－(7 610.06＋13 207.55)
＝－3 125.21(元)

差异绝对值的总数＝5 699.13＋8 824.34＋3 125.21＝17 648.68(元)

(2) 顺序分配法下的差异。

基本生产一车间的差异＝(97 500＋89 743.59)－(98 930.82＋88 050.31)
＝262.46(元)

基本生产二车间的差异＝(120 000＋71 794.87)－(121 761.01＋70 440.25)
＝－406.39(元)

管理部门的差异＝(7 500＋13 461.54)－(7 610.06＋13 207.55)
＝143.93(元)

差异绝对值的总数＝262.46＋406.39＋143.93＝812.78(元)

(3) 交互分配法下的差异。

基本生产一车间的差异＝(98 583.33＋88 461.5)－(98 930.82＋88 050.31)
＝63.7(元)

基本生产二车间的差异＝(121 333.6＋70 769.2)－(121 761.01＋70 440.25)
＝－98.46(元)

管理部门的差异＝(7 582.85＋13 269.3)－(7 610.06＋13 207.55)
＝34.54(元)

差异绝对值的总数＝63.7＋98.46＋34.54＝196.7(元)

3. 差异形成原因的分析。

以上我们就辅助生产费用的对外分配的准确性，从整体上进行了考察(没有分别就不同的费用项目进行考察)。考察的结果是：直接分配法下的差异额最大，为17 648.68元，顺序分配法的差异额次之，为812.78元，交互分配法下的差异额最小，为 196.7 元。由此可以得出结论：在上述三种方法中，交互分配法较为准确，顺序分配法次之，直接分配法的正确性最差。这种结果的形成原因可以从下几个方面来分析：

（1）在本案例中，运输队和锅炉车间之间相互提供产品或劳务，而且数额较大，如果采用直接分配法进行辅助费用的分配，势必造成分配结果的严重不准确。

（2）由于锅炉车间消耗较多的运输费用，运输队消耗了较少的蒸汽费用，采用顺序法分配分配辅助生产费用，即在费用中让锅炉车间负担了运输费用，大大提高了分配结果的准确性。

（3）由于在顺序分配法下，辅助生产车间相互之间的费用负担是不全面的，即在本案例中，运输队并没有负担蒸汽费用，因此，其分配结果的准确性低于交互分配法。也就是说，由于在交互分配法下，辅助生产车间之间比较全面地相互负担了费用，因此分配结果的准确性高于顺序分配法。

4．根据本案例的情况，从简化核算和提供全面、准确的成本信息的角度出发，对各种辅助生产费用的分配方法做出评价。

（1）从本案例的情况可以看到，直接分配法的费用分配计算工作最为简单，但所提供的成本信息不全面，即这种方法不能提供运输队与锅炉车间之间由于相互提供产品或劳务而应该相互承担的费用情况，这不仅不利于对辅助生产车间成本的分析和考核，而且对外分配的准确性受到很大影响。

（2）顺序分配法的费用分配计算也比较简化，但由于辅助车间之间没有全面地相互承担应该承担的费用（本案例中，运输队没有承担应该承担的蒸汽费用），不利于对辅助生产车间成本的分析和考核，对外分配的准确性也受到一定的影响。

（3）交互分配法需要进行两次分配，费用的分配计算工作较为复杂，但由于辅助车间之间全面地相互承担了费用（尽管这种费用的相互承担不是精确的承担），这不仅使得费用分配的准确性大大提高，而且所提供的成本信息也比较全面，有利于对辅助生产车间的成本分析和考核。

（4）代数分配法虽然其费用分配计算工作较为复杂，但所提供的成本信息全面，而且最为准确，所以是一种提倡使用的辅助生产费用分配方法。

第4章 生产费用在完工产品与在产品之间的归集和分配

学习指导

本章在一般阐述在产品数量核算的基础上,重点讲述生产费用如何在完工产品与在产品之间进行分配,以及产成品成本如何结转等问题。

通过本章学习,应了解在产品数量核算的重要性,全面详细地理解和掌握如何根据企业具体条件选择在完工产品与月末在产品之间分配费用的方法,以及各种方法的特点、计算程序和适用范围。本章各节的主要内容和学习要点如表4-1所示。

表4-1 主要内容和学习要点

章节	主要内容	学习要点
4.1 在产品数量的核算	在产品收发结存的日常核算	▲在产品收发结存日常核算的基本内容 ▲月末在产品数量资料的来源
	在产品清查的核算	▲在产品清查核算的账务处理
4.2 完工产品和在产品之间分配费用的方法	完工产品和在产品之间分配费用的各种方法	▲不计算在产品成本法 ▲在产品成本按年初数固定计算法 ▲在产品按所耗直接材料费用计价法 ▲约当产量比例法 ▲在产品按完工产品成本计算法
4.3 完工产品成本的结转	完工产品成本的结转	▲产成品成本汇总表的作用及编制方法

练习题

(一)名词解释

1. 不计算在产品成本法 2. 在产品成本按年初数固定计算法

3. 在产品按所耗直接材料费用计价法　　4. 约当产量

5. 约当产量比例法　　6. 在产品按定额成本计价法

7. 在产品按完工产品成本计算法　　8. 定额比例法

（二）判断题（正确的画"√"，错误的画"×"，并说明理由）

1. 为了计算完工产品成本，在任何情况下都需要将生产费用在完工产品与月末在产品之间进行分配。（　　）

2. 在产品发生盘盈时，为了保证账实相符，应按计划成本或定额成本借记"基本生产成本"科目，贷记"待处理财产损溢"科目。（　　）

3. 如果在产品品种多、数量大，每月都组织实地盘点确有困难的，也可以根据在产品业务核算资料的期末结存量来计算在产品成本。（　　）

4. 经批准核销在产品盘盈时，应借记"待处理财产损溢"科目，贷记"管理费用"科目，冲减管理费用。（　　）

5. 对于各月末在产品数量虽大但各月之间在产品数量变化不大的产品，为了简化核算，可以不计算月末在产品的成本。（　　）

6. 在在产品成本按年初数固定计算法下，某种产品本月发生的生产费用就是本月完工产品的成本。（　　）

7. 在在产品按所耗直接材料费用计价法下，某种产品的加工费用全部计入当月的完工产品成本。（　　）

8. 在约当产量比例法下，从精细化分配费用的角度来看，应针对不同成本项目的具体情况来确定约当产量，进而进行费用的分配。（　　）

9. 约当产量比例法适用于月末在产品数量较大、各月末在产品数量变化也较大、产品成本中的直接材料费用与加工费用的比重相差不多的产品。（　　）

10. 在约当产量比例法下，采用先进先出法进行费用的分配，所计算出的分配率，体现了产品的本月耗费水平。（　　）

11. 在约当产量比例法下，采用先进先出法进行费用的分配，不仅计算工作比较简便，提供的分配数据也便于各月的成本分析和考核。（　　）

12. 只要在产品在各工序的分布均衡，就可以不分工序计算完工率，即完工率一律按50%计算。（　　）

13. 在分工序计算完工率的情况下，某工序的完工率为：截至本工序累计的工时定额占完工产品工时定额的比率。（　　）

14. 在直接材料随加工进度分工序投入，各工序的投料方式为一次投入，需要分工序计算投料率的情况下，某工序的投料率为：截至本工序累计的直接材料消耗定额占完工产品材料消耗定额的比率。（　　）

15. 在产品按定额成本计价法适用于定额管理基础比较好，各项消耗定额或费用定额比较准确、稳定，各月在产品数量变动较大的产品。（　　）

16. 与定额比例法相比较，月末在产品的定额成本计价法的费用分配结果更为合理。（　　）

（三）单选题

1. 完工产品与在产品之间分配费用的不计算在产品成本法，适用的产品是（　　）。

　　A. 各月末在产品数量很小　　　　B. 各月末在产品数量较大
　　C. 各月末在产品数量变动较大　　D. 各月末在产品数量变动较小

2. 完工产品与在产品之间分配费用的在产品成本按年初数固定计算法，适用的产品是（　　）。

　　A. 各月末在产品数量很小　　　　B. 各月末在产品数量较大
　　C. 各月末在产品数量变动较大　　D. 各月末在产品数量较小

3. 某种产品月末在产品数量较大，各月在产品数量变动也较大，直接材料占成本的比重较大，为了简化费用的分配各工作，其完工产品与在产品之间费用的分配，可采用（　　）。

　　A. 不计算在产品成本法
　　B. 在产品按定额成本计价法
　　C. 在产品按完工产品成本计算法
　　D. 在产品按所耗直接材料费用计价法

4. 某种产品月末在产品数量较大，各月在产品数量变动也较大，产品成本中直接材料费用与加工费用的比重相差不多的产品，其完工产品与在产品之间费用的分配，应采用（　　）。

　　A. 约当产量比例法
　　B. 在产品按定额成本计价法
　　C. 在产品按完工产品成本计算法
　　D. 在产品按所耗直接材料费用计价法

5. 完工产品与在产品之间分配费用的定额比例法适用的产品是（　　）。

　　A. 月末在产品数量较少
　　B. 各项费用的比重相差不多
　　C. 消耗定额或费用定额比较准确、稳定，各月末在产品数量变动不大
　　D. 消耗定额或费用定额比较准确、稳定，各月末在产品数量变动较大

6. 月末在产品接近完工，或者已经加工完毕尚未验收的产品，其完工产品与月末在产品之间费用的分配可以采用（　　）。

　　A. 不计算在产品成本法
　　B. 在产品按所耗直接材料费用计价法
　　C. 在产品按定额成本计价法

D. 在产品按完工产品成本计算法

7. 在下列方法中，所提供的资料更有利于各月成本分析和考核的是（　　）。

A. 约当产量比例法（先进先出法）

B. 约当产量比例法（加权平均法）

C. 在产品按完工产品成本计算法

D. 在产品按所耗直接材料费用计价法

8. 某种产品耗用的 A 材料是分工序投入，各工序的投料方式为一次性投入，各工序 A 材料的消耗定额为：第一道工序 20 千克，第二道工序 20 千克，第三道工序 10 千克。该产品第二道工序在产品的投料率为（　　）。

A. 80%　　　　　　　　　　B. 40%
C. 60%　　　　　　　　　　D. 50%

9. 某工序在产品完工率为（　　）与完工产品工时定额的比率。

A. 所在工序工时定额

B. 所在工序工时定额的 50%

C. 所在工序累计工时定额

D. 前面各工序累计工时定额与所在工序工时定额的 50% 的合计数

（四）多选题

1. 选择完工产品与在产品之间费用分配方法时，应考虑的条件包括（　　）。

A. 在产品数量的多少　　　　B. 各月在产品数量变化的大小
C. 各项费用比重的大小　　　D. 定额管理基础的好坏

2. 完工产品与在产品之间分配费用的在产品成本按年初数固定计算法，适用的产品有（　　）。

A. 各月末在产品数量较小

B. 各月末在产品数量虽大，但各月之间在产品数量变动不大

C. 各月末在产品数量变动较大

D. 直接材料在产品成本中比重较大

3. 本月发生的加工费用，不计入月末在产品成本的方法有（　　）。

A. 定额比例法

B. 不计算在产品成本法

C. 在产品按所耗直接材料费用计价法

D. 在产品按完工产品成本计算法

4. 计算在产品约当产量时，各工序在产品的完工率一律按 50% 计算，应具备的条件有（　　）。

A. 各工序在产品的数量相差较多

B. 各工序在产品的数量相差不多

C. 单位在产品在各工序的加工量相差较多

D. 单位在产品在各工序的加工量相差不多

5. 采用在产品按定额成本计价法分配完工产品与在产品费用，应具备的条件有（　　）。

A. 各项消耗定额或费用定额比较准确

B. 各项消耗定额或费用定额比较稳定

C. 各月末在产品数量变动不大

D. 直接材料在产品成本中比重较大

6. 在下列分配率计算公式中，属于约当产量比例法（先进先出法）所采用的有（　　）。

A. $\dfrac{\text{本月直接材料费用}}{\text{本月耗料产量}}$

B. $\dfrac{\text{本月直接人工费用}}{\text{本月耗工时产量}}$

C. $\dfrac{\text{本月制造费用}}{\text{本月耗工时产量}}$

D. $\dfrac{\text{月初在产品费用}+\text{本月费用}}{\text{完工产品数量}+\text{月末在产品约当产量}}$

7. 在产品按完工产品成本计算法适用的情况有（　　）。

A. 月末在产品已经接近完工

B. 产品已加工完毕，但尚未验收

C. 产品已加工完毕，但尚未包装入库

D. 各月末在产品数量变动不大

8. 在下列完工产品与在产品分配费用的方法中，它的采用与简化费用的分配工作有关的有（　　）。

A. 不计算在产品成本法

B. 在产品按所耗直接材料费用计价法

C. 在产品按定额成本计价法

D. 在产品按完工产品成本计算法

9. 在约当产量比例法下，费用的具体分配方法有加权平均法和先进先出法两种。其中加权平均法的优点有（　　）。

A. 费用的分配过程易于理解

B. 费用的计算分配比较简便

C. 所提供的数据更便于对各月产品成本的分析

D. 所提供的数据更便于对各月产品成本的考核

（五）核算与计算题

1. 不计算在产品成本法

［资料］甲产品每月末在产品数量很小，为简化成本计算工作，完工产品与在产品的费用分配采用不计算在产品成本法。3月份甲产品发生的生产费用为：

直接材料费用 12 000 元，直接燃料和动力费用 1 000 元，直接人工费用 9 000 元，制造费用 6 000 元。本月完工产品 700 件，月末在产品 2 件。

[要求] 计算 3 月份甲产品完工产品的总成本和单位成本。

2. 在产品成本按年初数固定计算法

[资料] A 产品每月末在产品数量较小，为简化成本计算工作，其完工产品与在产品的费用分配采用按年初数固定计算在产品成本法。在产品年初成本为：直接材料费用 1 200 元，直接燃料和动力费用 150 元，直接人工费用 1 000 元，制造费用 450 元。4 月份 A 产品发生的生产费用为：直接材料费用 150 000 元，直接燃料和动力费用 20 000 元，直接人工费用 120 000 元，制造费用 50 000 元。本月 A 产品完工产品产量为 1 000 件。

[要求]
（1）计算 4 月份 A 产品完工产品的总成本和单位成本。
（2）登记 A 产品成本明细账。

3. 月末在产品按所耗直接材料费用计价法

[资料] 乙产品成本中直接材料费用所占比重很大，为简化成本计算工作，其完工产品与在产品的费用分配采用月末在产品按所耗直接材料费用计价法。3 月初在产品直接材料费用 32 000 元（即月初在产品费用）。4 月份乙产品发生的生产费用为：直接材料费用 328 000 元，直接燃料和动力费用 4 000 元，直接人工费用 26 000 元，制造费用 8 000 元。该产品的直接材料是在生产开始时一次投入的。乙产品本月完工产品 900 件，月末在产品 100 件。

[要求]
（1）计算乙产品月末在产品成本以及本月完工产品成本。
（2）登记乙产品成本明细账。

4. 在产品投料率与完工率的计算

[资料] B 产品经过三道工序加工制成，直接材料消耗定额 40 千克，其中第一道工序 20 千克，第二道工序 10 千克，第三道工序 10 千克。

[要求]
（1）计算原材料在各工序生产开始时一次投入情况下的各工序投料率。
（2）计算原材料在各工序生产开始后陆续投入情况下的各工序投料率。

5. 在产品投料率和约当产量的计算

[资料] 某种产品经两道工序制成，直接材料消耗定额为 600 千克，其中，第一道工序直接材料消耗定额为 360 千克，第二道工序直接材料消耗定额为 240 千克。本月末，该产品第一道工序的在产品为 200 件，第二道工序的在产品为 150 件。各道工序内各件在产品在本工序的投料程度，按其完成本工序投料（在本工序的材料消耗定额）的 50% 折算。

[要求]

(1) 计算各工序的投料率。

(2) 计算该种产品的月末在产品的约当产量。

6. 在产品投料率和约当产量的计算

[资料] 某种产品经两道工序制成，直接材料消耗定额为 900 千克，其中，第一道工序直接材料消耗定额为 630 千克，第二道工序直接材料消耗定额为 270 千克。该产品在每道工序的投料都是在该工序生产开始时一次投入的。本月末，该产品第一道工序的在产品为 300 件，第二道工序的在产品为 400 件。

[要求]

(1) 计算各工序的投料率。

(2) 计算该种产品的月末在产品的约当产量。

7. 在产品完工率和约当产量的计算

[资料] 某种产品经三道工序制成，单位产品工时消耗定额为 30 小时，其中，第一道工序 9 小时，第二道工序 12 小时，第三道工序 9 小时。本月末，该产品第一道工序的在产品为 200 件，第二道工序的在产品为 300 件，第三道工序的在产品 100 件。各道工序内每件在产品在本工序的加工量，按其在本工序所需加工量（在本工序的工时定额）的 50% 折算。

[要求]

(1) 计算各工序的完工率。

(2) 计算该种产品的月末在产品的约当产量。

8. 约当产量比例法（加权平均法）

[资料] 乙产品经两道生产工序制成，原材料是在生产开始一次投入的，其工时消耗定额为 20 小时，其中第一道工序为 12 小时，第二道工序为 8 小时（各工序在产品在本工序的加工程度，按完成本工序所需加工量的 50% 计算）。本月完工产品 450 件，各工序在产品数量为：第一道工序 20 件，第二道工序 30 件。月初在产品生产费用与本月生产费用累计为：直接材料费用 12 500 元，直接人工费用 9 600 元，制造费用 12 000 元。

[要求]

(1) 分工序计算完工率及约当产量。

(2) 按照约当产量比例法（加权平均法）计算完工产品成本和月末在产品成本。

(3) 编制完工产品入库的会计分录。

9. 约当产量比例法（先进先出法）

[资料] A 产品的完工产品和在产品之间的费用分配采用约当产量比例法。有关资料如下：

(1) A 产品的原材料分工序投入（在工序开始时一次投入）。A 产品的原材料消耗定额为 90 千克，其中第一道工序 36 千克，第二道工序 27 千克，第三道工序 27 千克。

（2）A 产品的工时消耗定额为 40 小时，其中第一道工序 20 小时，第二道工序 10 小时，第三道工序 10 小时（各工序在产品在本工序的加工程度，按完成本工序所需加工量的 50% 计算）。

（3）本月完工产品 1 000 件。

（4）本月初在产品 200 件，其中第一道工序 80 件，第二道工序 60 件，第三道工序 60 件。

（5）本月末在产品 250 件，其中第一道工序 80 件，第二道工序 100 件，第三道工序 70 件。

（6）月初在产品生产费用为：直接材料费用 5 660 元，直接人工费用 6 820 元，制造费用 9 020 元。本月生产费用为：直接材料费用 31 140 元，直接人工费用 62 025 元，制造费用 82 700 元。

[要求]

（1）分工序计算完工率及约当产量。

（2）采用约当产量比例法（先出先进法）将各项生产费用在完工产品与月末在产品之间进行分配。

10．约当产量比例法（加权平均法）

[资料] 甲产品的完工产品和在产品之间的费用分配采用约当产量比例法。有关资料如下：

（1）甲产品的原材料分工序投入（在各工序生产开始后陆续投入）。甲产品的原材料消耗定额为 100 千克，其中第一道工序 50 千克，第二道工序 30 千克，第三道工序 20 千克。

（2）甲产品的工时消耗定额为 50 小时，其中第一道工序 20 小时，第二道工序 20 小时，第三道工序 10 小时（各工序在产品在本工序的加工程度，按完成本工序所需加工量的 50% 计算）。

（3）本月完工产品 2 000 件。

（4）本月末在产品 300 件，其中第一道工序 90 件，第二道工序 100 件，第三道工序 110 件。

（5）月初在产品生产费用为：直接材料费用 11 785 元，直接人工费用 10 350 元，制造费用 13 620 元。本月生产费用为：直接材料费用 185 000 元，直接人工费用 98 500 元，制造费用 117 000 元。

[要求]

（1）分工序计算完工率及约当产量。

（2）采用约当产量比例法（加权平均法）将各项生产费用在完工产品与月末

在产品之间进行分配。

11. 在产品按定额成本计价法

[资料] 丙产品各项消耗定额比较准确、稳定，各月在产品数量变动不大，月末在产品按定额成本计价。该产品8月初和本月的生产费用合计为：直接材料费用54 500元，直接人工费用28 500元，制造费用13 200元。直接材料是在生产开始时一次投入，单位产品直接材料费用定额80元。月末在产品90件，定额工时400小时。每小时费用定额：直接人工费用20元，制造费用9元。

[要求] 采用月末在产品按定额成本计价法，分配计算月末在产品成本和完工产品成本。

12. 在产品按定额成本计价法

[资料] 某企业生产甲、乙两种产品，两种产品的原材料均是在生产开始时一次投入。单位产品的直接材料费用定额为：甲产品50元，乙产品40元。月末在产品数量及定额工时：甲产品100件，240小时，乙产品80件，200小时。每小时费用定额：直接人工费用25元，制造费用20元。

[要求] 计算甲、乙两种产品的月末在产品定额成本。

13. 定额比例法

[资料] 某企业生产的甲产品采用定额比例法计算分配完工产品与在产品费用，直接材料费用按定额费用比例分配，其他费用按定额工时比例分配。6月份生产成本明细账的部分数据如表4-2所示。

表4-2 甲产品成本明细账

20××年6月　　　　　　　　　　　　　　金额单位：元

摘要		直接材料	直接人工	制造费用	合计
月初在产品费用		11 000	8 600	4 800	24 400
本月生产费用		95 700	57 500	34 860	188 060
生产费用合计					
完工产品	定额	86 900	2 905（工时）		
	实际				
月末在产品	定额	10 100	400（工时）		
	实际				

14. 定额比例法

[资料] 假定B产品完工产品与在产品费用的分配采用定额比例法。该产品月初和本月发生的制造费用共计51 600元。本月完工产品400件。单位产品的工时定额为15小时，其中第一道工序9小时，第二道工序6小时。月末在产品50件，其中第一道工序20件，第二道工序30件。各工序在产品的加工量按其所在工序所需加工量（定额工时）的50%计算。

[要求]

(1) 分别计算各工序在产品的累计工时定额。

(2) 计算完工产品的定额工时以及各工序在产品的定额工时。

(3) 采用定额比例法（按定额工时比例）分配完工产品和在产品应负担的制造费用。

15. 定额比例法

[资料] 某企业生产的丙产品采用定额比例法计算分配完工产品与在产品费用，直接材料费用按定额费用比例分配，其他费用按定额工时比例分配。本月完工产品 1 900 件，单件定额：直接材料费用 400 元，工时定额 5 小时。10 月份生产成本明细账的部分数据如表 4-3 所示。

表 4-3 丙产品成本明细账

20××年 10 月　　　　　　　　　　　　　　　　　　　金额单位：元

成本项目	月初在产品费用 定额	月初在产品费用 实际	本月生产费用 定额	本月生产费用 实际
直接材料	80 000	76 800	700 000	687 600
直接人工	800（工时）	16 800	8 900（工时）	182 050
制造费用		9 600		104 860
合计	—	103 200	—	974 510

[要求]

(1) 计算本月完工产品和月末在产品定额直接材料费用和定额工时。

(2) 计算分配完工产品成本和月末在产品成本。

16. 完工入库产成品、自制材料和低值易耗品的核算

[资料] 某企业对辅助生产车间生产的自制材料和低值易耗品按计划成本进行核算。4 月份辅助生产车间完工入库自制材料 2 000 千克，其计划单位成本为 10 元，实际总成本为 19 000 元，完工入库自制工具（低值易耗品）一批，计划总成本为 4 600 元，实际总成本为 4 500 元。

[要求] 按计划成本计价，分别编制自制材料和低值易耗品完工入库时的会计分录。

（六）简答题

1. 完工产品与月末在产品之间分配费用的方法大体上有哪两种类型？在选择完工产品与月末在产品之间分配费用的方法时应考虑哪些具体条件？

2. 简述不计算在产品成本法和在产品成本按年初数固定计算法的特点和适用情况。

3. 简述不计算在产品按所消耗直接材料费用计价法的特点和适用情况。

4. 在约当产量比例法下,有哪两种费用的具体分配方法?它们各自的优缺点是什么?

5. 如何测定在产品的完工率?

6. 简述在产品按定额成本计价法的特点和适用情况。

7. 简述定额比例法的特点和适用情况。

练习题答案

(一)名词解释(略)

(二)判断题

1. ×,产品全部完工或全部未完工的情况下,不需要做这项工作。

2. √

3. √

4. √

5. ×,由于在产品数量不是很小,如果不计算在产品成本,会使产品成本核算反映的在产品资金占用不实,不利于会计监督。

6. √

7. √

8. √

9. √

10. √

11. ×,在约当产量比例法下,采用先进先出法分配费用,计算分配工作较为复杂。

12. ×,只有在各工序在产品数量和单位产品在各工序加工量都相差不多的情况下,全部在产品的完工率才能按50%计算。

13. ×,$某工序在产品完工率 = \dfrac{前面各工序工时定额之和 + 本工序工时定额 \times 50\%}{产品工时定额}$

14. √

15. ×,在产品按定额成本计价法适用于定额管理基础比较好,各项消耗定额或费用定额比较准确、稳定,各月在产品数量变动不大的产品。

16. ×,在在产品按定额成本计价法下,月末在产品脱离定额的差异全部由完工产品负担,不尽合理,而定额比例法没有这样的问题。

(三)单选题

1. A   2. D   3. D   4. A   5. D
6. D   7. A   8. A   9. D

（四）多选题

1. ABCD　　2. AB　　3. BC　　4. BD　　5. ABC
6. ABC　　7. ABC　　8. ABCD　　9. AB

（五）核算与计算题

1. 不计算在产品成本法

甲产品完工产品总成本＝12 000＋1 000＋9 000＋6 000＝28 000（元）

甲产品完工产品单位成本＝28 000÷700＝40（元）

2. 在产品成本按年初数固定计算法

（1）A产品完工产品总成本＝150 000＋20 000＋120 000＋50 000
　　　　　　　　　　　　＝340 000（元）

（2）A产品完工产品单位成本＝340 000÷1 000＝340（元）

（3）登记A产品成本明细账，见表4-4。

表4-4　A产品成本明细账

20××年4月　　　　　　　　　　　　　　　　　　　产量：1 000件
单位：元

摘要	直接材料	直接燃料和动力	直接人工	制造费用	合计
月初在产品费用	1 200	150	1 000	450	2 800
本月生产费用	150 000	20 000	120 000	50 000	340 000
合计	151 200	20 150	121 000	50 450	342 800
完工产品成本	150 000	20 000	120 000	50 000	340 000
月末在产品成本	1 200	150	1 000	450	2 800

3. 月末在产品按所耗直接材料费用计价法

（1）乙产品直接材料费用的分配及完工产品成本的计算。

$$乙产品直接材料费用的分配率 = \frac{32\,000 + 328\,000}{900 + 100} = 360$$

乙产品完工产品直接材料费用＝360×900＝324 000（元）

乙产品月末在产品直接材料费用＝360×100＝36 000（元）

乙产品完工产品成本＝324 000＋4 000＋26 000＋8 000＝362 000（元）

（2）登记乙产品成本明细账，见表4-5。

表4-5　乙产品成本明细账

20××年4月　　　　　　　　　　　　　　　　　　　产量：1 000件
单位：元

摘要	直接材料	直接燃料和动力	直接人工	制造费用	合计
月初在产品费用	32 000				32 000

续表

摘要	直接材料	直接燃料和动力	直接人工	制造费用	合计
本月生产费用	328 000	4 000	2 600	8 000	342 600
合计	360 000	4 000	2 600	8 000	374 600
完工产品成本	324 000	4 000	2 600	8 000	362 000
月末在产品成本	36 000				36 000

4. 在产品投料率与完工率的计算

(1) 原材料在各工序生产开始时一次投入情况下的各工序投料率的计算。

$$第一道工序投料率 = \frac{20}{40} \times 100\% = 50\%$$

$$第二道工序投料率 = \frac{20+10}{40} \times 100\% = 75\%$$

$$第三道工序投料率 = \frac{20+10+10}{40} \times 100\% = 100\%$$

(2) 原材料在各工序生产开始后陆续投入情况下的各工序投料率的计算。

$$第一道工序投料率 = \frac{20 \times 50\%}{40} \times 100\% = 25\%$$

$$第二道工序投料率 = \frac{20+10 \times 50\%}{40} \times 100\% = 62.5\%$$

$$第三道工序投料率 = \frac{20+10+10 \times 50\%}{40} \times 100\% = 87.5\%$$

5. 在产品投料率和约当产量的计算

(1) 计算各工序的投料率。

$$第一道工序投料率 = \frac{360 \times 50\%}{600} \times 100\% = 30\%$$

$$第二道工序投料率 = \frac{360+240 \times 50\%}{600} \times 100\% = 80\%$$

(2) 计算该种产品的月末在产品的约当产量。

$$第一道工序在产品约当产量 = 200 \times 30\% = 60(件)$$

$$第二道工序在产品约当产量 = 150 \times 80\% = 120(件)$$

6. 在产品投料率和约当产量的计算

(1) 计算各工序的投料率。

$$第一道工序投料率 = \frac{630}{900} \times 100\% = 70\%$$

第二道工序投料率 $=\dfrac{630+270}{900}\times 100\%=100\%$

(2) 计算该种产品的月末在产品的约当产量。

第一道工序在产品约当产量 $=300\times 70\%=210$(件)
第二道工序在产品约当产量 $=400\times 100\%=400$(件)

7. 在产品完工率和约当产量的计算

(1) 计算各工序的完工率。

第一道工序完工率 $=\dfrac{9\times 50\%}{30}\times 100\%=15\%$

第二道工序完工率 $=\dfrac{9+12\times 50\%}{30}\times 100\%=50\%$

第三道工序完工率 $=\dfrac{9+12+9\times 50\%}{30}\times 100\%=85\%$

(2) 计算该种产品的月末在产品的约当产量。

第一道工序在产品约当产量 $=200\times 15\%=30$(件)
第二道工序在产品约当产量 $=300\times 50\%=150$(件)
第三道工序在产品约当产量 $=100\times 85\%=85$(件)

合计　　　　　　　　　　　　265 件

8. 约当产量比例法(加权平均法)

(1) 分工序计算完工率及约当产量。

第一道工序完工率 $=\dfrac{12\times 50\%}{20}\times 100\%=30\%$

第二道工序完工率 $=\dfrac{12+8\times 50\%}{20}\times 100\%=80\%$

第一道工序在产品约当产量 $=20\times 30\%=6$(件)
第二道工序在产品约当产量 $=30\times 80\%=24$(件)

合计　　　　　　　　　　　　30 件

(2) 计算费用分配率。

直接材料费用分配率 $=\dfrac{12\,500}{450+50}=25$

直接人工费用分配率 $=\dfrac{9\,600}{450+30}=20$

制造费用分配率 $=\dfrac{12\,000}{450+30}=25$

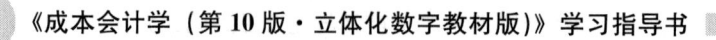

(3) 分配完工产品与月末在产品费用。

完工产品直接材料费用＝450×25＝11 250（元）
完工产品直接人工费用＝450×20＝9 000（元）
完工产品制造费用＝450×25＝11 250（元）

合计　　　　　　　31 500 元

在产品直接材料费用＝50×25＝1 250（元）
在产品直接人工费用＝30×20＝600（元）
在产品制造费用＝30×25＝750（元）

合计　　　　　　　2 600 元

(4) 编制完工产品入库的会计分录。

借：库存商品　　　　　　　　　　　　　　　　31 500
　　贷：基本生产成本　　　　　　　　　　　　　　31 500

9. 约当产量比例法（按先出先进法）

(1) 计算各工序的投料率和完工率。

各工序投料率：

$$第一道工序投料率 = \frac{36}{90} \times 100\% = 40\%$$

$$第二道工序投料率 = \frac{36+27}{90} \times 100\% = 70\%$$

$$第三道工序投料率 = \frac{36+27+27}{90} \times 100\% = 100\%$$

各工序完工率：

$$第一道工序完工率 = \frac{20 \times 50\%}{40} \times 100\% = 25\%$$

$$第二道工序完工率 = \frac{20 + 10 \times 50\%}{40} \times 100\% = 62.5\%$$

$$第三道工序完工率 = \frac{20 + 10 + 10 \times 50\%}{40} \times 100\% = 87.5\%$$

(2) 计算月初和月末在产品。

1) 月初在产品约当产量。

分配直接材料费用的约当产量：

第一道工序＝80×40％＝32（件）
第二道工序＝60×70％＝42（件）
第三道工序＝60×100％＝60（件）

合计　　　　134 件

分配直接人工和制造费用的约当产量：

第一道工序＝80×25％＝20(件)
第二道工序＝60×62.5％＝37.5(件)
第三道工序＝60×87.5％＝52.5(件)

合计　　　　　110 件

2) 月末在产品约当产量。

分配直接材料费用的约当产量：

第一道工序＝80×40％＝32(件)
第二道工序＝100×70％＝70(件)
第三道工序＝70×100％＝70(件)

合计　　　　　172 件

分配直接人工和制造费用的约当产量：

第一道工序＝80×25％＝20(件)
第二道工序＝100×62.5％＝62.5(件)
第三道工序＝70×87.5％＝61.25(件)

合计　　　　　143.75 件

(3) 分配直接材料费用。

本月耗料产量＝1 000＋172－134＝1 038(件)

直接材料费用分配率＝$\frac{31\ 140}{1\ 038}$＝30

月末在产品直接材料费用＝172×30＝5 160(元)

完工产品直接材料费用＝(5 660＋31 140)－5 160＝31 640(元)

(4) 分配直接人工费用和制造费用。

本月工时产量＝1 000＋143.75－110＝1 033.75(件)

直接人工费用分配率＝$\frac{62\ 025}{1\ 033.75}$＝60

月末在产品直接人工费用＝143.75×60＝8 625(元)

完工产品直接人工费用＝(6 820＋62 025)－8 625＝60 220(元)

制造费用分配率＝$\frac{82\ 700}{1\ 033.75}$＝80

月末在产品制造费用＝143.75×80＝11 500(元)

完工产品制造费用＝(9 020＋82 700)－11 500＝80 220(元)

10. 约当产量比例法（加权平均法）

(1) 计算各工序的投料率和完工率。

各工序投料率：

$$第一道工序投料率 = \frac{50 \times 50\%}{100} \times 100\% = 25\%$$

$$第二道工序投料率 = \frac{50 + 30 \times 50\%}{100} \times 100\% = 65\%$$

$$第三道工序投料率 = \frac{50 + 30 + 20 \times 50\%}{100} \times 100\% = 90\%$$

各工序完工率：

$$第一道工序完工率 = \frac{20 \times 50\%}{50} \times 100\% = 20\%$$

$$第二道工序完工率 = \frac{20 + 20 \times 50\%}{50} \times 100\% = 60\%$$

$$第三道工序完工率 = \frac{20 + 20 + 10 \times 50\%}{50} \times 100\% = 90\%$$

(2) 计算月末在产品约当产量。

分配直接材料费用的约当产量：

第一道工序 = 90 × 25% = 22.5（件）
第二道工序 = 100 × 65% = 65（件）
第三道工序 = 110 × 90% = 99（件）
合计　　　　　　　186.5 件

分配直接人工和制造费用的约当产量：

第一道工序 = 90 × 20% = 18（件）
第二道工序 = 100 × 60% = 60（件）
第三道工序 = 110 × 90% = 99（件）
合计　　　　　　　177 件

(3) 分配直接材料费用。

$$直接材料费用分配率 = \frac{11\,785 + 185\,000}{2\,000 + 186.5} = 90$$

完工产品直接材料费用 = 2 000 × 90 = 180 000（元）

(4) 分配直接人工和制造费用。

$$直接人工费用分配率 = \frac{10\,350 + 98\,500}{2\,000 + 177} = 50$$

完工产品直接材料费用＝2 000×50＝100 000(元)

月末在产品直接材料费用＝177×50＝8 850(元)

制造费用分配率＝$\frac{13\ 620+117\ 000}{2\ 000+177}$＝60

完工产品制造费用＝2 000×60＝120 000(元)

月末在产品制造费用＝177×60＝10 620(元)

11. 在产品按定额成本计价法

月末在产品成本和完工产品成本的计算结果见表4-6。

表4-6 产品成本计算表

成本项目	生产费用合计 (1)	月末在产品成本（定额成本） (2)	完工产品成本 (3)＝(1)-(2)
直接材料	54 500	90×80＝7 200	47 300
直接人工	28 500	400×20＝8 000	20 500
制造费用	13 200	400×9＝3 600	9 600
合计	96 200	18 800	77 400

12. 在产品按定额成本计价法

(1) 在产品的直接材料定额成本。

甲产品：100×50＝5 000(元)

乙产品：80×40＝3 200(元)

(2) 在产品的直接人工定额成本。

甲产品：240×25＝6 000(元)

乙产品：200×25＝5 000(元)

(3) 在产品的制造费用定额成本。

甲产品：240×20＝4 800(元)

乙产品：200×20＝4 000(元)

(4) 月末在产品定额成本。

甲产品：5 000＋6 000＋4 800＝15 800(元)

乙产品：3 200＋5 000＋4 000＝12 200(元)

13. 定额比例法

(1) 各项费用分配率。

直接材料费用分配率＝$\frac{11\ 000+95\ 700}{86\ 900+10\ 100}$＝1.1

直接人工费用分配率＝$\frac{8\ 600+57\ 500}{2\ 905+400}$＝20

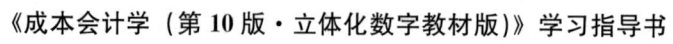

制造费用分配率＝$\dfrac{4\,800+34\,860}{2\,905+400}$＝12

(2) 完工产品成本。

直接材料费用＝86 900×1.1＝95 590(元)

直接人工费用＝2 905×20＝58 100(元)

制造费用＝2 905×12＝34 860(元)

(3) 在产品成本。

直接材料费用＝10 100×1.1＝11 110(元)

直接人工费用＝400×20＝8 000(元)

制造费用＝40×12＝4 800(元)

(4) 登记产品成本明细账，见表 4-7。

表 4-7　甲产品成本明细账

20××年 6 月

摘要		直接材料	直接人工	制造费用	合计
月初在产品费用		11 000	8 600	4 800	24 400
本月生产费用		95 700	57 500	34 860	1 880 600
生产费用合计		106 700	66 100	39 660	212 460
完工产品	定额	86 900	2 905（工时）		
	实际	95 590	58 100	34 860	188 550
月末在产品	定额	10 100	400（工时）		
	实际	11 110	8 000	4 800	23 910

14. 定额比例法

(1) 各工序在产品累计工时定额。

第一道工序：9×50％＝4.5(小时)

第二道工序：9＋6×50％＝12(小时)

(2) 各工序在产品定额工时。

第一道工序：20×4.5＝90(小时)

第二道工序：30×12＝360(小时)

合计　　　　　　　　　450 小时

(3) 完工产品定额工时＝400×15＝6 000(小时)

(4) 分配制造费用。

制造费用分配率＝$\dfrac{51\,600}{6\,000+450}$＝8

完工产品制造费用＝6 000×8＝48 000(元)

在产品制造费用＝450×8＝3 600(元)

15. 定额比例法

(1) 计算完工产品和月末在产品定额直接材料费用和定额工时。

完工产品定额直接材料费用＝1 900×400＝760 000(元)

在产品定额直接材料费用＝80 000＋700 000－760 000＝20 000(元)

完工产品定额工时＝1 900×5＝9 500(小时)

在产品定额工时＝800＋8 900－9 500＝200(小时)

(2) 各项费用分配率。

$$\text{直接材料费用分配率} = \frac{76\ 800 + 687\ 600}{760\ 000 + 20\ 000} = 0.98$$

$$\text{直接人工费用分配率} = \frac{16\ 800 + 182\ 050}{9\ 500 + 200} = 20.5$$

$$\text{制造费用分配率} = \frac{9\ 600 + 104\ 860}{9\ 500 + 200} = 11.8$$

(3) 完工产品成本。

直接材料费用＝760 000×0.98＝744 800(元)

直接人工费用＝9 500×20.5＝194 750(元)

制造费用＝9 500×11.8＝112 100(元)

合计　　　　　　　　　　1 051 650 元

(4) 在产品成本。

直接材料费用＝20 000×0.98＝19 600(元)

直接人工费用＝200×20.5＝4 100(元)

制造费用＝200×11.8＝2 360(元)

合计　　　　　　　　　　26 060 元

16. 完工入库自制材料和低值易耗品的核算

(1) 自制材料完工入库。

借：原材料	20 000
贷：辅助生产成本	19 000
材料成本差异——原材料成本差异	1 000

(2) 自制工具完工入库。

借：低值易耗品——在库	46 000
贷：辅助生产成本	45 000

材料成本差异——低值易耗品成本差异　　　　　　　　　　100

(六) 简答题（略）

教材部分习题答案

练习题

1. 采用约当产量比例法（加权平均法）分配完工产品与在产品费用

(1) 分工序计算完工率。

$$第一道工序完工率 = \frac{10 \times 50\%}{50} \times 100\% = 10\%$$

$$第二道工序完工率 = \frac{10 + 20 \times 50\%}{50} \times 100\% = 40\%$$

$$第三道工序完工率 = \frac{10 + 20 + 20 \times 50\%}{50} \times 100\% = 80\%$$

(2) 分工序计算在产品约当产量。

第一道工序在产品约当产量 = 40 × 10% = 4(件)

第二道工序在产品约当产量 = 20 × 40% = 8(件)

第三道工序在产品约当产量 = 30 × 80% = 24(件)

合计　　　　　　　　　　　　　　　36 件

(3) 计算费用分配率。

$$直接材料费用分配率 = \frac{147\,000}{400 + 90} = 300$$

$$直接人工费用分配率 = \frac{109\,000}{400 + 36} = 250$$

$$制造费用分配率 = \frac{87\,200}{400 + 36} = 200$$

(4) 计算完工产品费用和月末在产品费用。

完工产品成本应分配的各项费用：

直接材料费用 = 400 × 300 = 120 000(元)

直接人工费用 = 400 × 250 = 100 000(元)

制造费用 = 400 × 200 = 80 000(元)

完工产品成本合计 = 300 000(元)

在产品成本应分配的各项费用：

直接材料费用 = 90 × 300 = 27 000(元)

直接人工费用＝36×250＝9 000(元)

制造费用＝36×200＝7 200(元)

在产品成本合计＝43 200(元)

(5) 编制完工入库产品的会计分录如下：

借：库存商品——甲产品　　　　　　　　　　　　　　　300 000

贷：基本生产成本——甲产品　　　　　　　　　　　　　　　300 000

2. 采用约当产量比例法（先进先出法）分配完工产品与在产品费用

(1) 采用约当产量比例法（先进先出法，分工序计算在产品的约当产量）将生产费用在完工产品与在产品之间分配。

1) 计算月初和月末在产品的约当产量。

$$第一道工序完工率=\frac{4\times 50\%}{10}\times 100\%=20\%$$

$$第二道工序完工率=\frac{4+6\times 50\%}{10}\times 100\%=70\%$$

月初在产品约当产量＝50×20%＋60×70%＝52(件)

月末在产品约当产量＝30×20%＋40×70%＝34(件)

2) 计算分配费用。

a. 计算分配直接材料费用。

本期耗料产量＝(300＋30＋40)－(50＋60)＝260(件)

$$直接材料费用分配率=\frac{23\,660}{260}=91$$

月末在产品直接材料费用＝(30＋40)×91＝6 370(元)

完工产品直接材料费用＝9 900＋23 660－6 370＝27 190(元)

b. 计算分配直接人工费用。

本期耗工时产量＝(300＋34)－52＝282(件)

$$直接人工费用分配率=\frac{42\,300}{282}=150$$

月末在产品直接人工费用＝34×150＝5 100(元)

完工产品直接人工费用＝8 320＋42 300－5 100＝45 520(元)

c. 计算分配制造工费用。

本期耗工时产量＝(300＋34)－52＝282(件)

$$制造费用分配率=\frac{52\,170}{282}=185$$

月末在产品制造费用＝34×185＝6 290(元)

完工产品制造费用＝9 360＋52 170－6 290＝55 240(元)

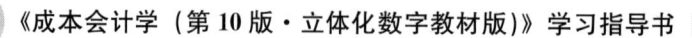

（2）根据所给资料和以上计算分配结果，对该车间本月和上月生产费用耗用水平作出分析说明。

1）上月的费用耗用水平。

$$单位产品直接材料费用 = \frac{9\,900}{50+60} = 90(元)$$

$$单位产品直接人工费用 = \frac{8\,320}{52} = 160(元)$$

$$单位产品制造费用 = \frac{9\,360}{52} = 180(元)$$

2）本月的费用耗用水平。

单位产品直接材料费用＝91(元)

单位产品直接人工费用＝150(元)

单位产品制造费用＝185(元)

由于先进先出法可以排除前期成本耗用水平对本期的影响，提供了本期的成本耗用水平资料，因此，它便于对各期的成本管理工作优劣进行分析和评价。

例如，通过以上计算所得到的资料可以看出：在本案例中，单位产品的直接材料费用本月比上月高了 1 元（上月为 90 元，本月为 91 元），单位产品的直接人工费用本月比上月降低了 10 元（上月为 160 元，本月为 150 元），单位产品的制造费用本月比上月升高了 5 元（上月为 180 元，本月为 185 元）。

3. 采用定额比例法分配完工产品与在产品费用

（1）采用定额比例法分配各项费用并登记产品成本明细账。

1）计算完工产品和月末在产品定额直接材料费用和定额工时。

完工产品定额直接材料费用＝100×400＝40 000(元)

在产品定额直接材料费用＝5 000＋45 000－40 000＝10 000(元)

完工产品定额工时＝100×10＝1 000(小时)

在产品定额工时＝100＋1 100－1 000＝200(小时)

2）分配直接材料费用。

$$分配率 = \frac{5\,500 + 47\,000}{40\,000 + 10\,000} = 1.05$$

完工产品应分配直接材料费用＝40 000×1.05＝42 000(元)

在产品应分配直接材料费用＝10 000×1.05＝10 500(元)

3）分配直接人工费用。

$$分配率 = \frac{2\,000 + 22\,000}{1\,000 + 200} = 20$$

完工产品应分配直接人工费用＝1 000×20＝20 000(元)

在产品应分配直接人工费用＝200×20＝4 000(元)

4）分配制造费用。

$$分配率=\frac{1\,500+10\,500}{1\,000+200}=10$$

完工产品应分配制造费用＝1 000×10＝10 000(元)

在产品应分配制造费用＝200×10＝2 000(元)

5）登记产品成本明细账，如表4-8所示。

表4-8 产品成本明细账

产品名称：丙　　　　　　　　　　　　　　　　　　　　　　　　　　金额单位：元

成本项目	月初在产品 定额	月初在产品 实际	本月投入 定额	本月投入 实际	合计 定额	合计 实际	分配率	完工产品 定额	完工产品 实际	月末在产品 定额	月末在产品 实际
直接材料	5 000	5 500	45 000	47 000	50 000	52 500	1.05	40 000	42 000	10 000	10 500
直接人工	100工时	2 000	1 100工时	22 000	1 200工时	24 000	20	1 000工时	20 000	200工时	4 000
制造费用	100工时	1 500	1 100工时	10 500	5 000工时	12 000	10	1 000工时	10 000	200工时	2 000
合计	—	9 000	—	79 500	—	88 500	—	—	72 000	—	16 500

（2）编制完工产品入库的会计分录。

借：库存商品——丙产品　　　　　　　　　　　　　　　72 000

　　贷：基本生产成本——丙产品　　　　　　　　　　　　72 000

案例题

[案例1]

第一种意见更为合理。因为在生产费用的分配中，横向分配与纵向分配之间存在密切的联系。在横向分配中，我们选择某种分配标准，将某项生产费用在各种产品之间进行分配，即各种产品是按照消耗某种分配标准（材料定额消耗量、生产工时、机器工时等）的数量的多少来承担某种生产费用的。因此，从逻辑上讲，将某种产品在横向分配中负担的某种生产费用在其完工产品与在产品之间进行纵向分配时，也应该选择该种生产费用在横向分配时所采用的分配标准。

在本案例中，由于原材料是在生产开始时一次投入的，不论在横向分配时原材料费用的分配标准如何，在纵向分配时按照实际件数进行费用的分配都是合理的。在横向分配中直接人工费用是按照生产工时比例分配的，直接燃料和动力费用、制造费用是按照机器工时比例分配的，因此，从准确分配费用的角度讲，将直接人工费用在完工产品与月末在产品之间进行分配时，应该选择生产工时作为衡量在产品完工程度的标准，将直接燃料和动力费用、制造费用在完工产品与月末在产品之间进行分配时，应该选择机器工时作为衡量在产品完工程度的标准。

[案例 2]

1. 分别采用在产品按定额成本计价法和定额比例法进行 1—4 月份的完工产品与月末在产品原材料费用的分配工作。

（1）采用在产品按定额成本计价法。

1）1 月份分配结果。

$$在产品费用 = 300 \times 12 = 3\,600(元)$$
$$完工产品费用 = 26\,220 - 3\,600 = 22\,620(元)$$

2）2 月份分配结果。

$$在产品费用 = 50 \times 12 = 600(元)$$
$$完工产品费用 = 3\,600 + 22\,365 - 600 = 25\,365(元)$$

3）3 月份分配结果。

$$在产品费用 = 450 \times 12 = 5\,400(元)$$
$$完工产品费用 = 600 + 25\,347 - 5\,400 = 20\,547(元)$$

4）4 月份分配结果。

$$在产品费用 = 450 \times 12 = 5\,400(元)$$
$$完工产品费用 = 5\,400 + 24\,192 - 5\,400 = 24\,192(元)$$

（2）采用定额比例法。

1）1 月份分配结果。

$$完工产品定额费用 = 2\,000 \times 12 = 24\,000(元)$$
$$在产品定额费用 = 300 \times 12 = 3\,600(元)$$
$$分配率 = \frac{26\,220}{24\,000 + 3\,600} = 0.95$$
$$完工产品费用 = 24\,000 \times 0.95 = 22\,800(元)$$
$$在产品费用 = 3\,600 \times 0.95 = 3\,420(元)$$

2）2 月份分配结果。

$$完工产品定额费用 = 2\,200 \times 12 = 26\,400(元)$$
$$在产品定额费用 = 50 \times 12 = 600(元)$$
$$分配率 = \frac{3\,420 + 22\,365}{26\,400 + 600} = 0.955$$
$$完工产品费用 = 26\,400 \times 0.955 = 25\,212(元)$$

在产品费用＝600×0.955＝573(元)

3) 3月份分配结果。

完工产品定额费用＝1 800×12＝21 600(元)

在产品定额费用＝450×12＝5 400(元)

分配率＝$\frac{573+25\,347}{21\,600+5\,400}$＝0.96

完工产品费用＝21 600×0.96＝20 736(元)

在产品费用＝5 400×0.96＝5 184(元)

4) 4月份分配结果。

完工产品定额费用＝2 100×12＝25 200(元)

在产品定额费用＝450×12＝5 400(元)

分配率＝$\frac{5\,184+24\,192}{25\,200+5\,400}$＝0.96

完工产品费用＝25 200×0.96＝24 192(元)

在产品费用＝5 400×0.96＝5 184(元)

2. 按月比较两种方法下分配结果的差异，并结合本案例的实际情况，分析差异的形成原因。

(1) 与定额比例法相比较，在在产品按定额成本计价法下，1月份完工产品成本低了180元（22 620－22 800），2月份完工产品成本高了153元（25 365－25 212），3月份完工产品成本低了189元（20 547－20 736），4月份两种分配方法下的完工产品的成本相同，即均为24 192元。

(2) 上述差异的形成原因可能来自定额成本的准确与否以及月初、月末在产品数量变动的大小两个方面。就本案例而言，1—4月的定额比例法下的分配率均低于并接近100%，各月分别是95%、95.5%、96%和96%（定额相对比较准确，且均表现为实际成本低于定额成本），即在在产品按定额成本计价法下，本月完工产品均负担的是节约差异。因此，可以说本案例中两种分配方法所产生的差异主要来源于月末在产品数量的变化。在定额较为准确（表现为各月的分配率相差不多，都接近100%）的情况下，月末与月初在产品数量相差的越多，则两种分配方法所产生的差异就越大。这一点从本案例的相关数据中可以明显看到：

1) 1月初无在产品，月末有在产品300件，月末比月初在产品多了300件。由于在在产品按定额成本计价法下，月末这300件在产品按定额成本计价，应该由其负担的节约差异全部挤给了完工产品，故1月份的完工产品成本较定额比例法下的数额少了180元。

2) 2月初在产品为300件，月末有在产品50件，月末比月初在产品少

了 250 件。

由于在在产品按定额成本计价法下，300 件月初在产品所多负担的费用大于 50 件月末在产品所多负担的费用，故 2 月份的完工产品成本较定额比例法下的数额多了 153 元。

3）3 月初在产品为 50 件，月末有在产品 450 件，月末比月初在产品多了 400 件。

由于在在产品按定额成本计价法下，50 件月初在产品所多负担的费用小于 450 件月末在产品所多负担的费用，故 3 月份的完工产品成本较定额比例法下的数额少了 189 元。

4）4 月初在产品为 450 件，月末在产品也为 450 件，即月末与月初在产品的数量相同。

由于在在产品按定额成本计价法下，450 件月初在产品所多负担的费用与 450 件月末在产品所多负担的费用相当（本案例中 3 月份与 4 月份的分配率相同，均为 96%），故 4 月份的完工产品成本与定额比例法下的数额相同。

3. 结合本案例的情况，讨论在产品按定额成本计价法和定额比例法各自的优缺点和适用情况。

（1）在产品按定额成本计价法的费用分配过程较为简化，而定额比例法的费用分配过程相对比较复杂。

（2）通过本案例可以看出：在产品的各项消耗定额、费用定额和定额成本比较准确、稳定的前提下，各月在产品数量变化的大小，就成为采用在产品按定额成本计价法还是采用定额比例法的根本条件。如果产品的各项消耗定额、费用定额和定额成本比较准确、稳定，并且各月在产品数量变化不大，为简化费用分配工作可以采用在产品按定额成本计价法，否则就应该采用定额比例法。

[案例 3]

1. 对于甲产品应该分工序计算完工率，并据以计算在产品的约当产量，不能采用全部在产品的完工程度一律按 50% 平均计算的简化办法。这是因为：甲产品的在产品在三道工序的分布均衡，但在各工序所需的加工量相差悬殊，前面工序的加工量远低于最后一道工序的加工量（前两道工序的加工量只是所需全部加工量的 1/3，最后一道工序的加工量占所需全部加工量的 2/3），在这种情况下，全部在产品的平均完工程度会低于 50%，即最后一道工序对数量较少的在产品的多加工的程度（多于 50% 的部分）不足以弥补前面两道工序数量较多的在产品少加工的程度（少于 50% 的部分），如果采用简化的办法，即采用全部在产品一律按 50% 折算的话，就会高估在产品的约当产量。

2. 对于乙产品可以采用全部在产品的完工率一律按 50% 计算的简化方法。这是因为：甲产品的在产品不仅在三道工序的分布均衡，而且产品在三道工序的加工量也相差不多，后面工序在产品多加工的程度可以大致抵补前面工序在产品少加工的程度，为了简化费用的分配工作，可以采用全部在产品的完工率一律按50%计算的方法。

3. 对于丙产品应该分工序计算完工率，并据以计算在产品的约当产量，不能采用全部在产品的完工程度一律按50%平均计算的简化方法。这是因为：丙产品的在产品在三道工序的加工量相同，故第二道工序在产品的完工率为50%，所以能否采用简化的方法计算全部在产品的约当产量，取决于第一、三两道工序上在产品的分布状况。分布在第一、三两道工序上的在产品数量相差很多，这样，就可能有两种情况：(1) 第三道工序在产品的数量较多，第一道工序在产品的数量较少，这样，第三道工序在产品多加工的程度就会多于第一道工序在产品少加工的程度，如果采用全部在产品一律按50%折算的话，就会低估在产品的约当产量。(2) 第三道工序在产品的数量较少，第一道工序在产品的数量较多，这样，第三道工序在产品多加工的程度就会不足以弥补第一道工序在产品少加工的程度，如果采用全部在产品一律按50%折算的话，就会高估在产品的约当产量。因此，对于丙产品不能采用简化的方法来进行在产品约当产量的计算。

第 5 章　产品成本计算方法概述

学习指导

本章在第 3，4 章阐述的成本核算一般程序的基础上，结合工业企业生产特点和成本管理要求，概括阐述我国实际会计工作中常用的几种产品成本计算方法。

通过本章的学习应了解工业企业生产类型的特点以及相应的管理要求对产品成本计算的影响；理解和掌握产品成本计算的基本方法和辅助方法的意义和标准。本章各节的主要内容和学习要点如表 5-1 所示。

表 5-1　主要内容和学习要点

章节	主要内容	学习要点
5.1　生产特点和管理要求对产品成本计算的影响	生产按工艺过程特点分类	▲单步骤生产的含义 ▲多步骤生产的含义
	生产按生产组织特点分类	▲大量生产的含义 ▲成批生产的含义 ▲单件生产的含义
	生产特点和管理要求对产品成本计算的影响	▲生产特点和管理要求对产品成本计算对象、成本计算期和完工产品与在产品之间费用分配的影响 ▲成本计算对象有品种、批别和生产步骤
5.2　产品成本计算的基本方法和辅助方法	产品成本计算的基本方法、辅助方法	▲产品成本计算的基本方法有品种法、分批法和分步法 ▲将品种法、分批法和分步法归为产品成本计算的基本方法的理由 ▲产品成本计算的辅助方法有分类法、定额法和标准成本法 ▲将分类法、定额法和标准成本法归为产品成本计算的辅助方法的理由

练习题

(一) 名词解释

1. 成本计算对象
2. 单步骤生产
3. 多步骤生产
4. 大量生产
5. 成批生产
6. 单件生产
7. 产品成本计算的主要方法
8. 产品成本计算的基本方法
9. 产品成本计算的辅助方法

(二) 判断题（正确的画"√"，错误的画"×"，并说明理由）

1. 生产特点是决定产品成本计算对象的唯一因素。   （ ）
2. 成本计算对象是区分产品成本计算各种基本方法的主要标志。
                                                        （ ）
3. 产品成本计算期的确定主要取决于生产组织的特点。   （ ）
4. 在小批、单件生产中，一般不存在完工产品与在产品之间分配费用问题。   （ ）
5. 在小批、单件生产中，产品成本有可能在某批产品完工后计算，因而成本计算是不定期的，而与生产周期相一致。   （ ）
6. 受生产特点和管理要求的影响，产品成本计算对象有品种、批别（或件别）、步骤和类别四种。   （ ）
7. 产品成本计算的基本方法有品种法、分批法、分步法和分类法四种。（ ）
8. 由于每个工业企业最终都必须按照产品品种算出成本，因而品种法适用于所有工业企业。   （ ）
9. 产品成本计算的基本方法，与生产类型的特点有着直接的联系，而且涉及成本计算对象的确定，因而是计算产品实际成本必不可少的方法。（ ）
10. 按照产品品种计算成本，是对产品成本计算最起码的要求，因而品种法是最为基本的成本计算方法。   （ ）
11. 产品成本计算的辅助方法可以单独应用，也可以与基本方法结合起来应用。   （ ）
12. 产品成本计算的基本方法和辅助方法的划分标准是：看其是否是计算产品实际成本所必不可少的。   （ ）

(三) 单选题

1. 计算产品成本，首先要确定（   ）。

   A. 成本计算对象
   B. 产品成本计算期
   C. 完工产品与在产品之间的费用分配方法

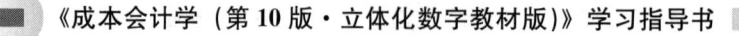

D. 间接计入费用的分配方法

2. 生产特点和管理要求对成本计算的影响，集中表现在（　　）的确定上。

A. 成本计算对象

B. 产品成本计算期

C. 完工产品与在产品之间的费用分配方法

D. 产品成本项目

3. 在下列产品成本计算方法中，可以单独应用的是（　　）。

A. 分类法　　　　　　　　　B. 定额法

C. 标准成本法　　　　　　　D. 分批法

4. 在下列成本计算方法中，属于为了简化成本计算工作而采用的是（　　）。

A. 品种法　　　　　　　　　B. 定额法

C. 分类法　　　　　　　　　D. 分步法

5. 划分产品成本计算的基本方法和辅助方法的标准是（　　）。

A. 成本计算工作是否简化

B. 是否需要进行完工产品与在产品的费用分配

C. 是否是计算产品成本必不可少的

D. 应用是否广泛

6. 大量、大批的单步骤生产，其成本计算对象只能是（　　）。

A. 产品生产步骤　　　　　　B. 产品品种

C. 产品件别　　　　　　　　D. 产品类别

7. 将某些产品成本计算方法归为基本方法，是因为它们（　　）。

A. 成本计算工作较为简化　　B. 成本计算程序较为严谨

C. 对成本管理最为重要　　　D. 是计算产品成本必不可少的

8. 区分产品成本计算的各种基本方法的主要标志是（　　）。

A. 所采用的间接计入费用的分配方法

B. 成本计算对象

C. 所采用的完工产品与在产品之间的费用分配方法

D. 成本计算期

9. 将品种法看做成本计算最基本的方法，是因为（　　）。

A. 按照产品品种计算成本，是对成本计算最起码的要求

B. 计算最简化

C. 对成本管理最为重要

D. 应用最广泛

（四）多选题

1. 工业企业的生产，按其生产工艺的特点，可以分为（　　）。

A. 单步骤生产　　　　　　B. 大量、大批生产

C. 多步骤生产　　　　　　D. 小批、单件生产

2. 工业企业的生产，按其生产组织的特点，可以分为（　　）。

A. 大量生产　　　　　　　B. 成批生产

C. 单件生产　　　　　　　D. 简单生产和复杂生产

3. 企业在确定成本计算方法时，应该适应（　　），采用适当的成本计算方法。

A. 企业生产规模的大小　　B. 企业生产的特点

C. 成本管理的要求　　　　D. 月末在产品的有无

4. 受生产特点和管理的影响，工业企业产品成本计算对象有（　　）。

A. 产品品种　　　　　　　B. 产品批别

C. 产品生产步骤　　　　　D. 产品类别

5. 在大量、大批多步骤生产的情况下，可能作为成本计算对象的有（　　）。

A. 产品品种　　　　　　　B. 产品批别

C. 产品生产步骤　　　　　D. 产品类别

6. 产品成本计算的基本方法包括（　　）。

A. 品种法　　　　　　　　B. 分步法

C. 分类法　　　　　　　　D. 分批法

7. 产品成本计算的辅助方法包括（　　）。

A. 分批法　　　　　　　　B. 标准成本法

C. 分类法　　　　　　　　D. 定额法

8. 将某些产品成本计算方法归为辅助方法是因为这些方法（　　）。

A. 与生产类型的特点没有直接联系

B. 不涉及成本计算对象的确定

C. 从计算产品实际成本角度来说，不是必不可少的

D. 对于成本管理不太重要

（五）简答题

1. 生产特点和管理要求对成本计算的影响，主要表现在哪些方面？

2. 产品成本计算的基本方法和辅助方法各包括哪些？基本方法和辅助方法的划分标准是什么？

3. 区分各种产品成本计算基本方法的标准是什么？

4. 区分各种产品成本计算辅助方法的标准是什么？

练习题答案

（一）名词解释（略）

（二）判断题

1. ×，在确定成本计算对象时，既要考虑生产特点，也要考虑成本管理的要求。

2. √

3. √

4. √

5. √

6. ×，产品的类别不是成本计算对象。

7. ×，分类法不是产品成本计算的基本方法。

8. ×，每个工业企业最终都必须按照产品品种算出成本，但不是只有采用品种法才能算出产品品种的成本；按照产品品种计算成本，是对成本计算最起码的要求，而不是全部要求，即企业应该按照生产特点和成本管理要求采用与之相适应的成本计算方法。

9. √

10. √

11. ×，产品成本计算的辅助方法不能单独应用，只能与基本方法结合起来应用。

12. √

（三）单选题

1. A	2. A	3. D	4. C	5. C
6. B	7. D	8. B	9. A	

（四）多选题

1. AC	2. ABC	3. BC	4. ABC	5. AC
6. ABD	7. BCD	8. ABC		

（五）简答题（略）

教材部分习题答案

案例题

1. 由于该厂生产工艺上属于生产过程不能间断的单步骤生产，生产组织上属于大量生产，因此，从总体上来看，应采用品种法计算产品成本。此外，由于电力和热力是同时生产出来的，大部分生产费用属于间接计入费用，为了简化成本计算工作，应在品种法的基础上，结合分类法来进行电力和热力成本的计算。

2. 由于生产用燃料的费用和生产用水的费用在成本中占很大的比重，这两项费用应该成为成本管理的重点。为此，在产品成本核算中，应该为这两项费用单独设置成本项目，以满足成本管理的需要。

第 6 章　产品成本计算的基本方法

学习指导

本章系统阐述了产品成本计算的三种基本方法：品种法、分批法和分步法。品种法是产品成本计算方法中最基本的方法，品种法的计算程序体现了产品成本计算的一般程序，充分理解和掌握品种法的计算程序和计算方法，对学习其他成本计算方法具有重要意义。分批法是按照产品批别计算产品成本的方法。除掌握一般分批法的特点和计算程序外，还要理解简化分批法的特点、计算程序和适用条件，弄清简化分批法"简化"在什么地方。分步法是按照产品生产步骤计算产品成本的方法。分步法的内容较多，也比较复杂。与其他成本计算方法不同的是，由于分步法是按照产品的生产步骤归集费用，计算成本，因此为了计算产品成本，各步骤间有一个成本（或费用）结转的问题，结转方法有逐步结转和平行结转、综合结转和分项结转、按实际成本结转和按计划成本结转，还有成本还原，等等。通过本章的学习，应理解和掌握各种结转方法的特点和计算程序，还要理解各种结转方法的优缺点及适用范围。本章各节的主要内容和学习要点如表 6-1 所示。

表 6-1　主要内容和学习要点

章节	主要内容	学习要点
6.1　产品成本计算的品种法	品种法的特点	▲品种法在成本计算对象、成本计算期和费用在完工产品与在产品之间分配方面的特点
	品种法的适用范围	▲品种法主要适用于大量、大批的单步骤生产和管理上不要求分步计算成本的大量、大批的多步骤生产
	品种法的计算程序和账务处理举例	▲系统完整地理解品种法的计算程序（费用分配程序）和账务处理过程

续表

章节	主要内容	学习要点
6.2 产品成本计算的分批法	分批法的特点	▲分批法在成本计算对象、成本计算期和费用在完工产品与在产品之间分配方面的特点
	分批法的适用范围	▲分批法主要适用于小批、单件，管理上不要求分步计算成本的多步骤生产
	简化分批法	▲简化分批法的特点、适用范围和应用条件 ▲简化分批法下成本的计算程序
6.3 产品成本计算的分步法	分步法的特点	▲分步法在成本计算对象、成本计算期和费用在完工产品与在产品之间分配以及各步骤之间成本结转方面的特点
	分步法的适用范围	▲分步法主要适用于大量、大批的多步骤生产
	逐步结转分步法	▲逐步结转分步法的特点和适用情况 ▲逐步结转分步法下，综合结转法的特点以及半成品按实际成本与按计划成本综合结转的成本计算程序 ▲半成品按计划成本综合结转的优点 ▲半成品成本综合结转的成本还原 ▲半成品成本分项结转的特点、适用情况以及成本计算程序
	平行结转分步法	▲平行结转分步法的特点和适用情况 ▲广义在产品的含义 ▲平行结转分步法的成本计算程序以及完工产品与广义在产品之间分配费用的方法 ▲平行结转分步法与逐步结转分步法相比较的优缺点

练习题

（一）名词解释

1. 产品成本计算的品种法　　2. 产品成本计算的分批法
3. 简化分批法　　　　　　　4. 累计间接计入费用分配率
5. 产品成本计算的分步法　　6. 逐步结转分步法
7. 综合结转法　　　　　　　8. 成本还原
9. 分项结转法　　　　　　　10. 平行结转分步法
11. 广义在产品

（二）判断题（正确的画"√"，错误的画"×"，并说明理由）

1. 品种法只适用于大量、大批的单步骤生产。　　　　　　　　　　　　（　　）

2. 逐步结转分步法只适用于大批、大量的连续式生产。   （   ）

3. 分批法主要适用于小批、单件，管理上不要求分步计算成本的多步骤生产。   （   ）

4. 平行结转分步法只适用大批、大量的装配式生产。   （   ）

5. 在小批、单件生产中，按批、按件计算产品成本，也就是按用户的订单计算产品成本。   （   ）

6. 在分批法下，对于大型复杂的单件产品，由于其价值大、生产周期长，也可以按照产品的组成部分分批组织生产，计算成本。   （   ）

7. 在分批法下，为了经济合理地组织生产，计算成本，可以将同一时期内几张订单规定的相同产品合并为一批。   （   ）

8. 在分批法下，如果一张订单中规定有几种产品，应将其作为一批组织生产，计算成本。   （   ）

9. 为了避免批内产品的跨月陆续完工情况，减少完工产品与月末在产品之间的费用分配工作，在合理组织生产的前提下，可以适当缩小产品的批量。（   ）

10. 在简化分批法下，累计间接计入费用分配率是根据基本生产成本二级账所提供的资料求得的。   （   ）

11. 在简化分批法下，不分批计算在产品成本。   （   ）

12. 在简化分批法下，生产费用的横向分配工作和纵向分配工作，都是利用累计间接计入费用分配率，到产品完工时合并在一起进行的。   （   ）

13. 逐步结转分步法，是在不需要计算各步骤半成品成本的情况下，为了简化成本计算工作而采用的一种成本计算方法。   （   ）

14. 平行结转分步法是为了计算半成品成本而采用的一种分步法。   （   ）

15. 成本还原的对象是本月产成品成本中所耗上一步骤半成品的综合成本。
                                                                    （   ）

16. 成本还原的依据通常是本月所产该种半成品的成本结构。   （   ）

17. 在需要进行成本还原的情况下，如果各月所产半成品的成本结构变动较大，且半成品的定额成本或计划成本比较准确，也可以按照半成品的定额成本或计划成本的成本结构进行还原。   （   ）

18. 在逐步结转分步法下，半成品成本随着半成品实物的转移而结转，因而能为在产品的实物管理和资金管理提供资料。   （   ）

19. 在逐步结转分步法下，采用综合结转法结转半成品成本，不利于各步骤的成本管理。   （   ）

20. 在逐步结转分步法下，采用综合结转法结转半成品成本，便于从整个企业角度分析和考核产品成本的构成和水平。   （   ）

21. 在逐步结转分步法下，采用分项结转法结转半成品成本，可以在各步骤

的完工产品成本中反映出所耗上一步骤半成品的费用和本步骤的加工费用的水平。（　）

22. 在平行结转分步法下，各步骤所进行的完工产品与在产品之间的费用分配，都是指产成品与广义在产品之间的费用分配。（　）

23. 在平行结转分步法下，各生产步骤都不能全面反映其生产耗费的水平。（　）

24. 在平行结转分步法下，一般是按照成本项目平行结转，汇总各步骤成本中应计入产成品成本的份额，因而不必进行成本还原。（　）

25. 与逐步结转分步法相比较，平行结转分步法可以简化和加速成本计算工作。（　）

26. 凡是尚未最后完工的产品都是广义的在产品。（　）

（三）单选题

1. 在品种法下，产品成本明细账的设立应按（　）。
   A. 产品品种　　　　　　　B. 产品批别
   C. 产品生产步骤　　　　　D. 产品类别

2. 在下列产品成本计算法中，必须设置基本生产成本二级账的是（　）。
   A. 品种法　　　　　　　　B. 分步法
   C. 分类法　　　　　　　　D. 简化分批法

3. 在下列产品成本计算方法中，对间接计入费用进行累计分配的是（　）。
   A. 品种法　　　　　　　　B. 分步法
   C. 分类法　　　　　　　　D. 简化分批法

4. 在简化分批法下，累计间接费用分配率（　）。
   A. 只是横向分配的依据
   B. 既是横向分配的依据，也是纵向分配的依据
   C. 只是纵向分配的依据
   D. 只是在各批在产品之间分配费用的依据

5. 某企业采用分批法计算产品成本。3月份投产的产品情况如下：1日，投产甲产品4件，乙产品3件；16日，投产甲产品5件，丙产品3件；25日，投产甲产品4件，丁产品5件。该企业3月份应开设的产品成本明细账的张数是（　）。
   A. 3张　　　　　　　　　C. 4张
   B. 5张　　　　　　　　　D. 6张

6. 在逐步结转分步法下，完工产品与在产品之间的费用分配是指（　）。
   A. 产成品与月末在产品之间的费用分配
   B. 完工半成品与月末在产品之间的费用分配
   C. 产成品与广义在产品之间的费用分配

D. 前面步骤的完工半成品与加工中的在产品及最后步骤的产成品与加工中的在产品之间的费用分配

7. 在平行结转分步法下，完工产品与在产品之间的费用分配是指（　　）。

A. 产成品与狭义在产品之间的费用分配

B. 各步骤完工半成品与月末加工中在产品之间的费用分配

C. 产成品与广义在产品之间的费用分配

D. 各步骤完工半成品与广义在产品之间的费用分配

8. 成本还原的对象是（　　）。

A. 产成品成本

B. 产成品成本中的直接人工费用

C. 产成品成本中所耗上一步骤半成品的综合成本

D. 产成品成本中的制造费用

9. 在大量、大批、多步骤生产的企业中，采用平行结转分步法计算产品成本的决定性条件是（　　）。

A. 不需要计算半成品成本

B. 必须是连续式多步骤生产

C. 必须是装配式多步骤生产

D. 需要提供按原始成本项目反映的产成品成本资料

10. 逐步结转分步法适用于（　　）。

A. 大量、大批，管理上不需要计算半成品成本的多步骤生产

B. 大量、大批，连续式多步骤生产

C. 大量、大批，装配式多步骤生产

D. 大量、大批，管理上需要计算半成品成本的多步骤生产

（四）多选题

1. 品种法适用于（　　）。

A. 大量、大批的单步骤生产

B. 大量、大批，连续式多步骤生产

C. 大量、大批，装配式多步骤生产

D. 大量、大批，管理上不要求分步计算成本的多步骤生产

2. 分批法适用于（　　）。

A. 小批生产　　　　　　　　B. 单件生产

C. 大量生产　　　　　　　　D. 大批生产

3. 采用简化分批法计算产品成本，必须同时具备的条件有（　　）。

A. 同一月份投产的批数很多，且月末未完工的批数也较多

B. 同一月份投产的批数很多，但月末未完工的批数不多

C. 各月间接计入费用的水平相差不多

D. 各月间接计入费用的水平相差较多

4. 在简化分批法下，累计间接计入费用分配率是（   ）。

A. 各批完工产品之间分配间接计入费用的依据

B. 全部完工产品批别与全部月末在产品批别之间分配间接计入费用的依据

C. 某批产品的完工产品与月末在产品之间分配间接计入费用的依据

D. 各批月末在产品之间分配间接计入费用的依据

5. 在简化分批法下，在产品完工前，产品成本明细账中需要登记的内容有（   ）。

A. 直接计入费用　　　　　　　　B. 生产工时

C. 间接计入费用　　　　　　　　D. 间接生产费用

6. 成本管理需要提供各生产步骤半成品成本资料的原因有（   ）。

A. 计算外销半成品的损益

B. 全面考核和分析商品产品成本计划的执行情况以及企业内部单位的生产耗费水平和资金占用水平

C. 进行同行业半成品成本指标的比较

D. 为计算各种产成品成本提供所耗同一种半成品费用的数据

7. 按计划成本综合结转半成品成本的优点有（   ）。

A. 可以简化和加速成本计算工作

B. 便于各步骤进行成本的考核和分析

C. 不必进行成本还原

D. 便于从整个企业角度考核和分析产品成本计划的执行情况

8. 采用分项结转法结转半成品成本的缺点有（   ）。

A. 不便于各步骤完工产品的成本分析

B. 成本结转工作比较复杂

C. 需要进行成本还原

D. 不便于从整个企业角度考核和分析产品成本计划的执行情况

9. 平行结转分步法的特点有（   ）。

A. 各步骤不计算半产品成本

B. 各步骤不结转半成品成本

C. 可以全面反映各步骤生产耗费水平

D. 必须将各步骤发生的费用在产成品与广义在产品之间进行分配

10. 某一生产步骤的广义在产品包括（   ）。

A. 尚在本步骤加工的在产品

B. 本步骤已完工转入半成品库的半成品

C. 已从半成品库转到以后各步骤进一步加工，尚未最后制成的半成品

D. 尚在本步骤之前的生产步骤加工的在产品

11. 与逐步结转分步法相比较，平行结转分步法的缺点有（　　）。

A. 成本计算的及时性较差

B. 不能使各步骤的生产耗费情况均得到全面的反映

C. 不能为各步骤在产品的实物管理和资金管理提供核算资料

D. 不能直接提供按原始成本项目反映的产成品成本资料

12. 采用平行结转分步法计算产品成本的原因是（　　）。

A. 管理上不需要计算半成品成本

B. 为了加速和简化成本计算工作

C. 为了加强成本管理上的经济责任制

D. 为了全面分析各步骤生产耗费水平

13. 在下列成本计算方法中，成本计算期与会计报告期一致的有（　　）。

A. 分批法　　　　　　　　B. 品种法

C. 逐步结转分步法　　　　D. 平行结转分步法

（五）核算与计算题

1. 产品成本计算的品种法

[资料] 江南公司生产甲、乙两种产品，都是单步骤生产，采用品种法计算产品成本。该公司设一个基本生产车间和供水、运输两个辅助生产车间。辅助生产车间的制造费用通过"制造费用"科目核算，"基本生产成本"和"辅助生产成本"明细账的成本项目中均设有"直接燃料和动力"。该公司6月份的有关资料如下：

（1）各项货币支出。

根据6月份付款凭证汇总的各项货币支出（假定均用银行存款支付）为：

基本生产车间：办公费8 200元，劳动保护费3 000元，其他费用4 460元。

供水车间：办公费4 200元，劳动保护费1 500元，其他费用2 800元。

运输车间：办公费3 600元，劳动保护费1 200元，其他费用2 200元。

（2）职工薪酬费用。

基本生产车间：甲、乙两种产品生产工人薪酬费用123 000元（按生产工时比例分配，甲产品生产工时4 000小时，乙产品生产工时2 150小时），管理人员薪酬费用18 000元。

供水车间：生产工人薪酬费用35 000元，管理人员薪酬费用9 000元。

运输车间：生产工人薪酬费用36 000元，管理人员薪酬费用12 000元。

（3）固定资产折旧。

基本生产车间：18 000元。

供水车间：8 200 元。

运输车间：9 000 元。

(4) 材料费用。

基本生产车间领用材料 234 000 元，其中：直接用于甲产品生产的 A 材料 122 000 元，直接用于乙产品生产的 B 材料 75 000 元，甲、乙两种产品共同耗用的 C 材料 30 000 元（按定额消耗量比例在甲、乙产品之间进行分配，甲产品定额消耗量为 400 千克，乙产品定额消耗量为 200 千克），车间一般耗用材料 7 000 元。

供水车间领用材料 12 500 元，其中：直接用于供水生产的材料费用 11 000 元，车间一般耗用 1 500 元。

运输车间领用材料 12 000 元，其中：直接用于运输生产的材料费用 11 000 元，车间一般耗用 1 000 元。

(5) 外购动力费用的分配。

基本生产车间：甲、乙两种产品共同耗用动力费用 15 000 元（按机器工时比例分配，甲产品 1 800 小时，乙产品 1 200 小时），车间照明用电 800 元。

供水车间：供水动力用电 12 000 元，车间照明用电 600 元。

运输车间：运输劳务动力用电 4 500 元，车间照明用电 500 元。

该企业外购动力费用通过"应付账款"科目核算。涉及增值税的内容从略。

(6) 供水车间提供水 17 160 立方米，其中：运输车间耗用 2 160 立方米，基本生产车间耗用 12 000 立方米，企业行政管理部门耗用 2 000 立方米，企业专设销售机构耗用 1 000 立方米。

运输车间提供运输劳务 80 000 公里，其中：为供水车间提供 500 公里，为基本生产车间提供 47 000 公里，为企业行政管理部门提供 1 500 公里，为企业专设销售机构提供 19 000 公里。

该企业辅助生产费用的分配采用直接分配法。

(7) 基本生产车间发生的制造费用按生产工时比例在甲、乙两种产品之间进行分配。

(8) 甲、乙两种产品的完工产品与月末在产品的费用分配采用在产品按定额成本计价法，甲、乙两种产品的直接材料均是在生产开始时一次投入，有关资料如下：

1) 月初在产品成本（定额成本）。

甲产品：直接材料费用 21 330 元，直接燃料和动力费用 728 元，直接人工费用 6 300 元，制造费用 9 300 元，合计 37 658 元。

乙产品：直接材料费用 6 880 元，直接燃料和动力费用 260 元，直接人工费用 1 890 元，制造费用 2 790 元，合计 11 820 元。

2) 月末在产品有关资料。

甲产品月末在产品 40 件，直接材料费用定额 711 元/件；定额机器工时 180 小时，直接燃料和动力费用计划单价 5.2 元/机时；定额生产工时 400 工时，直接人工费用计划单价 2.1 元/工时，制造费用计划单价 31 元/工时。

乙产品月末在产品 60 件，直接材料费用定额 172 元/件；定额机器工时 75 小时，计划单价 5.2 元/机时；定额生产工时 135 小时，计划单价 2.1 元/工时；制造费用计划单价 31 元/工时。

[要求]

（1）进行要素费用的分配，编制相关会计分录。
（2）分配辅助生产费用，编制辅助生产费用分配的会计分录。
（3）分配基本生产车间的制造费用，编制分配制造费用的会计分录。
（4）编制月末在产品定额成本计算表。
（5）登记 6 月份甲、乙产品成本明细账，计算甲、乙产品成本。编制结转产成品成本的会计分录。

2. 产品成本计算的分批法

[资料] 华光公司小批生产甲、乙两种产品，采用分批法计算成本，有关情况如下：

（1）1 月份投产的批号有：

0101 批号：甲产品 11 台，本月投产，本月完工 5 台，2 月全部完工。

0102 批号：甲产品 12 台，本月投产，本月完工 1 台，2 月全部完工。

（2）1 月份和 2 月份各批号生产费用资料见表 6-2。

表 6-2 生产费用分配表 单位：元

月份	批号	直接材料	直接人工	制造费用
1	0101	45 650	38 000	25 000
	0102	48 198	18 400	9 600
2	0101		15 000	9 825
	0102		42 590	19 993

0101 批号的甲产品 1 月份完工数量占全部批量比重较大，完工产品与月末在产品之间采用约当产量比例法分配费用。原材料是在生产开始时一次投入，在产品的完工程度按 50% 计算。

0102 批号的乙产品 1 月份完工数量少，完工产品按计划单位成本计价转出。其每台计划成本为：直接材料费用 4 000 元，直接人工费用 5 000 元，制造费用 2 500 元。

[要求]

（1）根据上述资料，采用分批法计算各批产品 1 月份完工产品和月末在产品成本，并登记产品成本明细账（表中数字要列出计算过程）。

（2）计算0101批号甲产品和0102批号乙产品的整批产品的总成本和单位成本。

3. 简化分批法

[资料] 某企业采用简化分批法计算甲产品各批产品成本。6月份各批产品成本明细账和基本生产二级账中的有关资料如下：

4025批号：4月份投产20件，本月全部完工，累计直接材料费用96 800元，累计耗用工时1 500小时。

5022批号：5月份投产30件，本月完工20件，累计直接材料费用96 000元，累计耗用工时1 000小时，直接材料在生产开始时一次投入，月末在产品完工程度为50%，采用约当产量比例法分配所耗工时。

6001批号：本月投产15件，全部未完工，累计直接材料费用54 000元，累计耗用工时500小时。

基本生产成本二级账归集的累计间接计入费用为：直接人工费用105 000元，制造费用75 000元；累计工时为3 000小时。

[要求]

（1）计算6月份各项累计间接计入费用分配率。

（2）计算4025批产品和5022批产品的完工产品成本。

（3）登记基本生产成本二级账和产品成本明细账。

4. 简化分批法

[资料] 红光公司采用简化分批法计算产品成本。6月份各批产品成本明细账中有关资料如下：

4011批号甲产品：1月投产20件，本月全部完工，累计直接材料费用25 000元，累计消耗工时4 500小时。

5021批号乙产品：5月投产15件，本月完工10件，累计直接材料费用15 000元，累计消耗工时3 000小时。

6031批号丙产品：本月投产10件，全部未完工，累计直接材料费用18 000元，累计消耗工时1 500小时。

各批产品的直接材料都是在生产开始时一次投入的。

各批产品各项生产费用及生产工时的累计情况见表6-3。

表6-3 基本生产成本二级账　　　　　　　　　　　　单位：元

月	日	摘要	直接材料	工时（小时）	直接人工	制造费用	合计
6	30	生产费用累计	58 000	9 000	135 000	108 000	301 000
	30	累计间接计入费用分配率					
	30	完工产品成本					
	30	在产品成本					

[要求]

（1）根据以上资料计算本月各项累计间接计入费用分配率，并据以对完工产品分配间接费用，计算各批完工产品成本（写出计算过程）。

（2）将累计生产费用在全部完工产品与月末在产品之间进行分配，登记基本生产成本二级账。

5．逐步结转分步法（按实际成本结转）

[资料] 中南公司大量生产甲产品。甲产品的生产分为两个步骤，分别由第一车间和第二车间进行。第一车间为第二车间提供半成品，第二车间将半成品加工成产成品。该企业为了加强成本管理，采用逐步结转分步法按照生产步骤（车间）计算产品成本。有关资料如下：

（1）第一车间、第二车间两个车间的本月月初在产品费用、本月发生的生产费用（不包括第二车间本月耗用的半产品费用）以及完工产品和月末在产品的定额资料分别见两个车间的产品成本明细账表6-4和表6-5。

表6-4 第一车间产品成本明细账　　　　　　　　　　　产量：430件
单位：元

成本项目	月初在产品费用	本月费用	生产费用合计	费用分配率	完工产品费用 定额	完工产品费用 实际	月末在产品费用 定额	月末在产品费用 实际
直接材料	23 500	352 820	376 320		344 000		40 000	
直接人工	9 800	182 900	192 700		4 300（小时）		400（小时）	
制造费用	12 400	138 000	150 400					
合计	45 700	673 720	719 420		—	—	—	—
完工产品单位成本	—	—	—	—	—	—	—	—

表6-5 第二车间产品成本明细账　　　　　　　　　　　产量：380件
单位：元

成本项目	月初在产品费用	本月费用	生产费用合计	费用分配率	完工产品费用 定额	完工产品费用 实际	月末在产品费用 定额	月末在产品费用 实际
半成品	56 910				573 800		75 500	
直接人工	11 800	152 000	163 800		3 800（小时）	148 200	400（小时）	
制造费用	11 600	116 500	128 100					
合计	80 310							
完工产品单位成本	—	—	—	—	—	—	—	—

(2) 自制半成品的有关资料（包括月初结存的数量及成本、本月第一车间完工入库的数量和本月第二车间领用的数量）见自制半成品明细账表6-6。

表6-6 自制半成品明细账

半成品名称：甲半成品　　　　　　　　　　　　　　　　　　　　　　　　单位：元

月份	月初余额		本月增加		合计			本月减少	
	数量（件）	金额	数量（件）	金额	数量（件）	金额	单位成本	数量（件）	金额
6	70	105 700	430					400	
7									

[要求]

(1) 根据以上资料，采用定额比例法将第一车间的生产费用在完工产品与月末在产品之间进行分配，计算第一车间甲半成品成本，在此基础上，结转完工入库的自制半成品成本，并登记第一车间产品成本明细账。

(2) 根据所给资料和以上计算结果，采用全月一次加权平均法计算本月发出自制半成品的单位成本和总成本，并登记自制半成品成本明细账。

(3) 根据所给资料和以上计算结果，采用定额比例法将第二车间的生产费用在完工产品与月末在产品之间进行分配，计算第二车间甲产成品成本，在此基础上，结转完工入库甲产成品成本，并登记第二车间产品成本明细账。

(4) 编制结转半成品成本和产成品成本的会计分录。

6. 逐步结转分步法（按计划成本结转）

[资料] 华光公司大量生产C产品。生产分为两个步骤，分别由第一车间、第二车间两个车间进行。为了加强成本管理，该公司采用逐步结转分步法计算成本，两个步骤之间的半成品按计划成本结转。半成品的计划单位成本为45元；两个车间的完工产品与在产品之间的费用分配都采用在产品成本按定额成本计价法。其他有关资料如下：

(1) 第一步骤产品成本明细账中的部分资料见表6-7。

表6-7 产品成本明细账

第一车间：C半成品　　产量：1 000件　　　　　　　　　　　　　　　　单位：元

成本项目	月初在产品成本（定额成本）	本月费用	生产费用合计	完工半成品成本	月末在产品成本（定额成本）
直接材料	2 500	15 000			2 200
直接人工	1 500	12 500			1 100
制造费用	2 500	16 500			2 000
合计	6 500	44 000			5 300
单位成本					

(2) 半成品通过半成品库收发，半成品成本明细账中的部分资料见表6-8。

表6-8 自制半成品明细账

半成品名称：C　　计划单位成本：45元　　　　　　　　　　　　　　　　　　　单位：元

月份	月初余额			本月增加			合计					本月减少		
	数量	计划成本	实际成本	数量	计划成本	实际成本	数量	计划成本	实际成本	成本差异	差异率(%)	数量	计划成本	实际成本
6	100	4 500	4 597									900		
7	200	9 000	9 054											

(3) 第二步骤产品成本明细账部分资料见表6-9。

表6-9 产品成本明细账

第二车间：C产品　　产量：920件　　　　　　　　　　　　　　　　　　　　单位：元

成本项目		月初在产品成本（定额成本）	本月费用	生产费用合计	产成品成本		月末在产品成本（定额成本）
					总成本	单位成本	
半成品	计划成本						
	成本差异						
	实际成本	4 500					3 600
直接人工		2 100	18 237	20 337			1 800
制造费用		1 680	16 320	18000			1440
合计							

[要求]

(1) 计算第一车间生产的C半成品成本，登记第一车间的产品成本明细账。

(2) 结转第一车间本月完工的C半成品的成本，计算本月发出C半成品的单位成本和总成本，登记自制半成品明细账。

(3) 计算第二车间生产的C产成品成本，登记第二车间的产品成本明细账。

(4) 编制结转半成品成本及产成品成本的会计分录。

7．分项结转逐步结转分步法（按实际成本）

[资料] 江南公司大量生产甲产品。生产分为两个步骤，分别由第一车间、第二车间两个车间进行。该公司采用逐步结转分步法计算成本，两个步骤之间的半成品按实际成本分项结转。两个车间的完工产品与在产品之间的费用分配都采用在产品成本按定额成本计价法。其他有关资料如下：

(1) 第一步骤产品成本明细账中的部分资料见表6-10。

表 6-10 产品成本明细账

第一车间：甲半成品　　产量：1 000 件　　　　　　　　　　　　　　　　单位：元

成本项目	月初在产品成本（定额成本）	本月费用	生产费用合计	完工半成品成本	月末在产品成本（定额成本）
直接材料	8 000	120 000			7 200
直接人工	9 000	125 000			7 500
制造费用	7 200	96 000			6 000
合计					
单位成本					

（2）半成品通过半成品库收发，发出半成品的单位成本按加权平均法计算（本月第二车间领用半成品900件），半成品成本明细账中的部分资料见表6-11。

表 6-11 自制半成品明细账

半成品名称：甲　　　　　　　　　　　　　　　　　　　　　　　　　　　　单位：元

月份	摘要	数量（件）	直接材料	直接人工	制造费用	合计
6	月初余额	100	7 900	11 000	9 500	28 400
6	本月增加					
6	合计					
6	单位成本					
6	本月减少	900				
6	月末余额					

（3）第二步骤产品成本明细账部分资料见表6-12。

表 6-12 产品成本明细账

第二车间：甲产品　　产量：950 件　　　　　　　　　　　　　　　　单位：元

成本项目	月初在产品成本（定额成本）	本月本车间费用	本月耗用半成品费用	生产费用合计	产成品成本	月末在产品成本（定额成本）
直接材料	17 000					10 200
直接人工	10 500	273 000				7 450
制造费用	8 400	218 400				6 300
合计						

[要求]

（1）计算第一车间生产的甲半成品成本，登记第一车间的产品成本明细账。

（2）结转第一车间本月完工的甲半成品的成本，计算本月发出甲半成品的单位成本和总成本，登记自制半成品明细账。

（3）计算第二车间生产的甲产成品成本，登记第二车间的产品成本明细账。

（4）编制结转半成品成本及产成品成本的会计分录。

8. 逐步结转分步法综合结转的成本还原

[资料] A产品分两步骤生产，分别由第一车间、第二车间两个车间进行。

A产品采用分步法计算成本，A半成品成本的结转采用结转法。某月份的其他有关资料如表6-13和表6-14所示。

表6-13　产品成本明细账

第一车间：A半成品　　　　　　　　　　　　　　　　　　　　　　　　　　　　单位：元

项目	直接材料	直接人工	制造费用	合计
月初产品定额成本	7 200	4 560	3 480	15 240
本月生产费用	36 240	25 800	19 800	81 840
生产费用合计	43 440	30 360	23 280	97 080
完工半成品成本	35 880	27 000	21 120	84 000
月末在产品定额成本	7 560	3 360	2 160	13 080

表6-14　产品成本明细账

第二车间：A产品　　　　　　　　　　　　　　　　　　　　　　　　　　　　　单位：元

项目	半成品	直接人工	制造费用	合计
月初产品定额成本	28 500	2 750	2 850	34 100
本月生产费用	75 200	21 650	18 450	115 300
生产费用合计	103 700	24 400	21 300	149 400
完工产成品成本	80 640	22 150	18 620	121 410
月末在产品定额成本	23 060	2 250	2 680	27 990

[要求]

（1）将产成品成本中的半成品费用，按本月所产半成品成本的结构进行还原，并计算按原始成本项目反映的产成品成本。（要写出计算过程。）

（2）结合题中资料和计算结果，说明成本还原的必要性。

9．逐步结转分步法综合结转的成本还原

[资料] A产品生产分三个步骤生产，分别由第一车间、第二车间和第三车间进行。A产品采用分步法计算成本，A半成品成本的结转采用综合结转法。某月份第一车间、第二车间生产的半成品和第三车间生产的产成品的资料如表6-15所示。

表6-15　某月所产半成品、产成品成本摘录表

单位：元

项目	直接材料（或半成品）	直接人工	制造费用	合计
第一车间所产半成品成本	9 000	4 500	3 000	16 500
第二车间所产半成品成本	15 400	7 600	6 500	29 500
第三车间所产产成品成本	30 975	5 400	7 500	43 875

[要求] 将产成品成本中的半成品的综合成本，按本月所产半成品成本的结构进行还原，并计算按原始成本项目反映的产成品成本。

10．平行结转分步法

[资料] 星海公司大量生产H产品。生产分为两个步骤，分别由第一车间、

第二车间两个车间进行。第一车间生产的半成品全部为第二车间耗用，采用平行结转分步法计算成本，各步骤应计入产成品的份额与广义在产品之间的费用分配采用定额比例法，直接材料费用按定额费用比例分配，其他费用按定额工时比例分配。其他有关资料如下：

（1）有关 H 产品的定额资料见表 6－16。

表 6－16　　　　　　　　　　　　　　　　　　　　　　　　金额单位：元

项目	月初在产品 定额直接材料费用	月初在产品 定额工时	本月投入 定额直接材料费用	本月投入 定额工时	单件定额 直接材料	单件定额 工时	本月产成品 产量	本月产成品 定额直接材料费用	本月产成品 定额工时
第一车间	6 400	600	72 000	9 130	80	10	950	76 000	9 500
第二车间		800		10 850		12			11 400
合计	6 400	1 400	72 000	19 980			950	76 000	20 900

（2）第一车间产品成本明细账中的部分资料见表 6－17。

表 6－17　产品成本明细账

第一车间：H 产品　　　　　　　　　　　　　　　　　　　　　　　　　　单位：元

项目	产成品数量（件）	直接材料 定额	直接材料 实际	定额工时	直接人工	制造费用	成本合计
月初在产品		6 400	6 272	600	8 127	7 280	21 679
本月费用		72 000	70 560	9 130	136 850	109 480	316 890
合计							
费用分配率							
产成品成本中本步骤的份额	950						
月末在产品							

（3）第二车间产品成本明细账中的部分资料见表 6－18。

表 6－18　产品成本明细账

第二车间：H 产品　　　　　　　　　　　　　　　　　　　　　　　　　　单位：元

项目	产成品数量（件）	直接材料 定额	直接材料 实际	定额工时	直接人工	制造费用	成本合计
月初在产品				800	11 840	9 920	21 760
本月生产费用				10 850	160 580	134 540	295 120
合计							
费用分配率							
产成品成本中本步骤份额	950						
月末在产品							

[要求]

(1) 计算H产品成本，登记第一车间、第二车间产品成本明细账（有关数据要列出计算过程）。

(2) 编制产成品成本汇总表，平行结转、汇总产成品成本，编制结转产成品成本的会计分录。

11. 平行结转分步法

[资料] 中北公司大量生产D产品。生产分为两个步骤，分别由第一车间、第二车间两个车间进行。第一车间生产的半成品全部为第二车间耗用，采用平行结转分步法计算成本，各步骤应计入产成品的份额与广义在产品之间的费用分配采用约当产量比例法（加权平均法）。其他有关资料如下：

(1) D产品实物量及在产品完工程度资料见表6-19。

表6-19　D产品实物量及在产品完工程度表　　　　　单位：件

项目	第一车间	第二车间
月初在产品结存	200	180
本月投入或转入	1 800	1 900
本月完工并转出	1 900	2 000
月末在产品结存	100	80
完工程度	60%	50%

(2) 第一步骤所需要的原材料以及第二步骤所需要的原材料和半成品均是在生产步骤开始时一次投入；两个生产步骤的直接人工费用和制造费用随加工进度发生。

(3) 两个生产步骤的月初在产品费用和本月发生的费用，见表6-20和表6-21。

表6-20　产品成本明细账

第一生产步骤　　　　　　　　　　　　　　　　　　　　　　　单位：元

项目	直接材料	直接人工	制造费用	成本合计
月初在产品费用	38 760	14 980	14 620	
本月费用	358 000	267 500	216 500	
合计				
应计入产成品份额				
月末在产品费用				

表 6-21　产品成本明细账

第二生产步骤　　　　　　　　　　　　　　　　　　　　　　　　　　　单位：元

项目	直接材料	直接人工	制造费用	成本合计
月初在产品费用	9 940	19 920	16 080	
本月费用	89 900	435 000	345 000	
合计				
应计入产成品份额				
月末在产品费用				

[要求]

（1）计算 D 产品成本，登记第一车间、第二车间产品成本明细账（有关数据要列出计算过程）。

（2）编制产成品成本汇总表，平行结转、汇总产成品成本，编制结转产成品成本的会计分录。

（六）简答题

1. 产品成本计算品种法的主要特点是什么？
2. 产品成本计算分批法的主要特点是什么？
3. 简化分批法的特点是什么？
4. 产品成本计算分步法的主要特点是什么？
5. 在大量、大批的多步骤生产中，为什么要计算各步骤半成品成本？
6. 逐步结转分步法的特点是什么？为什么说它是品种法的多次连续应用？
7. 什么是综合结转法？综合结转半成品成本的优缺点是什么？
8. 按计划成本综合结转半成品成本有哪些优点？
9. 什么叫成本还原？为什么要进行成本还原？
10. 如何进行成本还原？
11. 什么是分项结转法？分项结转半成品成本的优缺点是什么？
12. 逐步结转分步法的优缺点是什么？
13. 平行结转分步法的特点是什么？
14. 与逐步结转分步法相比较，平行结转分步法具有哪些优缺点？

练习题答案

（一）名词解释（略）

（二）判断题

1. ×，管理上不要求分步计算成本的大量、大批的多步骤生产也可以采用品种法计算成本。

2. ×，逐步结转分步法，是在大量、大批的多步骤生产，且管理上需要计算各步骤半成品成本的情况下而采用的一种分步法。

3. √

4. ×，平行结转分步法，是在大量、大批的多步骤生产，且管理上不需要计算各步骤半成品成本的情况下而采用的一种分步法。

5. ×，在小批、单件生产中，作为成本计算对象的批别以及批量，并不都是按照用户的订单确定的，因此，按批别、件别计算成本并不都是按照用户的订单计算成本。

6. √

7. √

8. ×，如果一张订单中规定有几种产品，按订单组织生产，不利于成本计算和按产品品种考核、分析成本计划的完成情况，应将其按产品品种划分批次组织生产，计算成本。

9. √

10. √

11. √

12. √

13. ×，逐步结转分步法，是在大批、大量的多步骤生产，且管理上需要计算各步骤半成品成本的情况下而采用的一种成本计算方法。

14. ×，平行结转分步法，是在大批、大量的多步骤生产，且管理上不需要计算各步骤半成品成本的情况下，为了简化成本计算工作而采用的一种分步法。

15. √

16. √

17. √

18. √

19. ×，在逐步结转分步法下，采用综合结转法结转半成品成本，从各步骤产品成本明细账中可以看出各步骤产品所耗上一步骤半成品费用的水平和本步骤加工费用的水平，从而有利于各生产步骤的成本管理。

20. ×，在逐步结转分步法下，采用综合结转法结转半成品成本，表现在产品成本明细账中的绝大部分费用是最后一个生产步骤的费用，这不符合产品成本构成的实际情况，因而不能据以从整个企业角度分析和考核产品成本的构成和水平。

21. ×，在逐步结转分步法下，采用分项结转法结转半成品成本，在各步骤的完工产品成本中看不出所耗上一步骤半成品的费用和本步骤加工费用的水平，不便进行完工产品成本分析。

22. √

23. ×，第一生产步骤可以全面反映其生产耗费的水平。

24. √
25. √
26. √

（三）单选题

1. A   2. D   3. D   4. B   5. D
6. D   7. B   8. C   9. A   10. D

（四）多选题

1. AD   2. AB   3. AC   4. ABC   5. AB
6. ABCD   7. AB   8. AB   9. ABD   10. ABC
11. BC   12. AB   13. BCD

（五）核算与计算题

1. 产品成本计算的品种法

（1）进行要素费用的分配，编制相关会计分录。

1）货币支出。

  借：制造费用——基本生产车间   15 660
      ——供水车间   8 500
      ——运输车间   7 000
    贷：银行存款   31 160

2）职工薪酬费用的分配。

$$职工薪酬费用分配率 = \frac{123\ 000}{4\ 000 + 2\ 150} = 20$$

甲产品应分配职工薪酬费用 = 4 000 × 20 = 80 000（元）

乙产品应分配职工薪酬费用 = 2 150 × 20 = 43 000（元）

  借：基本生产成本——甲产品   80 000
         ——乙产品   43 000
    辅助生产成本——供水车间   35 000
         ——运输车间   36 000
    制造费用——基本生产车间   18 000
        ——供水车间   9 000
        ——运输车间   12 000
    贷：应付职工薪酬   233 000

3）固定资产折旧费用的分配。

  借：制造费用——基本生产车间   18 000
      ——供水车间   8 200
      ——运输车间   9 000
    贷：累计折旧   35 200

4）原材料费用的分配。

$$C\text{ 材料费用分配率} = \frac{30\,000}{400+200} = 50$$

甲产品应分配 C 材料费用 = 400×50 = 20 000（元）

乙产品应分配 C 材料费用 = 200×50 = 10 000（元）

甲产品应负担的全部直接材料费用 = 122 000+20 000 = 142 000（元）

乙产品应负担的全部直接材料费用 = 75 000+10 000 = 85 000（元）

借：基本生产成本——甲产品	142 000
——乙产品	85 000
辅助生产成本——供水车间	11 000
——运输车间	11 000
制造费用——基本生产车间	7 000
——供水车间	1 500
——运输车间	1 000
贷：原材料	258 500

5）动力费用的分配。

$$\text{动力费用分配率} = \frac{15\,000}{1\,800+1\,200} = 5$$

甲产品应分配动力费用 = 1 800×5 = 9 000（元）

乙产品应分配动力费用 = 1 200×5 = 6 000（元）

借：基本生产成本——甲产品	9 000
——乙产品	6 000
辅助生产成本——供水车间	12 000
——运输车间	4 500
制造费用——基本生产车间	800
——供水车间	600
——运输车间	500
贷：应付账款	33 400

6）辅助生产费用的分配。

供水车间制造费用 = 8 500+9 000+8 200+1 500+600 = 27 800（元）

运输车间制造费用 = 7 000+12 000+9 000+1 000+500 = 29 500（元）

编制结转辅助生产车间制造费用的会计分录：

借：辅助生产成本——供水车间	27 800
——运输车间	29 500

贷：制造费用——供水车间 27 800
　　　　　　——运输车间 29 500

计算对外分配（直接分配）的总费用：

供水对外分配的总费用＝35 000＋11 000＋12 000＋27 800＝85 800（元）

运输对外分配的总费用＝36 000＋11 000＋4 500＋29 500＝81 000（元）

水费分配率＝$\dfrac{85\ 800}{12\ 000+2\ 000+1\ 000}$＝5.72

运费分配率＝$\dfrac{81\ 000}{47\ 000+1\ 500+19\ 000}$＝1.2

基本生产车间应分配水费＝12 000×5.72＝68 640（元）

基本生产车间应分配运费＝47 000×1.2＝56 400（元）

合计　　　　　　　　　　　　　125 040 元

企业行政管理部门应分配水费＝2 000×5.72＝11 440（元）

企业行政管理部门应分配运费＝1 500×1.2＝1 800（元）

合计　　　　　　　　　　　　　13 240 元

企业专设销售机构应分配水费＝1 000×5.72＝5 720（元）

企业专设销售机构应分配运费＝19 000×1.2＝22 800（元）

合计　　　　　　　　　　　　　28 520 元

编制分配辅助生产费用的会计分录：

借：制造费用——基本生产车间 125 040
　　管理费用 13 240
　　销售费用 28 520
　贷：辅助生产成本——供水车间 85 800
　　　　　　　　　——运输车间 81 000

7) 分配基本生产车间制造费用。

制造费用总额＝15 660＋18 000＋18 000＋7 000＋800＋125 040＝184 500（元）

制造费用分配率＝$\dfrac{184\ 500}{4\ 000+2\ 150}$＝30

甲产品应分配制造费用＝4 000×30＝120 000（元）

乙产品应分配制造费用＝2 150×30＝64 500（元）

借：基本生产成本——甲产品 120 000
　　　　　　　　——乙产品 64 500
　贷：制造费用——基本生产车间 184 500

8) 编制月末在产品定额成本计算表，登记产品成本明细账，计算甲、乙两种产品成本，见表 6-22 至表 6-24。

表6-22 月末在产品定额成本计算表　　　　　　　　金额单位：元

产品名称	在产品数量（件）	直接材料 费用定额	直接材料 定额费用	定额工时 机器工时	定额工时 人工工时	直接燃料和动力（每机时5.2元）	直接人工（每工时21元）	制造费用（每工时31元）	定额成本合计
甲	40	711	28 440	180	400	936	8 400	12 400	50 176
乙	60	172	10 320	75	135	390	2 835	4 185	17 730

表6-23 产品成本明细账

产品名称：甲　　产量：190件　　　　　　　　　　　　　　　　单位：元

项目	直接材料	直接燃料和动力	直接人工	制造费用	合计
月初在产品成本	21 330	728	6 300	9 300	37 658
本月生产费用	142 000	9 000	80 000	120 000	351 000
生产费用合计	163 330	9 728	86 300	129 300	388 658
完工产品总成本	134 890	8 792	77 900	116 900	338 482
完工产品单位成本	709.95	46.27	410	615.26	1 781.48
月末在产品成本	28 440	936	8 400	12 400	50 176

表6-24 产品成本明细账

产品名称：乙　　产量：480件　　　　　　　　　　　　　　　　单位：元

项目	直接材料	直接燃料和动力	直接人工	制造费用	合计
月初在产品成本	6 880	260	1 890	2 790	11 820
本月生产费用	85 000	6 000	43 000	64 500	198 500
生产费用合计	91 880	6 260	44 890	67 290	210 320
完工产品总成本	81 560	5 870	42 055	63 105	192 590
完工产品单位成本	169.92	12.23	87.61	131.47	401.23
月末在产品成本	10 320	390	2 835	4 185	17 730

结转产成品成本的会计分录：

　　借：库存商品——甲产品　　　　　　　　　　　　　　　338 482

　　　　　　　　——乙产品　　　　　　　　　　　　　　　192 590

　　　贷：基本生产成本——甲产品　　　　　　　　　　　　338 482

　　　　　　　　　　　——乙产品　　　　　　　　　　　　192 590

2. 产品成本计算的分批法

(1) 甲产品成本明细账见表6-25。

表6-25 产品成本明细账

投产日期：1月

产品批号：0101　　　　　　　　　　　　　完工日期：1月5台，2月6台

产品名称：甲　　批量：11台　　　　　　　　　　　　　　　　　单位：元

月	日	摘要	直接材料	直接人工	制造费用	合计
1	31	本月生产费用	45 650	38 000	25 000	108 650
1	31	完工产品成本	20 750	23 750	15 625	60 125

续表

月	日	摘要	直接材料	直接人工	制造费用	合计
1	31	完工产品单位成本（5台）	4 150	4 750	3 125	12 025
1	31	月末在产品成本	24 900	14 250	9 375	48 525
2	28	本月生产费用		15 000	9 825	24 825
2	28	完工产品成本	24 900	29 250	19 200	73 350
2	28	完工产品单位成本（6台）	4 150	4 875	3 200	12 225

表中数字的计算：

1月份：

完工产品直接材料费用＝(45 650÷11)×5＝20 750(元)

月末在产品直接材料费用＝(45 650÷11)×6＝24 900(元)

在产品约当产量＝6×50%＝3(台)

完工产品直接人工费用＝(38 000÷8)×5＝23 750(元)

月末在产品直接人工费用＝(38 000÷8)×3＝14 250(元)

完工产品制造费用＝(25 000÷8)×5＝15 625(元)

月末在产品制造费用＝(25 000÷8)×3＝9 375(元)

2月份：

完工产品总成本＝24 900＋(14 250＋15 000)＋(9 375＋9 825)
＝73 350(元)

完工产品单位成本＝4 150＋4 875＋3 200＝12 225(元)

0101批号整批产品的成本计算：

11台甲产品总成本＝60 125＋73 350＝133 475(元)

单位成本＝133 475÷11＝12 134.09(元)

(2) 乙产品成本明细账见表6-26。

表6-26 产品成本明细账

投产日期：1月

产品批号：0102　　　　　　　　　　　　　　　　完工日期：1月1台，2月11台

产品名称：乙　　批量：12台　　　　　　　　　　　　　　　　单位：元

月	日	摘要	直接材料	直接人工	制造费用	合计
1	31	本月生产费用	48 198	18 400	9 600	76 198
1	31	完工产品成本（1台）	4 000	5 000	2 500	11 500
1	31	完工产品单位成本	4 000	5 000	2 500	11 500
1	31	月末在产品成本	44 198	13 400	7 100	64 698
2	28	本月生产费用		42 590	19 993	62 583
2	28	完工产品成本（11台）	44 198	55 990	27 093	127 281
2	28	完工产品单位成本	4 018	5 090	2 463	11 571

表中数字及整批产品成本的计算：

2月份完工产品成本的计算：

$$完工产品总成本 = 44\ 198 + (13\ 400 + 42\ 590) + (7\ 100 + 19\ 993)$$
$$= 127\ 281(元)$$

$$完工产品单位成本 = 4\ 018 + 5\ 090 + 2\ 463 = 11\ 571(元)$$

0102批号整批产品的成本计算：

$$12台乙产品总成本 = 11\ 500 + 127\ 281 = 138\ 781(元)$$

$$单位成本 = 138\ 781 \div 12 = 11\ 565.08(元)$$

3. 简化分批法

(1) 计算各项累计间接计入费用分配率。

$$直接人工费用分配率 = \frac{105\ 000}{3\ 000} = 35$$

$$制造费用分配率 = \frac{75\ 000}{3\ 000} = 25$$

(2) 计算4025批产品和5022批产品的完工产品成本。

4025批完工产品的成本：

$$直接材料费用 = 96\ 800(元)$$

$$直接人工费用 = 1\ 500 \times 35 = 52\ 500(元)$$

$$制造费用 = 1\ 500 \times 25 = 37\ 500(元)$$

合计　　　　　　　186 800 元

5022批完工产品的成本：

按约当产量比例分配工时：

$$完工产品工时 = 1\ 000 \div (20 + 10 \times 50\%) \times 20 = 800(小时)$$

$$在产品工时 = 1\ 000 \div (20 + 10 \times 50\%) \times (10 \times 50\%) = 200(小时)$$

$$直接材料费用 = 96\ 000 \div 30 \times 20 = 64\ 000(元)$$

$$直接人工费用 = 800 \times 35 = 28\ 000(元)$$

$$制造费用 = 800 \times 25 = 20\ 000(元)$$

合计　　　　　　　112 000 元

(3) 登记基本生产成本二级账和产品成本明细账，见表6-27至表6-30。

表6-27　基本生产成本二级账　　　　　　　　　　单位：元

月	日	摘要	直接材料	工时（小时）	直接人工	制造费用	合计
6	30	生产费用累计	246 800	3 000	105 000	75 000	426 800
	30	分配率			35	25	
	30	本月完工转出	160 800	2 300	80 500	57 500	
	30	在产品	86 000	700			

表 6-28 产品成本明细账

产品批号：4025　　　　　　　　　　　　　　　　　　　　　　　投产日期：4 月
产品名称：甲　　产品批量：20 件　　　　　　　　　　　　　　完工日期：6 月
　　　　　　　　　　　　　　　　　　　　　　　　　　　　　　单位：元

月	日	摘要	直接材料	工时（小时）	直接人工	制造费用	合计
6	30	生产费用累计	96 800	1 500			—
	30	分配率			35	25	—
	30	完工产品成本（20 件）	96 800		52 500	37 500	186 800
	30	完工产品单位成本	4 840	—	2 625	1 875	9 340

表 6-29 产品成本明细账

产品批号：5022　　　　　　　　　　　　　　　　　　　　　　　投产日期：5 月
产品名称：乙　　产品批量：30 件　　　　　　　　　　　　完工日期：6 月（完工 20 件）
　　　　　　　　　　　　　　　　　　　　　　　　　　　　　　单位：元

月	日	摘要	直接材料	工时（小时）	直接人工	制造费用	合计
6	30	生产费用累计	96 000	1 000			
	30	分配率			35	25	
	30	完工产品成本（20 件）	64 000	800	28 000	20 000	112 000
	30	完工产品单位产品	3 200		1 400	1 000	5 600
	30	在产品成本	32 000	200			

表 6-30 产品成本明细账

产品批号：6001　　　　　　　　　　　　　　　　　　　　　　　投产日期：6 月
产品名称：丙　　产品批量：15 件　　　　　　　　　　　　　　单位：元

月	日	摘要	直接材料	工时（小时）	直接人工	制造费用	合计
6	30	生产费用累计	54 000	500			

4．简化分批法

（1）计算间接计入费用分配率。

$$直接人工费用分配率=\frac{135\ 000}{9\ 000}=15$$

$$制造费用分配率=\frac{108\ 000}{9\ 000}=12$$

（2）向各批完工产品分配间接计入费用并计算其成本。

4011 批号甲产品：

直接人工费用＝4 500×15＝67 500(元)

制造费用＝4 500×12＝54 000(元)

完工产品成本＝25 000＋67 500＋54 000＝146 500(元)

5021 批号乙产品：

直接人工费用＝3 000×15＝45 000(元)

制造费用＝3 000×12＝36 000(元)

完工产品成本＝(15 000÷15)×10＋45 000＋36 000＝92 000(元)

(3) 登记基本生产成本二级账，见表6-31。

表6-31　基本生产成本二级账　　　　　　　　　　　单位：元

月	日	摘要	直接材料	工时(小时)	直接人工	制造费用	合计
6	30	生产费用累计	58 000	9 000	135 000	108 000	301 000
	30	累计间接计入费用分配率			15	12	
	30	完工产品成本	35 000	7 500	112 500	90 000	237 500
	30	在产品成本	23 000	1 500	22 500	18 000	63 500

5. 逐步结转分步法（按实际成本结转）

(1) 采用定额比例法将第一车间的生产费用在完工产品与月末在产品之间进行分配，计算第一车间产品成本，在此基础上，结转完工入库的自制半成品成本，并登记第一车间产品成本明细账，见表6-32。

表6-32　第一车间产品成本明细账　　　　　　　　　产量：430件
　　　　　　　　　　　　　　　　　　　　　　　　　单位：元

成本项目	月初在产品费用	本月费用	生产费用合计	费用分配率	完工产品费用 定额	完工产品费用 实际	月末在产品费用 定额	月末在产品费用 实际
直接材料	23 500	352 820	376 320	0.98	344 000	337 120	40 000	39 200
直接人工	9 800	182 900	192 700	41	4 300(小时)	176 300	400(小时)	16 400
制造费用	12 400	138 000	150 400	32		137 600		12 800
合计	45 700	673 720	719 420	—	—	651 020	—	68 400
完工产品单位成本						1 514		

(2) 根据所给资料和以上计算结果，采用全月一次加权平均法计算本月发出自制半成品的单位成本和总成本，并登记自制半成品成本明细账，见表6-33。

表6-33　自制半成品明细账
半成品名称：甲　　　　　　　　　　　　　　　　　　单位：元

月份	月初余额 数量(件)	月初余额 金额	本月增加 数量(件)	本月增加 金额	合计 数量(件)	合计 金额	本月减少 单位成本	本月减少 数量(件)	本月减少 金额
6	70	105 700	430	651 020	500	756 720	1 513.44	400	605 376
7	100	151 344							

(3) 根据所给资料和以上计算结果采用定额比例法将第二车间的生产费用在完工产品与月末在产品之间进行分配，计算第二车间产品成本，在此基础上，结转完工入库甲产成品成本，并登记第二车间产品成本明细账，见表6-34。

表6-34 第二车间产品成本明细账　　　　　　　　　　　产量：380件
单位：元

成本项目	月初在产品费用	本月费用	生产费用合计	费用分配率	完工产品费用 定额	完工产品费用 实际	月末在产品费用 定额	月末在产品费用 实际
半成品	56 910	605 376	662 286	1.02	573 800	585 276	75 500	77 010
直接人工	11 800	152 000	163 800	39	3 800（小时）	148 200	400（小时）	15 600
制造费用	11 600	116 500	128 100	30.5	—	115 900	—	12 200
合计	80 310	873 876	954 186	—	—	849 376	—	104 810
完工产品单位成本	—	—	—	—	—	2 235.2	—	—

(4) 编制结转半成品成本和产成品成本的会计分录。

1）借：自制半成品　　　　　　　　　　　　　　　651 020
　　　贷：基本生产成本——第一车间　　　　　　　　　　651 020
2）借：基本生产成本——第二车间　　　　　　　　605 376
　　　贷：自制半成品　　　　　　　　　　　　　　　　605 376
3）借：库存商品　　　　　　　　　　　　　　　　849 376
　　　贷：基本生产成本——第一车间　　　　　　　　　　849 376

6. 逐步结转分步法（按计划成本结转）

(1) 计算第一车间C半成品的成本，并登记产品成本明细账（见表6-35）。

表6-35 产品成本明细账

第一车间：C半成品　　　产量：1 000件　　　　　　　　　　　　　单位：元

成本项目	月初在产品成本（定额成本）	本月费用	生产费用合计	完工半成品成本	月末在产品成本（定额成本）
直接材料	2 500	15 000	17 500	15 300	2 200
直接人工	1 500	12 500	14 000	12 900	1 100
制造费用	2 500	16 500	19 000	17 000	2 000
合计	6 500	44 000	50 500	45 200	5 300
单位成本				45.2	

(2) 计算本月自制半成品成本差异率以及本月发出C半成品的成本，登记自制半成品明细账（见表6-36）。

表6-36 自制半成品明细账

半成品名称：C　　计划单位成本：45元　　　　　　　　　　　　　　单位：元

月份	月初余额 数量	月初余额 计划成本	月初余额 实际成本	本月增加 数量	本月增加 计划成本	本月增加 实际成本	合计 数量	合计 计划成本	合计 实际成本	成本差异	差异率（%）	本月减少 数量	本月减少 计划成本	本月减少 实际成本
6	100	4 500	4 597	1 000	45 000	45 200	1 100	49 500	49 797	297	0.6	900	40 500	40 743
7	200	9 000	9 054											

(3) 计算 C 产成品成本，登记第二车间产品成本明细账（见表 6-37）。

表 6-37 产品成本明细账

第二车间：C 产品　　产量：920 件　　　　　　　　　　　　　　　　　　单位：元

成本项目		月初在产品 （定额成本）	本月费用	生产费用 合计	产成品成本		月末在产品成本 （定额成本）
					总成本	单位成本	
半成品	计划成本		40 500				
	成本差异		243				
	实际成本	4 500	40 743	45 243	41 643	45.26	3 600
直接人工		2 100	18 237	20 337	18 537	20.15	1 800
制造费用		1 680	16 320	18 000	16 560	18	1 440
合计		8 280	75 300	83 580	76 740	83.41	6 840

(4) 编制会计分录：

1) 借：自制半成品　　　　　　　　　　　　　　　　　　　45 200
　　　贷：基本生产成本——第一车间　　　　　　　　　　　　45 200

2) 借：基本生产成本——第二车间　　　　　　　　　　　　40 743
　　　贷：自制半成品　　　　　　　　　　　　　　　　　　40 743

3) 借：库存商品　　　　　　　　　　　　　　　　　　　　76 740
　　　贷：基本生产成本——第二车间　　　　　　　　　　　　76 740

7. 分项结转逐步结转分步法（按实际成本）

(1) 计算第一车间生产的甲半成品成本，登记第一车间的产品成本明细账见表 6-38。

表 6-38 产品成本明细账

第一车间：甲半成品　　产量：1 000 件　　　　　　　　　　　　　　　　单位：元

成本项目	月初在产品成本 （定额成本）	本月费用	生产费用 合计	完工半成品 成本	月末在产品成本 （定额成本）
直接材料	8 000	120 000	128 000	120 800	7 200
直接人工	9 000	125 000	134 000	126 500	7 500
制造费用	7 200	96 000	103 200	97 200	6 000
合计	24 200	341 000	365 200	344 500	20 700
单位成本				344.5	

(2) 结转第一车间本月完工的甲半成品的成本，计算本月发出甲半成品的单位成本和总成本，登记自制半成品明细账（见表 6-39）。

表 6-39 自制半成品明细账

半成品名称：甲　　　　　　　　　　　　　　　　　　　　　　　　　　　　　　　　单位：元

月份	摘要	数量（件）	直接材料	直接人工	制造费用	合计
6	月初余额	100	7 900	11 000	9 500	28 400
6	本月增加	1 000	120 800	126 500	97 200	344 500
6	合计	1 100	128 700	137 500	106 700	372 900
6	单位成本		117	125	97	339
6	本月减少	900	105 300	112 500	87 300	305 100
6	月末余额	200	23 400	25 000	19 400	67 800

（3）计算第二车间生产的甲产成品成本，登记第二车间的产品成本明细账（见表 6-40）。

表 6-40 产品成本明细账

第二车间：甲产品　　产量：950 件　　　　　　　　　　　　　　　　　　　　　　　单位：元

成本项目	月初在产品成本（定额成本）	本月本车间费用	本月耗用半成品费用	生产费用合计	产品成本		月末在产品成本（定额成本）
直接材料	17 000		105 300	122 300	112 100	118	10 200
直接人工	10 500	273 000	112 500	396 000	388 550	409	7 450
制造费用	8 400	218 400	87 300	314 100	307 800	324	6 300
合计	35 900	491 400	305 100	832 400	808 450	851	23 950

（4）编制会计分录

1）借：自制半成品　　　　　　　　　　　　　　　　344 500
　　　　贷：基本生产成本——第一车间　　　　　　　　344 500

2）借：基本生产成本——第二车间　　　　　　　　　305 100
　　　　贷：自制半成品　　　　　　　　　　　　　　　305 100

3）借：库存商品　　　　　　　　　　　　　　　　　808 450
　　　　贷：基本生产成本——第二车间　　　　　　　　808 450

8. 逐步结转分步法综合结转的成本还原

（1）进行成本还原。

1）还原分配率 $=\dfrac{80\,640}{84\,000}=0.96$

2）对产成品成本中的综合项目（80 640 元）进行成本还原。

　　　　直接材料费用 $=35\,880×0.96=34\,444.8$（元）

　　　　直接人工费用 $=27\,000×0.96=25\,920$（元）

　　　　制造费用 $=21\,120×0.96=20\,275.2$（元）

3) 计算按原始成本项目反映的产成品成本。

直接材料费用＝34 444.8(元)

直接人工费用＝25 920＋22 150＝48 070(元)

制造费用＝20 275.2＋18 620＝38 895.2(元)

还原后产成品总成本　　　　121 410 元

(2) 说明成本还原的必要性。

从第二车间的产品成本明细账中可以看出，采用半成品成本综合结转法，产成品成本中的绝大部分费用表现为所耗上一步骤半成品费用(产成品总成本为 121 410 元，其中所耗上一步骤半成品费用为 80 640 元)。显然，其成本构成并不能反映产品在本企业所耗费用的原始情况，不能据以从整个企业角度分析和考核产品成本的构成及其水平。因此，在管理上要求从整个企业角度分析和考核产品成本的构成及其水平时，就必须将产成品成本中的综合性项目进行成本还原，以提供按原始成本项目反映的产成品的成本构成。

9. 逐步结转分步法综合结转的成本还原

(1) 第一步还原。

$$还原分配率 = \frac{30\,975}{29\,500} = 1.05$$

半成品：$15\,400 \times 1.05 = 16\,170$(元)

直接人工：$7\,600 \times 1.05 = 7\,980$(元)

制造费用：$6\,500 \times 1.05 = 6\,825$(元)

(2) 第二步还原。

$$还原分配率 = \frac{16\,170}{16\,500} = 0.98$$

直接材料：$9\,000 \times 0.98 = 8\,820$(元)

直接人工：$4\,500 \times 0.98 = 4\,410$(元)

制造费用：$3\,000 \times 0.98 = 2\,940$(元)

(3) 计算按原始成本项目反映的产成品成本。

直接材料：8 820 元

直接人工：7 980＋4 410＋5 400＝17 790(元)

制造费用：6 825＋2 940＋7 500＝17 265(元)

合计　　　　　　　　　43 875 元

10. 平行结转分步法

(1) 计算第一车间产品成本，登记产品成本明细账，见表 6-41。

表 6-41 产品成本明细账

第一车间：H 产品　　　　　　　　　　　　　　　　　　　　　　　　　　　　　　单位：元

摘要	产成品产量（件）	直接材料 定额	直接材料 实际	定额工时	直接人工	制造费用	成本合计
月初在产品		6 400	6 272	600	8 127	7 280	21 679
本月费用		72 000	70 560	9 130	136 850	109 480	316 890
合计		78 400	76 832	9 730	144 977	116 760	338 569
费用分配率			0.98		14.9	12	
产成品成本中本步骤的份额	950	76 000	74 480	9 500	141 550	114 000	330 030
月末在产品		2 400	2 352	230	3 427	2 760	8 539

表中有关数据计算如下：

月末在产品定额直接材料费用 = 6 400 + 72 000 − 76 000 = 2 400(元)

月末在产品定额工时 = 600 + 9 730 − 9 500 = 230(小时)

直接材料费用分配率 = $\dfrac{6\,272 + 70\,560}{76\,000 + 2\,400}$ = 0.98

产成品中第一车间直接材料费用份额 = 76 000 × 0.98 = 74 480(元)

月末在产品直接材料费用 = 2 400 × 0.98 = 2 352(元)

直接人工费用分配率 = $\dfrac{8\,127 + 136\,850}{9\,500 + 230}$ = 14.9

产成品中第一车间制造费用份额 = 9 500 × 14.9 = 141 550(元)

月末在产品直接人工费用 = 230 × 14.9 = 3 247(元)

制造费用分配率 = $\dfrac{7\,280 + 109\,480}{9\,500 + 230}$ = 12

产成品中第一车间制造费用份额 = 9 500 × 12 = 114 000(元)

月末在产品制造费用 = 230 × 12 = 2 760(元)

(2) 计算第二车间产品成本，登记产品成本明细账，见表 6-42。

表 6-42 产品成本明细账

第二车间：H 产品　　　　　　　　　　　　　　　　　　　　　　　　　　　　　　单位：元

摘要	产成品数量	直接材料 定额	直接材料 实际	定额工时	直接人工	制造费用	成本合计
月初在产品				800	11 840	9 920	21 760
本月生产费用				10 850	160 580	134 540	295 120
合计				11 650	172 420	144 460	316 880
费用分配率					14.8	12.4	
产成品成本中本步骤份额	950			11 400	168 720	141 360	310 080
月末在产品				250	3 700	3 100	6 800

表中有关数据计算如下：

月末在产品定额工时＝800＋10 850－11 400＝250（小时）

直接人工费用分配率＝$\frac{11\,840＋160\,580}{11\,400＋250}$＝14.8

产成品中第二车间直接人工费用份额＝11 400×14.8＝168 720（元）

月末在产品直接人工费用＝250×14.8＝3 700（元）

制造费用分配率＝$\frac{9\,920＋134\,540}{11\,400＋250}$＝12.4

产成品中第二车间制造费用份额＝11 400×12.4＝141 360（元）

月末在产品制造费用＝250×12.4＝3 100（元）

（3）将第一车间、第二车间产品成本明细账中应计入产成品的份额，平行结转、汇总记入 H 产品成本汇总表，见表 6-43。

表 6-43 H 产品成本汇总表   单位：元

项目	产量（件）	直接材料	直接人工	制造费用	成本合计
第一车间成本份额	950	74 480	141 550	114 000	330 030
第二车间成本份额	950		168 720	141 360	310 080
合计		74 480	310 270	255 360	640 110
单位成本		78.4	326.6	268.8	673.8

（4）会计分录编制如下：

借：库存商品——H　　　　　　　　　　　　　　　640 110
　　贷：基本生产成本——第一车间　　　　　　　　330 030
　　　　　　　　　　　——第二车间　　　　　　　　310 080

11．平行结转分步法

（1）计算 D 产品成本，登记第一车间、第二车间产品成本明细账（有关数据要列出计算过程），见表 6-44。

表 6-44 产品成本明细账

第一生产步骤   单位：元

项目	直接材料	直接人工	制造费用	成本合计
月初在产品费用	38 760	14 980	14 620	68 360
本月费用	358 000	267 500	216 500	842 000
合计	396 760	282 480	231 120	910 360
应计入产成品份额	364 000	264 000	216 000	844 000
月末在产品费用	32 760	18 480	15 120	66 360

第一生产步骤成本明细账中有关数据的计算：

1) 直接材料费用的分配。

$$\text{分配率} = \frac{38\,760 + 358\,000}{2\,000 + 100 + 80} = 182$$

应计入产成品的份额 = 2 000 × 182 = 364 000(元)

月末在产品成本 = 180 × 182 = 32 760(元)

2) 直接人工费用的分配。

$$\text{分配率} = \frac{14\,980 + 26\,750}{2\,000 + 80 + 100 \times 60\%} = 132$$

应计入产成品的份额 = 2 000 × 132 = 264 000(元)

月末在产品成本 = 140 × 132 = 18 480(元)

3) 制造费用的分配。

$$\text{分配率} = \frac{14\,620 + 216\,500}{2\,000 + 80 + 100 \times 60\%} = 108$$

应计入产成品的份额 = 2 000 × 108 = 216 000(元)

月末在产品成本 = 140 × 108 = 15 120(元)

表 6-45　产品成本明细账

第二生产步骤　　　　　　　　　　　　　　　　　　　　　　　　　　单位：元

项目	直接材料	直接人工	制造费用	成本合计
月初在产品费用	9 940	19 920	16 080	45 940
本月费用	89 900	435 000	345 000	869 900
合计	99 840	454 920	361 080	915 840
应计入产成品份额	96 000	446 000	354 000	896 000
月末在产品费用	3 840	8 920	7 080	19 840

第二生产步骤成本明细账中有关数据的计算：

1) 直接材料费用的分配。

$$\text{分配率} = \frac{9\,940 + 89\,900}{2\,000 + 80} = 48$$

应计入产成品的份额 = 2 000 × 48 = 96 000(元)

月末在产品成本 = 80 × 48 = 3 840(元)

2) 直接人工费用的分配。

$$\text{分配率} = \frac{19\,920 + 435\,000}{2\,000 + 80 \times 50\%} = 223$$

应计入产成品的份额 = 2 000 × 223 = 446 000(元)

第6章 产品成本计算的基本方法　133

月末在产品成本＝40×223＝8 920（元）

3）制造费用的分配。

$$分配率＝\frac{16\,080＋345\,000}{2\,000＋80×50\%}＝177$$

应计入产成品的份额＝2 000×177＝354 000（元）

月末在产品成本＝40×177＝7 080（元）

（2）编制产成品成本汇总表，见表6-46。

表6-46　产成品成本汇总表

产品名称：D　　产量：2 000 件　　　　　　　　　　　　　　　　单位：元

项目	直接材料	直接人工	制造费用	成本合计
第一车间成本份额	364 000	264 000	216 000	844 000
第二车间成本份额	96 000	446 000	354 000	896 000
产成品总成本	460 000	710 000	570 000	1 740 000
单位成本	230	355	285	870

（3）结转产成品成本的会计分录编制如下：

借：库存商品——D　　　　　　　　　　　　　　　1 740 000
　　贷：基本生产成本——第一车间　　　　　　　　　844 000
　　　　　　　　　　　——第二车间　　　　　　　　896 000

（六）简答题（略）

教材实训专栏参考答案

业务1：采购钢板

根据入库单、增值税发票和支票存根，编制付款凭证，见表6-47。

表6-47　付款凭证

贷方科目：银行存款　　　　2024年11月02日　　　　银付字第1号

摘要	借方科目		金额（亿千百十万千百十元角分）	记账
	总账科目	明细科目		√
采购原材料	原材料	钢板	3 0 0 0 0 0	√
	应交税费	应交增值税（进项税额）	3 9 0 0 0 0	√
合计			3 3 9 0 0 0 0	

财务主管：张云　　记账：王丽　　出纳：张佳　　审核：陈晓　　制单：田亮　　附件3张

业务2：采购油漆

根据入库单、增值税发票和支票存根，编制付款凭证，见表6-48。

表 6-48 付款凭证

贷方科目：银行存款　　　　　2024 年 11 月 02 日　　　　　银付字第 2 号

摘要	借方科目		金额 亿千百十万千百十元角分	记账 √
	总账科目	明细科目		
采购原材料	原材料	油漆	1 8 0 0 0 0 0	√
	应交税费	应交增值税（进项税额）	2 3 4 0 0 0	√
	合计		2 0 3 4 0 0 0	

财务主管：张云　　记账：王丽　　出纳：张佳　　审核：陈晓　　制单：田亮　　附件 2 张

业务 3：采购电机

根据入库单、增值税发票和支票存根，编制转账凭证，见表 6-49。

表 6-49 转账凭证

2024 年 11 月 02 日　　　　　　　　　　　　　　　转字第 1 号

摘要	会计科目		√	借方金额 千百十万千百十元角分	√	贷方金额 千百十万千百十元角分
	总账科目	明细科目				
采购原材料	原材料	电机	√	6 5 0 0 0 0 0		
	应交税费	应交增值税（进项税额）	√	8 4 5 0 0 0		
	应付账款	北京新桥电机			√	7 3 4 5 0 0 0
	合计			7 3 4 5 0 0 0		7 3 4 5 0 0 0

财务主管：张云　　记账：王丽　　出纳：张佳　　会计：陈晓　　制单：田亮　　附件 3 张

业务 4：领料汇总

1. 根据材料期初存量和本月购入材料情况，编制存货平均单价计算表，见表 6-50。

表 6-50 存货平均单价计算表

2024 年 11 月　　　　　　　　　　　　　　　金额单位：元

存货名称	月初余额			本月购入			平均单价
	数量	单价	金额	数量	单价	金额	
钢板	2 000	15	30 000	1 000	30	30 000	20
油漆	500	6	3 000	3 000	6	18 000	6
电机	1 500	40	60 000	1 000	65	65 000	50
劳保用品	200	50	10 000	0		0	50

2. 根据领料单和存货平均单价计算表，编制领料凭证汇总表，见表 6-51。

表 6-51 领料凭证汇总表
2024 年 11 月

应借科目			钢板 领用数量	钢板 实际成本	油漆 领用数量	油漆 实际成本	电机 领用数量	电机 实际成本	劳保用品 领用数量	劳保用品 实际成本	合计 实际成本
生产成本	毛坯车间	全自动洗衣机	1 300	26 000							26 000
		普通洗衣机	200	4 000							4 000
	彩涂车间	全自动洗衣机			1 200	7 200					7 200
		普通洗衣机			800	4 800					4 800
	装配车间	全自动洗衣机					1 200	60 000			60 000
		普通洗衣机					500	25 000			25 000
制造费用	毛坯车间				100	600					600
	彩涂车间				50	300					300
	装配车间				150	900					900
辅助生产成本	供水车间								50	2 500	2 500
	供电车间								20	1 000	1 000
管理费用											
合计			1 500	30 000	2 300	13 800	1 700	85 000	70	3 500	132 300

3. 根据领料凭证汇总表，编制记账凭证，见表 6-52。

表 6-52 转账凭证
2024 年 11 月 30 日　　　　　　　　　　　　　　　　　　　　　　　转字第 2 号

摘要	会计科目 总账科目	会计科目 明细科目	√	借方金额	√	贷方金额
领用原材料	基本生产成本	毛坯车间——全自动洗衣机	√	2 6 0 0 0 0 0		
	基本生产成本	毛坯车间——普通洗衣机	√	4 0 0 0 0 0		
	基本生产成本	彩涂车间——全自动洗衣机	√	7 2 0 0 0 0		
	基本生产成本	彩涂车间——普通洗衣机	√	4 8 0 0 0 0		
	基本生产成本	装配车间——全自动洗衣机	√	6 0 0 0 0 0 0		

续表

摘要	会计科目 总账科目	会计科目 明细科目	√	借方金额 千百十万千百十元角分	√	贷方金额 千百十万千百十元角分
领用原材料	基本生产成本	装配车间——普通洗衣机	√	2 5 0 0 0 0		
	辅助生产成本	供水车间	√	2 5 0 0 0 0		
	辅助生产成本	供电车间	√	1 0 0 0 0 0		
	制造费用	毛坯车间	√	6 0 0 0 0		
	制造费用	彩涂车间	√	3 0 0 0 0		
	制造费用	装配车间	√	9 0 0 0 0		
	原材料	钢板			√	3 0 0 0 0 0 0
		油漆			√	1 3 8 0 0 0 0
		电机			√	8 5 0 0 0 0
		劳保用品			√	3 5 0 0 0
	合计			1 3 2 3 0 0 0 0		1 3 2 3 0 0 0 0

财务主管：张云　　记账：王丽　　出纳：张佳　　会计：陈晓　　制单：田亮　　附件14张

业务5：人工费用分配

1. 根据各产品的定额工时和职工薪酬费用汇总表，编制直接人工费用分配表，见表6-53。

表6-53　直接人工费用分配表

2024年11月　　　　　　　　　　　　　　　　　　　单位：元

应借科目			定额工时	直接人工费用 分配率	直接人工费用 分配额（元）
基本生产成本	毛坯车间	全自动洗衣机	2 000	10	20 000
		普通洗衣机	500	10	5 000
		合计	2 500		25 000
	彩涂车间	全自动洗衣机	1 000	20	20 000
		普通洗衣机	500	20	10 000
		合计	1 500		30 000
	装配车间	全自动洗衣机	1 500	20	30 000
		普通洗衣机	500	20	10 000
		合计	2 000		40 000

2. 编制记账凭证，见表6-54。

表 6-54 转账凭证

2024 年 11 月 30 日　　　　　　　　　　　　　　　　　　　　　　　　　　转字第 3 号

摘要	会计科目		√	借方金额	√	贷方金额
	总账科目	明细科目		千 百 十 万 千 百 十 元 角 分		千 百 十 万 千 百 十 元 角 分
计提职工薪酬	基本生产成本	毛坯车间——全自动洗衣机	√	2 0 0 0 0 0		
	基本生产成本	毛坯车间——普通洗衣机	√	5 0 0 0 0		
	基本生产成本	彩涂车间——全自动洗衣机	√	2 0 0 0 0 0		
	基本生产成本	彩涂车间——普通洗衣机	√	1 0 0 0 0 0		
	基本生产成本	装配车间——全自动洗衣机	√	3 0 0 0 0 0		
	基本生产成本	装配车间——普通洗衣机	√	1 0 0 0 0 0		
	辅助生产成本	供水车间	√	1 5 0 0 0		
	辅助生产成本	供电车间	√	5 0 0 0		
	制造费用	毛坯车间	√	6 2 0 0 0		
	制造费用	彩涂车间	√	5 9 0 0 0		
	制造费用	装配车间	√	9 5 0 0 0		
	管理费用		√	8 0 0 0 0		
	应付职工薪酬				√	1 3 1 1 0 0 0
	合计			1 3 1 1 0 0 0		1 3 1 1 0 0 0

财务主管：张云　　　记账：王丽　　　出纳：张佳　　　会计：陈晓　　　制单：田亮　　　附件 1 张

业务 6：厂房折旧分配

1. 根据厂房折旧资料，编制固定资产折旧费用分配表，见表 6-55。

表 6-55 固定资产折旧费用分配表

2024 年 11 月　　　　　　　　　　　　　　　　　　　　　　　　　　单位：元

应借科目		折旧	
		原值	折旧额
制造费用	毛坯车间	2 000 000	60 000
	彩涂车间	1 000 000	30 000
	装配车间	2 500 000	75 000
辅助生产成本	供水车间	500 000	15 000
	供电车间	200 000	6 000
管理费用		1 500 000	45 000
合计		7 700 000	231 000

2. 编制记账凭证，见表6-56。

表6-56 转账凭证
2024年11月30日　　　　　　　　　　　　　　　　　　　　转字第4号

摘要	会计科目		√	借方金额	贷方金额
	总账科目	明细科目		千百十万千百十元角分	千百十万千百十元角分
计提厂房折旧	制造费用	毛坯车间	√	6 0 0 0 0 0	
	制造费用	彩涂车间	√	3 0 0 0 0 0	
	制造费用	装配车间	√	7 5 0 0 0 0	
	辅助生产成本	供水车间	√	1 5 0 0 0 0	
	辅助生产成本	供电车间	√	6 0 0 0 0	
	管理费用		√	4 5 0 0 0 0	
	累计折旧		√		2 3 1 0 0 0 0
	合计			2 3 1 0 0 0 0	2 3 1 0 0 0 0

财务主管：张云　　记账：王丽　　出纳：张佳　　会计：陈晓　　制单：田亮　　附件1张

业务7：分配辅助生产费用

1. 根据上述记账凭证，登记辅助生产车间成本明细账，见表6-57和表6-58。

表6-57 辅助生产成本明细账
车间：供水车间　　　　　　　　　　　　　　　　　　　　　单位：元

日期		凭证编号	摘要	原材料	职工薪酬及福利费	折旧费	合计	转出
月	日							
11	30	转2	领用原材料	2 500			2 500	
11	30	转3	计提职工薪酬		1 500		1 500	
11	30	转4	计提厂房折旧			15 000	15 000	
11	30	转5	结转辅助生产成本					19 000
11	30		合计	2 500	1 500	15 000	19 000	19 000

表6-58 辅助生产成本明细账
车间：供电车间　　　　　　　　　　　　　　　　　　　　　单位：元

日期		凭证编号	摘要	原材料	职工薪酬及福利费	折旧费	合计	转出
月	日							
11	30	转2	领用原材料	1 000			1 000	
11	30	转3	计提职工薪酬		5 000		5 000	
11	30	转4	计提厂房折旧			6 000	6 000	
11	30	转5	结转辅助生产成本					12 000
11	30		合计	1 000	5 000	6 000	12 000	12 000

第6章 产品成本计算的基本方法

2. 根据各辅助车间提供的劳务量，编制辅助生产费用分配表，见表6-59。

表6-59 辅助生产费用分配表

2024年11月　　　　　　　　　　　　　　　　　　　　　　　　　　单位：元

项目			供水车间		供电车间		合计
			数量	金额	数量	金额	
待分配的辅助生产费用（元）				19 000		12 000	31 000
供应辅助生产以外的劳务量			9 500		15 000		
分配率				2		0.8	
应借科目	制造费用	毛坯车间	5 000	10 000	4 000	3 200	13 200
		彩涂车间	2 000	4 000	6 000	4 800	8 800
		装配车间	1 500	3 000	2 000	1 600	4 600
	管理费用		1 000	2 000	3 000	2 400	4 400

3. 编制记账凭证，见表6-60。

表6-60 转账凭证

2024年11月30日　　　　　　　　　　　　　　　　　　　　　　　转字第5号

摘要	会计科目		√	借方金额	√	贷方金额
	总账科目	明细科目		千百十万千百十元角分		千百十万千百十元角分
结转辅助生产成本	制造费用	毛坯车间	√	1 3 2 0 0 0 0		
	制造费用	彩涂车间	√	8 8 0 0 0 0		
	制造费用	装配车间	√	4 6 0 0 0 0		
	管理费用		√	4 4 0 0 0 0		
	辅助生产成本	供水车间			√	1 9 0 0 0 0 0
	辅助生产成本	供电车间			√	1 2 0 0 0 0 0
合计				3 1 0 0 0 0 0		3 1 0 0 0 0 0

财务主管：张云　　记账：王丽　　出纳：张佳　　会计：陈晓　　制单：田亮　　附件1张

业务8：分配制造费用

1. 根据上述记账凭证，登记基本生产车间制造费用明细账，见表6-61至表6-63。

表6-61 制造费用明细账

车间：毛坯车间　　　　　　　　　　　　　　　　　　　　　　　　单位：元

日期		凭证编号	摘要	原材料	职工薪酬及福利费	折旧费	辅助生产费用	合计	转出
月	日								
11	30	转2	领用原材料	600				600	
11	30	转3	计提职工薪酬		6 200			6 200	

续表

日期		凭证编号	摘要	原材料	职工薪酬及福利费	折旧费	辅助生产费用	合计	转出
月	日								
11	30	转4	计提厂房折旧			60 000		60 000	
11	30	转5	结转辅助生产成本				13 200	13 200	
11	30	转6	结转制造费用						80 000
11	30		合计	600	6 200	60 000	13 200	80 000	80 000

表 6-62 制造费用明细账

车间：彩涂车间　　　　　　　　　　　　　　　　　　　　　　　　　　　单位：元

日期		凭证编号	摘要	原材料	职工薪酬及福利费	折旧费	辅助生产费用	合计	转出
月	日								
11	30	转2	领用原材料	300				300	
11	30	转3	计提职工薪酬		5 900			5 900	
11	30	转4	计提厂房折旧			30 000		30 000	
11	30	转5	结转辅助生产成本				8 800	8 800	
11	30	转6	结转制造费用						45 000
11	30		合计	300	5 900	30 000	8 800	45 000	45 000

表 6-63 制造费用明细账

车间：装配车间　　　　　　　　　　　　　　　　　　　　　　　　　　　单位：元

日期		凭证编号	摘要	原材料	职工薪酬及福利费	折旧费	辅助生产费用	合计	转出
月	日								
11	30	转2	领用原材料	900				900	
11	30	转3	计提职工薪酬		9 500			9 500	
11	30	转4	计提厂房折旧			75 000		75 000	
11	30	转5	结转辅助生产成本				4 600	4 600	
11	30	转6	结转制造费用						90 000
11	30		合计	900	9 500	75 000	4 600	90 000	90 000

2. 根据各产品的定额工时，编制基本生产车间制造费用分配表，见表 6-64。

表6-64 制造费用分配表

2024年11月　　　　　　　　　　　　　　　　　　　　　　　　　单位：元

应借科目			定额工时	费用	
				分配率	分配额
基本生产成本	毛坯车间	全自动洗衣机	2 000	32	64 000
		普通洗衣机	500	32	16 000
		合计	2 500	32	80 000
	彩涂车间	全自动洗衣机	1 000	30	30 000
		普通洗衣机	500	30	15 000
		合计	1 500	30	45 000
	装配车间	全自动洗衣机	1 500	45	67 500
		普通洗衣机	500	45	22 500
		合计	2 000	45	90 000

3. 编制记账凭证，见表6-65。

表6-65 转账凭证

2024年11月30日　　　　　　　　　　　　　　　　　　　　　　　　转字第6号

摘要	会计科目		√	借方金额	√	贷方金额
	总账科目	明细科目		千百十万千百十元角分		千百十万千百十元角分
结转制造费用	基本生产成本	毛坯车间——全自动洗衣机	√	6 4 0 0 0 0 0		
	基本生产成本	毛坯车间——普通洗衣机	√	1 6 0 0 0 0 0		
	基本生产成本	彩涂车间——全自动洗衣机	√	3 0 0 0 0 0 0		
	基本生产成本	彩涂车间——普通洗衣机	√	1 5 0 0 0 0 0		
	基本生产成本	装配车间——全自动洗衣机	√	6 7 5 0 0 0 0		
	基本生产成本	装配车间——普通洗衣机	√	2 2 5 0 0 0 0		
	制造费用	毛坯车间			√	8 0 0 0 0 0 0
	制造费用	彩涂车间			√	4 5 0 0 0 0 0
	制造费用	装配车间			√	9 0 0 0 0 0 0
合计				2 1 5 0 0 0 0 0		2 1 5 0 0 0 0 0

财务主管：张云　　记账：王丽　　出纳：张佳　　会计：陈晓　　制单：田亮　　附件1张

业务9：归集和计算全自动洗衣机生产成本

1. 根据记账凭证，分车间登记全自动洗衣机基本生产成本明细账，见表6-66至表6-68。

表 6-66　基本生产成本明细账

车间：毛坯车间
产品：全自动洗衣机　　　　　　　　　　　　　　　　　　　　　　　　单位：元

日期		凭证编号	摘要	成本项目			
月	日			直接材料	直接人工	制造费用	合计
11	1		月初在产品成本	8 720	7 930	11 810	28 460
11	30	转 2	领用原材料	26 000			26 000
11	30	转 3	计提职工薪酬		20 000		20 000
11	30	转 6	结转制造费用			64 000	64 000
11	30		合计	34 720	27 930	75 810	138 460
11	30		应计入产成品份额	20 160	17 640	47 880	85 680
11	30		月末在产品成本	14 560	10 290	27 930	52 780

表 6-67　基本生产成本明细账

车间：彩涂车间
产品：全自动洗衣机　　　　　　　　　　　　　　　　　　　　　　　　单位：元

日期		凭证编号	摘要	成本项目			
月	日			直接材料	直接人工	制造费用	合计
11	1		月初在产品成本	17 760	6 790	1 490	26 040
11	30	转 2	领用原材料	7 200			7 200
11	30	转 3	计提职工薪酬		20 000		20 000
11	30	转 6	结转制造费用			30 000	30 000
11	30		合计	24 960	26 790	31 490	83 240
11	30		应计入产成品份额	17 280	20 520	24 120	61 920
11	30		月末在产品成本	7 680	6 270	7 370	21 320

表 6-68　基本生产成本明细账

车间：装配车间
产品：全自动洗衣机　　　　　　　　　　　　　　　　　　　　　　　　单位：元

日期		凭证编号	摘要	成本项目			
月	日			直接材料	直接人工	制造费用	合计
11	1		月初在产品成本	2 160	4 560	468	7 188
11	30	转 2	领用原材料	60 000			60 000
11	30	转 3	计提职工薪酬		30 000		30 000
11	30	转 6	结转制造费用			67 500	67 500
11	30		合计	62 160	34 560	67 968	164 688
11	30		应计入产成品份额	53 280	32 400	63 720	149 400
11	30		月末在产品成本	8 880	2 160	4 248	15 288

2. 采用约当产量法，将各车间（步骤）的生产费用在完工产品和月末在产品之间进行分配，见表 6-69。

表 6-69　本月生产费用摘录表

2024 年 11 月　　　　　　　　　　　　　　　　　　　　　　　　单位：元

项目	毛坯车间 全自动	毛坯车间 普通	彩涂车间 全自动	彩涂车间 普通	装配车间 全自动	装配车间 普通
直接材料	26 000	4 000	7 200	4 800	60 000	25 000
直接人工	20 000	5 000	20 000	10 000	30 000	10 000
制造费用	64 000	16 000	30 000	15 000	67 500	22 500
合计	110 000	25 000	57 200	29 800	157 500	57 500

生产费用在完工产品和广义在产品之间的分配计算过程如下：

（1）毛坯车间。

1）直接材料费用分配如下：

$$\text{分配率} = \frac{8\,720 + 26\,000}{360 + (100 + 100 + 60)} = 56$$

应计入产成品的份额 $= 56 \times 360 = 20\,160$（元）

月末在产品成本 $= 56 \times (100 + 100 + 60) = 14\,560$（元）

2）直接人工费用分配如下：

$$\text{分配率} = \frac{7\,930 + 20\,000}{360 + (100 \times 50\% + 100 + 60)} = 49$$

应计入产成品的份额 $= 49 \times 360 = 17\,640$（元）

月末在产品成本 $= 49 \times 210 = 10\,290$（元）

3）制造费用分配如下：

$$\text{分配率} = \frac{11\,810 + 64\,000}{360 + (100 \times 50\% + 100 + 60)} = 133$$

应计入产成品的份额 $= 133 \times 360 = 47\,880$（元）

月末在产品成本 $= 133 \times 210 = 27\,930$（元）

（2）彩涂车间。

1）直接材料费用分配如下：

$$\text{分配率} = \frac{17\,760 + 7\,200}{360 + (100 + 60)} = 48$$

应计入产成品的份额 $= 48 \times 360 = 17\,280$（元）

月末在产品成本 $= 48 \times 160 = 7\,680$（元）

2) 直接人工费用分配如下：

$$\text{分配率} = \frac{6\,790 + 20\,000}{360 + (100 \times 50\% + 60)} = 57$$

应计入产成品的份额 $= 57 \times 360 = 20\,520$（元）

月末在产品成本 $= 57 \times 110 = 6\,270$（元）

3) 制造费用分配如下：

$$\text{分配率} = \frac{1\,490 + 30\,000}{360 + (100 \times 50\% + 60)} = 67$$

应计入产成品的份额 $= 67 \times 360 = 24\,120$（元）

月末在产品成本 $= 67 \times 110 = 7\,370$（元）

3. 编制全自动洗衣机产品成本汇总表，并在产品成本汇总表中计算出产品总成本和单位成本，见表 6-70。

表 6-70 产品成本汇总表

产品名称：全自动洗衣机

产量：360 件
金额单位：元

项目	直接材料	直接人工	制造费用	合计
毛坯车间成本份额	20 160	17 640	47 880	85 680
彩涂车间成本份额	17 280	20 520	24 120	61 920
装配车间成本份额	53 280	32 400	63 720	149 400
产成品总成本	90 720	70 560	135 720	297 000
单位成本	252	196	377	825

业务 10：归集和计算普通洗衣机生产成本

1. 根据记账凭证，分车间登记普通洗衣机基本生产成本明细账，见表 6-71 至表 6-73。

表 6-71 基本生产成本明细账

车间：毛坯车间
产品：普通洗衣机

单位：元

日期 月	日期 日	凭证编号	摘要	成本项目 直接材料	直接人工	制造费用	合计
11	1		月初在产品成本	18 550	5 000	1 500	25 050
11	30	转 2	领用原材料	4 000			4 000
11	30	转 3	计提职工薪酬		5 000		5 000
11	30	转 6	结转制造费用			16 000	16 000
11	30		合计	22 550	10 000	17 500	50 050
11	30		应计入产成品份额	12 300	6 000	10 500	28 800
11	30		月末在产品成本	10 250	4 000	7 000	21 250

表 6-72　基本生产成本明细账

车间：彩涂车间
产品：普通洗衣机　　　　　　　　　　　　　　　　　　　　　　　　单位：元

日期		凭证编号	摘要	成本项目			
月	日			直接材料	直接人工	制造费用	合计
11	1		月初在产品成本	14 100	1 890	4 680	20 670
11	30	转 2	领用原材料	4 800			4 800
11	30	转 3	计提职工薪酬		10 000		10 000
11	30	转 6	结转制造费用			15 000	15 000
11	30		合计	18 900	11 890	19 680	50 470
11	30		应计入产成品份额	12 600	8 700	14 400	35 700
11	30		月末在产品成本	6 300	3 190	5 280	14 770

表 6-73　基本生产成本明细账

车间：装配车间
产品：普通洗衣机　　　　　　　　　　　　　　　　　　　　　　　　单位：元

日期		凭证编号	摘要	成本项目			
月	日			直接材料	直接人工	制造费用	合计
11	1		月初在产品成本	1 250	1 880	270	3 400
11	30	转 2	领用原材料	25 000			25 000
11	30	转 3	计提职工薪酬		10 000		10 000
11	30	转 6	结转制造费用			22 500	22 500
11	30		合计	26 250	11 880	22 770	60 900
11	30		应计入产成品份额	22 500	10 800	20 700	54 000
11	30		月末在产品成本	3 750	1 080	2 070	6 900

2. 采用约当产量法，将各车间（步骤）的生产费用在完工产品和月末在产品之间进行分配。

(1) 毛坯车间。

1) 直接材料费用分配如下：

$$\text{分配率} = \frac{18\,550 + 4\,000}{300 + (100 + 100 + 50)} = 41$$

应计入产成品的份额 $= 41 \times 300 = 12\,300$（元）

月末在产品成本 $= 41 \times 250 = 10\,250$（元）

2) 直接人工费用分配如下：

$$\text{分配率} = \frac{5\,000 + 5\,000}{300 + (100 \times 50\% + 100 + 50)} = 20$$

应计入产成品的份额 $= 20 \times 300 = 6\,000$（元）

月末在产品成本＝20×200＝4 000(元)

3) 制造费用分配如下：

$$分配率 = \frac{1\ 500 + 16\ 000}{300 + (100 \times 50\% + 100 + 50)} = 35$$

应计入产成品的份额＝35×300＝10 500(元)

月末在产品成本＝35×200＝7 000(元)

(2) 彩涂车间。

1) 直接材料费用分配如下：

$$分配率 = \frac{14\ 100 + 4\ 800}{300 + (100 + 50)} = 42$$

应计入产成品的份额＝42×300＝12 600(元)

月末在产品成本＝42×150＝6 300(元)

2) 直接人工费用分配如下：

$$分配率 = \frac{1\ 890 + 10\ 000}{300 + (100 \times 60\% + 50)} = 29$$

应计入产成品的份额＝29×300＝8 700(元)

月末在产品成本＝29×110＝3 190(元)

3) 制造费用分配如下：

$$分配率 = \frac{4\ 680 + 15\ 000}{300 + (100 \times 60\% + 50)} = 48$$

应计入产成品的份额＝48×300＝14 400(元)

月末在产品成本＝48×110＝5 280(元)

(3) 装配车间。

1) 直接材料费用分配如下：

$$分配率 = \frac{1\ 250 + 25\ 000}{300 + 50} = 75$$

应计入产成品的份额＝75×300＝22 500(元)

月末在产品成本＝75×50＝3 750(元)

2) 直接人工费用分配如下：

$$分配率 = \frac{1\ 880 + 10\ 000}{300 + 50 \times 60\%} = 36$$

应计入产成品的份额＝36×300＝10 800(元)

月末在产品成本＝36×30＝1 080(元)

3）制造费用分配如下：

$$分配率 = \frac{270 + 22\,500}{300 + 50 \times 60\%} = 69$$

应计入产成品的份额 = 69×300 = 20 700（元）

月末在产品成本 = 69×30 = 2 070（元）

3. 编制普通洗衣机产品成本汇总表，并在产品成本汇总表中计算出产成品总成本和单位成本，见表6-74。

表6-74 产品成本汇总表

产品名称：普通洗衣机

产量：300件
金额单位：元

项目	直接材料	直接人工	制造费用	合计
毛坯车间成本份额	12 300	6 000	10 500	28 800
彩涂车间成本份额	12 600	8 700	14 400	35 700
装配车间成本份额	22 500	10 800	20 700	54 000
产成品总成本	47 400	25 500	45 600	118 500
单位成本	158	85	152	395

业务11：编制产成品入库记账凭证

根据产品成本汇总表，编制产成品入库记账凭证，见表6-75。

表6-75 转账凭证

2024年11月30日　　　　　　　　　　　　　　　　　　　　转字第7号

摘要	会计科目（总账科目）	会计科目（明细科目）	借方金额	贷方金额
结转产成品成本	库存商品	全自动洗衣机	297 000.00	
	库存商品	普通洗衣机	118 500.00	
	基本生产成本	毛坯车间——全自动洗衣机		85 680.00
	基本生产成本	毛坯车间——普通洗衣机		28 800.00
	基本生产成本	彩涂车间——全自动洗衣机		61 920.00
	基本生产成本	彩涂车间——普通洗衣机		35 700.00
	基本生产成本	装配车间——全自动洗衣机		149 400.00
	基本生产成本	装配车间——普通洗衣机		54 000.00
合计			415 500.00	415 500.00

财务主管：张云　　记账：王丽　　出纳：张佳　　会计：陈晓　　制单：田亮　　附件2张

教材部分习题答案

练习题

1. 分批法

登记502批甲产品的成本明细账,见表6-76。

表6-76 产品成本明细账

产品批号:502　　购货单位:××公司　　投产日期:6月
产品名称:甲　　批量:20台　　完工日期:7月(本月完工8台)
　　　　　　　　　　　　　　　　　　　单位:元

摘要	直接材料	直接人工	制造费用	合计
本月费用	48 000	27 000	18 000	93 000
完工8台成本	19 200	12 000	8 000	39 200
月末在产品费用	28 800	15 000	10 000	53 800

产品成本明细账中的有关数字计算如下:

$$直接材料费用分配率 = \frac{48\,000}{8+12} = 2\,400$$

完工产品直接材料费用 = 8×2 400 = 19 200(元)

在产品直接材料费用 = 12×2 400 = 28 800(元)

$$直接人工费用分配率 = \frac{27\,000}{400+500} = 30$$

完工产品直接人工费用 = 400×30 = 12 000(元)

在产品直接人工费用 = 500×30 = 15 000(元)

$$制造费用分配率 = \frac{18\,000}{400+500} = 20$$

完工产品制造费用 = 400×20 = 8 000(元)

在产品制造费用 = 500×20 = 10 000(元)

2. 简化分批法

(1) 该企业基本生产成本二级账如表6-77所示。

表6-77 基本生产成本二级账　　　　　　单位:元

月	日	摘要	直接材料	工时	直接人工	制造费用	合计
9	30	月末累计	76 000	(2 300)	34 500	46 000	156 500
		分配率			15	20	
		本月完工转出	38 000	(1 300)	19 500	26 000	83 500
		在产品	38 000	(1 000)	15 000	20 000	73 000

其中，间接计入费用分配率：

直接人工费用分配率 = $\frac{34\,500}{2\,300}$ = 15

制造费用分配率 = $\frac{46\,000}{2\,300}$ = 20

(2) 各批完工产品成本明细账见表 6-78 至表 6-81。

表 6-78 产品成本明细账

产品批号：9420　　　　　　　　　　　　　　　　　　　　　　投产日期：8月
产品名称：甲　产品批量：5件　　　　　　　　　　　　　　　　完工日期：9月
　　　　　　　　　　　　　　　　　　　　　　　　　　　　　　单位：元

月	日	摘要	直接材料	工时	直接人工	制造费用	合计
9	30	月末累计及分配率	20 000	(500)	15	20	
		本月完工转出（5件）	20 000	(500)	7 500	10 000	37 500
		单位成本	4 000		1 500	2 000	7 500

表 6-79 产品成本明细账

产品批号：9421　　　　　　　　　　　　　　　　　　　　　　投产日期：8月
产品名称：乙　产品批量：10件　　　　　　　　　　　　　　　完工日期：9月（完工6件）
　　　　　　　　　　　　　　　　　　　　　　　　　　　　　　单位：元

月	日	摘要	直接材料	工时	直接人工	制造费用	合计
9	30	月末累计及分配率	30 000	(1 000)	15	20	
		本月完工转出（6件）	18 000	(800)	12 000	16 000	46 000
		单位成本	3 000		2 000	2 666.67	7 666.67
		在产品	12 000	(200)			

表 6-80 产品成本明细账

产品批号：9422　　　　　　　　　　　　　　　　　　　　　　投产日期：8月
产品名称：丙　产品批量：5件　　　　　　　　　　　　　　　　完工日期：
　　　　　　　　　　　　　　　　　　　　　　　　　　　　　　单位：元

月	日	摘要	直接材料	工时	直接人工	制造费用	合计
9	30	月末累计	15 000	(400)			

表 6-81 产品成本明细账

产品批号：9423　　　　　　　　　　　　　　　　　　　　　　投产日期：9月
产品名称：丁　产品批量：6件　　　　　　　　　　　　　　　　完工日期：
　　　　　　　　　　　　　　　　　　　　　　　　　　　　　　单位：元

月	日	摘要	直接材料	工时	直接人工	制造费用	合计
9	30	月末累计	11 000	(400)			

3. 逐步结转分步法（按实际成本综合结转）

(1) 计算并结转本月完工甲半成品成本；计算本月出库甲半成品单位成本和

总成本，结转其总成本，并据以计算甲产成品成本。根据以上计算结果登记产品成本明细账和自制半成品明细账见表6-82至表6-84。

表6-82 产品成本明细账
20××年10月

第一车间：甲半成品　　产量：500件　　　　　　　　　　　　　　　　单位：元

成本项目	月初在产品定额费用	本月费用	生产费用合计	完工半成品成本	月末在产品定额费用
直接材料	2 000	6 500	8 500	6 400	2 100
直接人工	1 200	3 200	4 400	2 600	1 800
制造费用	2 500	6 500	9 000	6 000	3 000
合计	5 700	16 200	21 900	15 000	6 900
单位成本	—	—	—	30	—

表6-83 自制半成品明细账

半成品名称：甲半成品　　　　　　　　　　　　　　　　　　　　　　　单位：元

月份	月初余额 数量（件）	月初余额 实际成本	本月增加 数量（件）	本月增加 实际成本	合计 数量（件）	合计 实际成本	合计 单位成本	本月减少 数量（件）	本月减少 实际成本
10	400	10 200	500	15 000	900	25 200	28	700	19 600
11	200	5 600							

表6-84 产品成本明细账

第二车间：甲产成品　　　　20××年10月　　　　　　　产量：350件
　　　　　　　　　　　　　　　　　　　　　　　　　　　单位：元

成本项目	月初在产品定额费用	本月费用	生产费用合计	产成品成本 总成本	产成品成本 单位成本	月末在产品定额费用
半成品	6 000	19 600	25 600	20 600	58.86	5 000
直接人工	1 500	4 000	5 500	3 900	11.14	1 600
制造费用	3 000	9 000	12 000	9 500	27.14	2 500
合计	10 500	32 600	43 100	34 000	97.14	9 100

（2）编制结转半成品成本和产成品成本的会计分录。

1）借：自制半成品　　　　　　　　　　　　　　　　　　　　　　　　15 000
　　　贷：基本生产成本　　　　　　　　　　　　　　　　　　　　　　　　15 000
2）借：基本生产成本　　　　　　　　　　　　　　　　　　　　　　　19 600
　　　贷：自制半成品　　　　　　　　　　　　　　　　　　　　　　　　　19 600
3）借：库存商品　　　　　　　　　　　　　　　　　　　　　　　　　34 000
　　　贷：基本生产成本　　　　　　　　　　　　　　　　　　　　　　　　34 000

(3) 进行成本还原。

成本还原计算表见表6-85。

表6-85 成本还原计算表   单位：元

项目	还原分配率	半成品	直接材料	直接人工	制造费用	成本合计
还原前产成品成本	—	20 600		3 900	9 500	34 000
本月所产半成品成本	—		6 400	2 600	6 000	15 000
成本还原	$\frac{20\,600}{15\,000}=1.373\,3$	−20 600	8 789.33	3 570.67	8 240	0
还原后产成品成本	—		8 789.33	7 470.67	17 740	34 000

4. 平行结转分步法

(1) 第一生产步骤的费用分配如下：

1) 直接材料费用的分配。

$$\text{分配率}=\frac{5\,400+53\,400}{2\,150+100+200}=24$$

应计入产成品的份额 = 2 150×24 = 51 600(元)

月末在产品成本 = 300×24 = 7 200(元)

2) 直接人工费用的分配。

月末在产品约当产量 = 100×50% + 200 = 250(件)

$$\text{分配率}=\frac{2\,100+26\,700}{2\,150+250}=12$$

应计入产成品的份额 = 2 150×12 = 25 800(元)

月末在产品成本 = 250×12 = 3 000(元)

3) 制造费用的分配。

$$\text{分配率}=\frac{1\,200+18\,000}{2\,150+250}=8$$

应计入产成品的份额 = 2 150×8 = 17 200(元)

月末在产品成本 = 250×8 = 2 000(元)

(2) 第二生产步骤的费用分配。

1) 直接人工费用的分配。

月末在产品的约当产量 = 200×50% = 100(件)

$$\text{分配率}=\frac{2\,400+35\,850}{2\,150+100}=17$$

应计入产成品的份额 = 2 150×17 = 36 550(元)

月末在产品成本 = 100×17 = 1 700(元)

2) 制造费用的分配。

$$分配率 = \frac{1\,600+20\,900}{2\,150+100} = 10$$

应计入产成品的份额 = 2 150×10 = 21 500(元)

月末在产品成本 = 100×10 = 1 000(元)

(3) 登记产品成本明细账，见表6-86和表6-87。

表6-86　产品成本明细账

第一生产步骤　　　　　　　　　　　　　　　　　　　　　　　　　　　　单位：元

项目	直接材料	直接人工	制造费用	合计
月初在产品成本	5 400	2 100	1 200	8 700
本月生产费用	53 400	26 700	18 000	98 100
合计	58 800	28 800	19 200	106 800
应计入产成品成本份额	51 600	25 800	17 200	94 600
月末在产品成本	7 200	3 000	2 000	12 200

表6-87　产品成本明细账

第二生产步骤　　　　　　　　　　　　　　　　　　　　　　　　　　　　单位：元

项目	直接材料	直接人工	制造费用	合计
月初在产品成本		2 400	1 600	4 000
本月生产费用		35 850	20 900	56 750
合计		38 250	22 500	60 750
应计入产成品成本份额		36 550	21 500	58 050
月末在产品成本		1 700	1 000	2 700

(4) 编制产成品成本汇总表，见表6-88。

表6-88　产成品成本汇总表　　　　　　　　　　　　　　　　　　　　　　单位：元

项目	直接材料	直接人工	制造费用	合计
第一生产步骤份额	51 600	25 800	17 200	94 600
第二生产步骤份额		36 550	21 500	58 050
产成品总成本（2 150件）	51 600	62 350	38 700	152 650
单位成本	24	29	18	71

编制会计分录如下：

借：库存商品——乙　　　　　　　　　　　　　　　　　　　　　　　152 650

　　贷：基本生产成本——第一生产步骤　　　　　　　　　　　　　　94 600

　　　　　　　　　　——第二生产步骤　　　　　　　　　　　　　　58 050

案例题

[案例1]

1. 由于两种产品均属于大量、大批的多步骤生产，管理上要求分步骤归集费用，计算成本，因此两种产品均应采用分步法计算产品成本。

由于甲产品的半成品除供本企业加工甲产品所用外，还对外销售，需要计算半成品成本，因此甲产品的成本计算应采用逐步结转分步法。由于乙产品的半成品种类较多，且管理上不需要计算半成品成本，因此为了简化和加速核算可以采用平行结转分步法计算成本。

2. 在成本计算工作方面：由于甲产品的计划和定额管理工作的基础很扎实，各项消耗定额比较准确、稳定，因此，为了简化和加速成本核算工作，便于考核各步骤工作业绩和分析经济责任，甲半成品成本应按计划成本进行综合结转。在这种半成品成本结转方式下，为了满足管理上从整个企业角度考核和分析其甲产品的成本构成情况，甲产品应该进行成本还原。

3. 由于两种产品的生产已经定型，定额管理工作的基础都很扎实，各项消耗定额比较准确、稳定，甲产品的各月末在产品数量稳定，乙产品的各月末在产品数量变动较大，因此甲、乙两种产品的完工产品与在产品之间的费用分配，应分别采用在产品按定额成本计价法和定额比例法。

4. 甲产品的在产品的数量资料和工时资料等用于计算在产品定额成本所需要的数据可以通过实地盘点确认。由于乙产品的半成品的种类较多，为了简化核算工作，完工产品与在产品分配费用所需要的在产品定额成本资料，可以根据账面的记录采用倒轧的方法取得。

[案例2]

1. 分别采用间接计入费用当月分配法和间接计入费用累计分配法，计算1月份投产的4批产品从投产到最终全部完工应负担的间接计入费用，并对两种方法的计算结果进行比较。

（1）采用一般分批法（间接计入费用当月分配法）：

1) 1101批产品成本计算：

1月负担费用：(84 000÷3 500)×1 800＝43 200(元)

2月负担费用：(72 000÷3 600)×500＝10 000(元)

3月负担费用：(60 000÷4 000)×400＝6 000(元)

合计　　　　　　　　　　　　　59 200 元

2) 1201批产品成本计算：

1月负担费用：(84 000÷3 500)×700＝16 800(元)

2月负担费用：(72 000÷3 600)×800＝16 000(元)

3月负担费用：(60 000÷4 000)×600＝9 000(元)

   合计   41 800 元

3) 1301 批产品成本计算：

1月负担费用：(84 000÷3 500)×600＝14 400(元)

2月负担费用：(72 000÷3 600)×900＝18 000(元)

   合计   32 400 元

4) 1401 批产品成本计算：

1月负担费用：(84 000÷3 500)×400＝9 600(元)

2月负担费用：(72 000÷3 600)×300＝6 000(元)

3月负担费用：(60 000÷4 000)×1 300＝19 500(元)

   合计   35 100 元

(2) 采用简化分批法计算：

1月：

$$间接计入费用分配率 = \frac{84\ 000}{3\ 500} = 24$$

1101 批甲产品 2 件完工产品应负担的间接计入费用＝300×24＝7 200(元)

2月：

$$间接计入费用分配率 = \frac{84\ 000 + 72\ 000 - 7\ 200}{3\ 500 + 3\ 600 - 300} = 21.88$$

1101 批 8 件完工产品应负担的间接计入费用＝1 200×21.88＝26 256(元)

1201 批 8 件完工产品应负担的间接计入费用＝1 040×21.88＝22 755.2(元)

1301 批 10 件完工产品应负担的间接计入费用＝(600＋900)×21.88＝32 820(元)

3月：

$$间接计入费用分配率 = \frac{84\ 000 + 72\ 000 + 60\ 000 - 7\ 200 - 81\ 831.2}{3\ 500 + 3\ 600 + 4\ 000 - 300 - 3\ 740}$$

$$= \frac{126\ 968.8}{7\ 060} = 17.98$$

1101 批 8 件完工产品应负担的间接计入费用＝(1 800＋500＋400－300－1 200)×17.98

＝21 576(元)

$$\begin{matrix}1201\text{ 批 }8\text{ 件完工产品}\\ \text{应负担的间接计入费用}\end{matrix}=(700+800+600-1\,040)\times17.98=19\,058.8(元)$$

$$\begin{matrix}1401\text{ 批 }8\text{ 件完工产品}\\ \text{应负担的间接计入费用}\end{matrix}=(400+300+1\,300)\times17.98=35\,960(元)$$

综合以上计算结果，各批产品应负担的间接计入费用：

$$\begin{matrix}1101\text{ 批 }18\text{ 件完工产品}\\ \text{应负担的间接计入费用}\end{matrix}=7\,200+26\,256+21\,576=55\,032(元)$$

$$\begin{matrix}1201\text{ 批 }16\text{ 件完工产品}\\ \text{应负担的间接计入费用}\end{matrix}=22\,755.2+19\,058.8=41\,814(元)$$

1301 批 10 件完工产品应负担的间接计入费用＝32 820(元)

1401 批 8 件完工产品应负担的间接计入费用＝35 960(元)

（3）采用简化分批法与采用当月分配法计算结果的比较。

1101 批产品：55 032－59 200＝－4 168(元)

1201 批产品：41 814－41 800＝14(元)

1301 批产品：32 820－32 400＝420(元)

1401 批产品：35 960－35 100＝860(元)

2. 讨论两种方法的计算结果存在差异的原因。

（1）以当月分配法的分配结果为基准，对简化分批法下所形成的差异及其原因进行数量分析。

1) 1101 批产品的差异为－4 168 元。其形成原因是：1 月份消耗工时 1 800 小时，占其全部工时的 66.67%（1 800/2 700），但其 1 月份完工产品的工时仅为 300 小时，本应承担 43 200 元的费用，实际只承担了 7 200 元的费用，差异为－36 000 元；2 月份耗用工时 500 小时，应负担费用 10 000 元，实际负担费用 26 256 元，差异为 16 256 元；3 月份耗用工时 400 小时，应负担费用 6 000 元，实际负担费用 21 576 元，差异为 15 576 元。

2) 1201 批产品的差异为 14 元。其形成原因是：1 月份消耗工时 700 小时，应负担费用 16 800 元，由于 1 月份没有完工产品，没有负担费用，因此差异为－16 800 元；2 月份消耗工时 800 小时，应负担费用 16 000 元，实际负担费用 22 755.2 元，差异为 6 755.2 元；3 月份消耗工时 600 小时，应负担费用 9 000 元，实际负担费用 19 058.8 元，差异为 10 058.8 元。

3) 1301 批产品的差异为 420 元。其形成原因是：1 月份消耗工时 600 小时，应负担费用 14 400 元，由于 1 月份没有完工产品，没有负担费用，因此差异为－14 400 元；2 月份消耗工时 900 小时，应负担费用 18 000 元，实际负担费用

32 820 元，差异为 14 820 元。

4) 1401 批产品的差异为 860 元。其形成原因是：1 月份消耗工时 400 小时，应负担费用 9 600 元，由于 1 月份没有完工产品，没有负担费用，因此差异为 −9 600 元；2 月份消耗工时 300 小时，应负担费用 6 000 元，由于 2 月份也没有完工产品，没有负担费用，因此差异为 −6 000 元；3 月份消耗工时 1 300 小时，占其全部工时的 65%（1 300/2 000），应负担费用 19 500 元，实际负担费用 35 960 元，差异为 16 460 元。

(2) 对以上计算和数量分析的进一步说明。

从前面采用不同的费用分配法的计算过程可以看出，在当月分配法下，1 月、2 月、3 月三个月的间接计入费用分配率分别是 24、20 和 15（这种分配率是各月费用水平的体现），呈下降趋势，且各月费用水平差别较大。在简化分批法下，1 月、2 月、3 月三个月的间接计入费用分配率分别是 24、21.88 和 17.98，其下降幅度比较平缓，其后两个月的间接计入费用分配率还高于当月分配法下的间接计入费用分配率。这种下降幅度的平缓化是由于采用累计分配法所产生的费用水平递延效应的结果。因此，在本案例的上述情况（各月的间接计入费用水平差别较大，且呈下降趋势）下，如果采用简化分批法，就会出现费用负担的不合理现象，即与当月分配法相比较出现较大差异。具体说来：1) 在费用水平较高的月份（如 1 月份）所消耗的工时较多，但完工产品并不多，即大部分产品是在费用水平较低月份完工的批别（如 1101 批产品），其所负担的费用会少一些；2) 在费用水平较高的月份消耗了较少的工时，完工产品很少或根本没有完工产品，而在费用水平较低月份消耗了较多的工时，且有较多的完工产品或产品一次全部完工的批别（如 1401 批产品），其所负担的费用就会多一些。

(3) 从本案例所揭示的问题出发，对简化分批法适用情况进行探讨。

本案例只是在各月间接计入费用水平呈下降趋势，且差别较大的情况下，对间接计入费用采用当月分配法和累计分配法进行分配，加以分析和研究。所得出的结论是：在这种情况下，如果采用累计分配法，所产生的差异有可能较大，除非每月投入的各批产品都在本月完工，但这又不是采用简化分批法的前提（采用简化分批法的前提是，同一月份投产的批数很多，且月末未完工的批数也较多的情况），因此，不适用简化分批法。

实际上，由上述情况我们不难推出：1) 在各月间接计入费用水平呈上升趋势，且差别较大的情况下，如果采用累计分配法，由于费用水平的递延效应，即较低的费用水平向后推移，使费用分配率上升幅度的平缓化，从而出现费用负担的不合理现象。2) 即使在各月间接计入费用水平变化没有规律，只要其各月相差悬殊，就不宜采用简化分批法进行费用的分配。这是因为从根本上讲，累计分配法所计算出的分配率并不能准确地代表各月的费用水平,而在各月费用水平相差悬殊的情况下,由累计分配法所具有的平缓各月费用分配率的特性所决定,它会使既有的问题变得更为突出,即在各月费用水平相差悬殊的情况下,如果采用累计分配法就有可能使费用负担发生不应有的偏低或偏高现象。

第 7 章　产品成本计算的辅助方法

学习指导

本章阐述产品成本计算的辅助方法——分类法、定额法和标准成本法，以及各种成本计算方法的实际应用。通过本章的学习应理解和掌握产品成本计算的分类法、定额法和标准成本法的计算程序，做到能够较为熟练地运用这三种成本计算方法进行产品成本的计算；明确各种成本计算方法在企业的实际生产经营过程中是如何应用的。本章各节的内容和学习要点见表 7-1。

表 7-1　主要内容和学习要点

章节	主要内容	学习要点
7.1 分类法	分类法的特点和计算程序	▲分类法是为了简化成本计算工作而采用的一种成本计算方法 ▲在分类法下，先按照产品类别归集生产费用，计算成本；类内同品种（或规格）产品的成本按照一定的分配方法确定 ▲在分类法下，为了简化类内各种产品之间的费用分配工作，可采用系数法
	分类法的适用范围、优缺点和应用条件	▲分类法与生产的类型无直接关系，即产品凡是品种、规格繁多，又可以按照一定标准划分为若干类别的企业或车间，均可以采用分类法计算成本 ▲联产品最适宜，也只能采用分类法计算成本 ▲由于个人操作原因造成的等级产品不能采用分类法的原理计算成本 ▲分类法可以简化成本计算工作，并且可以分类掌握产品成本情况 ▲分类法下的成本计算结果有一定的假定性 ▲采用分类法计算成本，产品的类距一定要恰当，类内费用分配标准的选择一定要合理
	联产品、副产品和等级产品成本的计算	▲费用在联产品之间、主副产品之间以及等级产品之间分配的特点

续表

章节	主要内容	学习要点
7.2 定额法	定额法的特点	▲定额法是将事先的成本计划、事中的成本控制以及成本的核算相结合的一种成本管理制度
	定额法的计算程序	▲消耗定额和费用定额等的制定和定额成本的计算以及定额成本与计划成本的联系与区别 ▲各项脱离定额差异的核算、材料成本差异的分配以及定额变动差异的核算 ▲脱离定额差异率的计算以及完工产品与月末在产品实际成本的计算
	定额法的优缺点和应用条件	▲定额法有利于加强成本控制，有利于成本的定期分析，有利于提高成本的定额管理水平，能够较为合理、简便地解决完工产品和月末在产品之间费用的分配问题 ▲比其他成本计算方法的核算工作量大 ▲定额管理制度比较健全，定额管理工作基础较好，产品已经定型，消耗定额比较准确、稳定的企业可以采用定额法计算成本
7.3 标准成本法	成本的习性及成本的分类	▲固定成本、变动成本及完全成本法和变动成本法的含义
	标准成本法的特点	▲标准成本法是以预先制定的标准成本为基础，将实际发生的成本与标准成本进行比较，核算和分析成本差异的一种成本计算方法
	标准成本的制定	▲各个成本项目的标准成本的制定方法
	成本差异的计算和分析	▲成本差异种类及各种成本差异的计算分析方法
	标准成本法的账务处理，标准成本法与定额法的异同	▲标准成本法账务处理的特点及具体账务处理过程 ▲标准成本法与定额法的主要区别
7.4 各种成本计算方法的实际应用	几种产品成本计算方法同时应用	▲一个企业的各个生产车间的生产类型不同，可以采用不同的成本计算方法 ▲一个企业的各个生产车间的生产类型相同，但管理的要求不同，可以采用不同的成本计算方法 ▲一个车间生产多种产品，由于各种产品的生产类型或管理要求不同，可以采用不同的成本计算方法
	几种产品成本计算方法结合应用	▲一种产品的不同生产步骤，由于生产特点和管理要求不同，可以采用不同的成本计算方法 ▲在一种产品的不同零件之间，由于管理上的要求不同，可以采用不同的成本计算方法 ▲一种产品的不同成本项目，可以采用不同的成本计算方法

练习题

（一）名词解释

1. 分类法
2. 系数法
3. 联产品
4. 副产品
5. 定额法
6. 定额成本
7. 脱离定额的差异
8. 定额变动差异
9. 成本习性
10. 固定成本
11. 约束性固定成本
12. 酌量性固定成本
13. 变动成本
14. 混合成本
15. 变动成本法
16. 生产边际贡献
17. 边际贡献
18. 标准成本法
19. 标准成本
20. 理想标准成本
21. 正常标准成本
22. 现实标准成本
23. 成本差异
24. 直接材料成本差异
25. 直接材料价格差异
26. 直接材料用量差异
27. 直接人工成本差异
28. 直接人工工资率差异
29. 直接人工效率差异
30. 变动制造费用差异
31. 固定制造费用差异

（二）判断题（正确的画"√"，错误的画"×"，并说明理由）

1. 只要产品的品种、规格繁多，就可以采用分类法计算产品成本。（   ）
2. 分类法是以产品类别为成本计算对象的一种产品成本计算的基本方法。（   ）
3. 按照系数分配计算类内各种产品成本的方法，是一种简化的分类法。（   ）
4. 在按系数在类内各种产品之间分配费用的情况下，若系数是按消耗定额或费用定额计算确定的，则按系数分配的结果与直接按定额消耗量或定额比例分配的结果相同。（   ）
5. 分类法的适用与否与产品的生产类型有着直接的关系。（   ）
6. 联产品必须采用分类法计算成本。（   ）
7. 产品内部结构、所用原材料、工艺技术过程完全相同，但由于工人操作而造成的质量等级不同的产品，可以应用分类法的原理，按照不同售价在它们之间分配费用。（   ）
8. 采用分类法计算出的类内各种产品的成本具有一定的假定性。（   ）
9. 主产品、副产品在分离前应合为一类产品计算成本。（   ）
10. 副产品在与主产品分离后，还需要单独进行加工的，应按其分离后继续

加工的生产特点和管理要求单独计算成本。( )

11. 定额成本是一种目标成本，是企业进行成本控制和考核的依据。( )
12. 定额法是一种单纯计算产品实际成本的成本计算方法。( )
13. 编制定额成本计算表时，所采用的成本项目和成本计算方法，应与编制计划成本、计算实际成本时所采用的成本项目和成本计算方法一致。( )
14. 限额领料单所列领料限额，就是本期实际投产产品的材料定额消耗量。( )
15. 在定额法下，退料单是一种差异凭证。( )
16. 进行材料切割核算时，回收废料超过定额的差异可以冲减材料费用。( )
17. 在计件工资形式下，生产工人工资属于直接计入费用，因而其脱离定额差异的核算与原材料相似。( )
18. 在计时工资形式下，生产工人工资脱离定额的差异一般不能按照产品进行日常核算。( )
19. 在生产两种或两种以上产品的车间中，制造费用脱离定额的差异不能按照产品进行日常核算。( )
20. 直接材料定额费用是定额消耗量与计划单位成本的乘积。( )
21. 直接材料脱离定额的差异，是按计划单位成本反映的数量差异。( )
22. 定额变动差异反映的是生产费用的实际支出符合定额的程度。( )
23. 在计算月初在产品定额变动差异时，若是定额降低的差异，应从月初在产品定额成本中减去，同时加入本月产品成本中。( )
24. 产品的直接材料定额费用与直接材料脱离定额差异的代数和，乘以材料成本差异分配率，是产品所耗原材料应负担的原材料成本差异。( )
25. 定额法的优点是较其他成本计算方法核算工作量要小。( )
26. 只有大批大量生产的企业才能采用定额法计算产品成本。( )
27. 一个企业或车间有可能同时应用几种成本计算方法。( )
28. 对于同一种产品只能采用一种成本计算方法。( )
29. 固定成本是指其总额始终保持不变的成本。( )
30. 在一定时期和一定业务量范围内，单位固定成本不受业务量变动的影响。( )
31. 经营能力成本的发生额一般在短期内很难有重大改变。( )
32. 业务量在相关范围内变动，单位变动成本是固定不变的。( )
33. 总成本是由固定成本和变动成本组成的，它兼有这两类成本的不同性质。因此，总成本实质上也是混合成本。( )
34. 从本质上讲，标准成本法是一种成本管理方法。( )

35. 由于标准成本代表了成本要素的合理近似值，因而它既是进行价格决策和投标议价的一项重要依据，也是其他长期或短期决策必须考虑的因素。（　　）

36. 直接人工效率差异，是指直接人工实际成本与直接人工标准成本之间的差额。（　　）

37. 变动制造费用耗费差异类似于直接人工效率差异。（　　）

38. 变动制造费用效率差异类似于直接材料用量差异。（　　）

39. 变动制造费用效率差异实际上反映的是产品制造过程中的工时利用问题。（　　）

40. 由于实际工时与预算工时之间的差异而造成的固定制造费用差异，称为固定制造费用耗费差异。（　　）

41. 固定制造费用效率差异的形成原因与直接人工效率差异的形成原因是相同的。（　　）

42. 从总体上看，标准成本法与定额法具有基本相同的功能和实施环节。（　　）

43. 标准成本法与定额法的根本区别在于是否为各种成本差异单独设置账户。（　　）

（三）单选题

1. 产品成本计算的分类法（　　）。
   A. 适用于品种、规格繁多的产品
   B. 适用于可以按照一定标准分类的产品
   C. 适用于品种、规格繁多，而且可以按照产品结构、所用原材料和工艺过程的不同划分为若干类别的产品
   D. 只适用于大批、大量生产的产品

2. 采用分类法的目的在于（　　）。
   A. 分类计算产品成本
   B. 简化各种产品的成本计算工作
   C. 简化各类产品的成本计算工作
   D. 准确计算各种产品的成本

3. 按照系数比例分配同类产品中各种产品成本的方法是（　　）。
   A. 一种完工产品和月末在产品之间分配费用的方法
   B. 一种单独的产品成本计算方法
   C. 一种简化的分类法
   D. 一种分配间接费用的方法

4. 直接材料脱离定额差异是（　　）。
   A. 数量差异　　　　　　　　B. 价格差异

C. 定额变动差异　　　　　　　D. 原材料成本差异

5. 定额法的主要缺点是（　　）。

A. 只适用于大批大量生产的机械制造企业

B. 较其他成本计算方法核算工作量大

C. 不能合理、简便地解决完工产品和月末在产品之间的费用分配问题

D. 不便于成本分析工作

6. 在完工产品成本中，如果月初在产品定额变动差异是正数，说明（　　）。

A. 定额提高了

B. 定额降低了

C. 本月定额管理和成本管理不力

D. 本月定额管理和成本管理取得了成绩

7. 产品成本计算的定额法，在适用范围上（　　）。

A. 与生产的类型没有直接关系

B. 与生产的类型有直接关系

C. 只适用于大批、大量生产的机械制造业

D. 只适用于小批、单件生产的企业

8. 成本习性是指成本（　　）。

A. 经济用途　　　　　　　　　B. 经济内容

C. 与业务量的依存关系　　　　D. 与利润的依存关系

9. 下列项目中，属于固定成本的是（　　）。

A. 直接材料成本　　　　　　　B. 房屋租金

C. 按销售量支付的佣金　　　　D. 直接人工成本

10. 下列项目中，属于约束性固定成本的是（　　）。

A. 管理人员的基本工资　　　　B. 研发费用

C. 职工培训费　　　　　　　　D. 产品包装材料费

11. 下列项目中，属于酌量性固定成本的是（　　）。

A. 保险费　　　　　　　　　　B. 研发费用

C. 厂房的折旧费　　　　　　　D. 管理人员的基本工资

12. 下列项目中，属于变动成本的是（　　）。

A. 管理人员的基本工资　　　　B. 广告费

C. 产品包装费　　　　　　　　D. 办公费

13. 在总成本计算公式 $y=a+bx$ 直线方程中，b 为直线的斜率，它代表（　　）。

A. 固定成本总额　　　　　　　B. 变动成本总额

C. 业务量　　　　　　　　　　D. 单位变动成本

14. 在变动成本法下，计入产品成本的是（　　）。

A. 变动生产成本　　　　　　　　B. 全部变动成本

C. 直接材料和直接人工　　　　　D. 全部生产成本

15. 以现有生产经营条件处于最优状态为基础确定的最低水平的成本，叫作（　　）。

A. 理想标准成本　　　　　　　　B. 正常标准成本

C. 现实标准成本　　　　　　　　D. 可达到标准成本

16. 在成本差异分析中，变动制造费用耗费差异类似于（　　）。

A. 直接人工效率差异　　　　　　B. 直接材料用量差异

C. 直接材料价格差异　　　　　　D. 直接人工成本差异

17. 在成本差异分析中，变动制造费用效率差异类似于（　　）。

A. 直接人工效率差异　　　　　　B. 直接材料价格差异

C. 直接材料成本差异　　　　　　D. 直接人工工资率差异

18. 固定制造费用效率差异是由于（　　）之间的差异而造成的固定制造费用差异。

A. 实际工时与预算工时　　　　　B. 实际工时与标准工时

C. 预算工时与标准工时　　　　　D. 实际分配率与标准分配率

19. 固定制造费用效率差异的形成原因与（　　）的形成原因相同。

A. 直接人工效率差异　　　　　　B. 直接人工工资率差异

C. 直接材料价格差异　　　　　　D. 变动制造费用耗费差异

20. 从总体上看，标准成本法与定额法的相同之处是（　　）。

A. 二者具有基本上相同的功能和实施环节

B. 二者都要计算产品的实际成本

C. 二者都要为各种成本差异单独设置账户

D. 二者一般都是将各种成本差异全部计入当期损益

（四）多选题

1. 按照系数比例分配同类产品中各种成本的方法（　　）。

A. 是一种单独的产品成本计算方法

B. 是完工产品和月末在产品之间分配费用的方法

C. 是分类法的一种

D. 是一种简化的分类法

2. 可以或者应该采用分类法计算成本的产品包括（　　）。

A. 联产品

B. 由于工人操作所造成的质量等级不同的产品

C. 品种、规格繁多，但可按规定标准分类的产品

D. 品种、规格繁多，且数量少、费用比重小的一些零星产品

3. 采用分类法计算成本的优点有（　　）。

A. 可以简化成本计算工作

B. 可以分类掌握产品成本情况

C. 可以使类内的各种产品成本的计算结果更为准确

D. 便于成本日常控制

4. 在脱离定额差异的核算中，与直接材料脱离定额差异核算方法相同或类似的有（　　）。

A. 自制半成品

B. 计件工资形式下的生产工人工资

C. 计时工资形式下的生产工人工资

D. 制造费用

5. 在定额法下，产品的实际成本是（　　）的代数和。

A. 按现行定额计算的产品定额成本

B. 脱离现行定额差异

C. 直接材料成本差异

D. 月初在产品定额变动差异

6. 定额法的主要优点有（　　）。

A. 有利于加强成本控制，便于成本定期分析

B. 有利于提高成本的定额管理和计划管理水平

C. 能够较为合理、简便地解决完工产品和月末在产品之间的费用分配问题

D. 较其他成本计算方法核算工作量小

7. 在下列项目中，属于固定成本的有（　　）。

A. 按直线法计算的固定资产折旧

B. 管理人员的工资

C. 直接材料成本

D. 研发费用

8. 在下列项目中，属于约束性固定成本的有（　　）。

A. 管理人员的基本工资　　　　B. 保险费

C. 研发费用　　　　　　　　　D. 职工培训费

9. 在下列项目中，属于酌量性固定成本的有（　　）。

A. 厂房、机器设备的折旧费　　B. 直接材料成本

C. 广告费　　　　　　　　　　D. 研发费用

10. 下列项目中，属于变动成本的有（　　）。

A. 产品包装材料费　　　　　　B. 直接材料成本

C. 直接人工成本　　　　　　　D. 按销售量支付的佣金

11. 在"总成本＝固定成本总额＋单位变动成本×业务量"的公式中，若能求出（　　）的值，就可以利用该公式进行成本预测和相关短期决策。

　　A. 固定成本总额　　　　　　　B. 单位变动成本

　　C. 业务量　　　　　　　　　　D. 单位变动成本和业务量

12. 在变动成本法下，产品成本所包括的内容有（　　）。

　　A. 直接材料　　　　　　　　　B. 直接人工

　　C. 固定制造费用　　　　　　　D. 变动制造费用

13. 在下列成本差异项目中，其形成原因与直接人工效率差异相同的有（　　）。

　　A. 直接材料价格差异　　　　　B. 变动制造费用效率差异

　　C. 固定制造费用效率差异　　　D. 固定制造费用耗费差异

14. 在成本差异分析中，变动制造费用耗费差异类似于（　　）。

　　A. 直接材料用量差异　　　　　B. 直接材料价格差异

　　C. 直接人工工资率差异　　　　D. 直接人工效率差异

15. 在成本差异分析中，变动制造费用效率差异类似于（　　）。

　　A. 直接材料用量差异　　　　　B. 直接材料价格差异

　　C. 直接人工效率差异　　　　　D. 固定制造费用耗费差异

16. 在下列各项中，属于标准成本法与定额法相同之处的有（　　）。

　　A. 一般都要将各种成本差异全部计入当期损益

　　B. 一般都要计算产品的实际成本

　　C. 都要事先制定产品应该发生的成本

　　D. 都要计算和分析成本差异

（五）核算与计算题

1. 分类法的应用

[资料]

（1）某工业企业大量生产甲、乙、丙三种产品。这三种产品的结构、所用原材料和工艺过程相近，因而归为一类（A类），采用分类法计算成本。类内各种产品之间分配费用的标准为：直接材料费用按各种产品的直接材料费用系数分配，直接材料费用系数按直接材料费用定额确定（以乙产品为标准产品）；其他费用按定额工时比例分配。

（2）甲、乙、丙三种产品的直接材料费用定额和工时消耗定额如下：

　1) 直接材料费用定额。

　　甲产品：270元；

　　乙产品：300元；

　　丙产品：450元。

2）工时消耗定额。

甲产品：10 小时；

乙产品：12 小时；

丙产品：15 小时。

（3）本月各种产品的产量。

甲产品：1 000 件；

乙产品：1 200 件；

丙产品：500 件。

（4）本月 A 类产品成本明细账见表 7 - 2（其中月初、月末在产品成本按年初固定数计算）。

表 7 - 2　产品成本明细账

产品名称：A 类　　　　　　　　　20××年×月　　　　　　　　　单位：元

项目	直接材料	直接人工	制造费用	成本合计
月初在产品成本	40 000	3 000	5 000	48 000
本月费用	900 600	111 650	175 450	1 187 700
生产费用合计	940 600	114 650	180 450	1 235 700
产品成本	900 600	111 650	175 450	1 187 700
月末在产品成本	40 000	3 000	5 000	48 000

[要求]

（1）编制直接材料费用系数计算表。

（2）采用分类法分配计算甲、乙、丙三种产品的成本，编制产品成本计算表。

2．主产品与副产品的成本计算

[资料]

（1）某工业企业在生产甲产品（主产品）的过程中，还生产可以制造乙产品（副产品）的原料。这种原料经加工处理后，即成乙产品。甲、乙产品都是单步骤大量生产，在同一车间进行。

（2）本月甲、乙两种产品的实际生产费用。

1）甲产品领用材料 120 000 元。

2）该车间的生产工人工资为 24 000 元。

3）该车间的制造费用为 30 000 元。

（3）本月甲、乙两种产品的生产工时和产量。

1）甲产品产量为 2 000 件，乙产品产量为 500 件。

2）甲产品生产工时为 11 000 小时，乙产品生产工时为 1 000 小时。

（4）本月生产甲产品的过程中生产出乙产品的原料 8 000 千克，每千克定价为 0.6 元，全部为乙产品所耗用。

（5）甲产品的在产品按所耗直接材料的定额成本计价，其月初在产品定额成本为 8 000 元，月末在产品定额成本为 9 000 元。乙产品的月末在产品很少，不计算月末在产品成本。

[要求]

（1）编制工、费分配表，计算分配主产品、副产品应负担的直接人工费用和制造费用。

（2）登记产品成本明细账，计算主产品、副产品的实际成本。

3. 定额法的应用（计算完工产品和月末在产品的直接材料费用）

[资料] 甲产品采用定额法计算成本。本月有关甲产品直接材料费用的资料如下：

（1）月初在产品定额费用为 1 000 元，月初在产品脱离定额的差异为节约 50 元，月初在产品定额费用调整后降低 20 元。定额变动差异全部由完工产品负担。

（2）本月定额费用为 24 000 元，本月脱离定额的差异为节约 500 元。

（3）本月直接材料成本差异率为节约 2%，材料成本差异全部由完工产品成本负担。

（4）本月完工产品的定额费用为 22 000 元。

[要求]

（1）计算月末在产品的直接材料定额费用。

（2）计算完工产品和月末在产品的直接材料实际费用（脱离定额差异按定额费用比例在完工产品和月末在产品之间分配）。

4. 定额法的应用（计算定额变动差异）

[资料] 某企业 A 产品的一些零件从本月 1 日起实行新的直接材料消耗定额。该产品单位产品旧的直接材料费用定额为 200 元，新的直接材料费用定额为 190 元。该产品月初在产品按旧定额计算的直接材料定额费用为 8 000 元。

[要求] 计算 A 产品新旧直接材料消耗定额之间的折算系数，并据以计算该产品月初在产品定额变动差异。

5. 定额法的应用（计算定额变动差异和完工产品与月末在产品的直接材料费用）

[资料] 某企业 B 产品采用定额法计算产品成本。B 产品生产只消耗一种原材料，原材料在生产开始时一次投入。有关 B 产品的其他资料如下：

（1）从本月开始实行新的直接材料消耗定额，即直接材料消耗定额由原来的 20 千克降低到 18 千克；直接材料的计划单价不变，仍为每千克 10 元。

（2）月初在产品的直接材料定额费用为 20 000 元，脱离定额差异为节约 2 200 元。

（3）本月投产 1 000 件，实际耗用直接材料 18 418 千克。

（4）本月直接材料成本差异率为节约 2%。

（5）本月完工产品为 900 件。

[要求]

（1）计算月初在产品定额变动差异。

（2）根据下列条件计算完工产品和月末在产品的直接材料实际费用：1）脱离定额差异按定额费用比例在完工产品与月末在产品之间进行分配；2）定额变动差异和直接材料成本差异全部由完工产品负担。

6．定额法的应用（计算完工产品和月末在产品的直接人工费用）

[资料] 某企业第一生产车间实行计时工资制，对所生产的 A 产品采用定额法进行成本的计算，有关资料如下：

（1）A 产品的工时消耗定额为 8 小时，计划每小时直接人工费用为 20 元。

（2）月初在产品 100 件，其定额直接人工费用为 8 000 元，脱离定额的差异为 1 384 元（超支）。

（3）本月投产 A 产品 2 050 件，本月完工产品为 2 000 件，月末在产品 150 件；本月为生产 A 产品投入的定额工时为 16 320 小时。

（4）本月该车间为生产 A 产品发生的实际直接人工费用为 318 328 元。

[要求]

（1）计算 A 产品本月直接人工费用脱离定额的差异。

（2）计算 A 产品完工产品与月末在产品的直接人工实际费用（脱离定额的差异按定额费用比例在完工产品与月末在产品之间进行分配）。

7．定额法的应用（计算期初、期末在产品的约当产量以及完工产品和月末在产品的直接材料费用）

[资料] 某企业对第一车间生产的乙产品采用定额法计算成本。有关乙产品的其他资料如下：

（1）乙产品是使用 A 材料，由两道工序加工而成。A 材料随加工进度陆续投入，其投料程度与加工进度不一致。乙产品的 A 材料消耗定额为 50 千克，其中第一道工序为 30 千克，第二道工序为 20 千克。

（2）本月乙产品期初在产品为 100 件，其中第一道工序为 60 件，第二道工序为 40 件；本月完工产品为 1 000 件；期末在产品为 200 件，其中第一道工序 80 件，第二道工序为 120 件。

（3）A 材料的计划单价为每千克 10 元。本月实际领用 A 材料 54 000 千克。第一车间 A 材料期初余料为 1 000 千克，期末余料为 900 千克。

（4）本月 A 材料的材料成本差异率为 1%。

（5）本月乙产品期初在产品直接材料脱离定额的差异为超支 2 400 元。

[要求]

（1）计算乙产品在各工序的投料率，并据以计算期初、期末在产品的约当产量。

(2) 采用盘存法计算确定乙产品本月直接材料脱离定额的差异。

(3) 按定额成本比例，计算分配 A 产品本月完工产品与期末在产品应负担的直接材料脱离定额差异。

(4) 计算本月领用 A 材料应负担的材料成本差异。

(5) 计算乙产品本月完工产品与期末在产品的实际直接材料费用（本月领用 A 材料应负担的材料成本差异全部由完工产品负担）。

8．标准成本法成本差异的计算分析以及有关的账务处理

[资料] 某公司生产和销售甲产品。生产甲产品耗用 A，B 两种材料，只经过一个生产部门的一个工种（同一级别）的加工。本月预算固定制造费用为 90 000元，预算工时为30 000工时。变动制造费用分配率和固定制造费用分配率均按直接人工工时计算。甲产品的标准成本卡见表 7-3。

表 7-3 标准成本卡

产品名称：甲　　　　　　　　　20××年×月×日　　　　　　　　　计量单位：件

项目	材料名称	耗用标准	价格、工资率或分配率（元）	金额（元）
直接材料	A	10 千克	10	100
	B	20 千克	9	180
直接人工		15 工时	4	60
变动制造费用		15 工时	2	30
固定制造费用		15 工时	3	45
单位产品标准成本				415

月初没有在产品和产成品；本月投产1 800件甲产品，全部于本月完工入库；本月销售甲产品1 500 件，每件售价 500 元。本月其他有关实际成本的资料见表 7-4。

表 7-4 甲产品生产费用表

项目	材料名称	实际耗用	实际价格（元）	实际成本（元）
直接材料	A	17 000 千克	11	187 000
	B	37 000 千克	8.5	314 500
直接人工		28 000 工时		114 800
变动制造费用				51 800
固定制造费用				86 800
实际产品成本总额				754 900

[要求]

(1) 计算确定各种成本差异，其中材料价格差异在领用材料时计算，固定制造费用按三差异分析法计算确定成本差异。

(2) 编制生产领用材料、将本月发生的其他各种生产费用计入产品成本、结

转完工入库产品标准成本、销售产品、结转已售产品标准成本以及结转成本差异（本月发生的各种成本差异全部计入当期损益）的会计分录（涉及增值税的内容从略）。

9. 各种成本计算方法的实际应用

[资料] 某工业企业设有第一车间和第二车间两个基本生产车间。第一车间利用外购原料和材料（辅助材料）生产半成品 A。第二车间利用半成品 A 和外购材料（主要材料）加工生产甲、乙两种产品。半成品通过半成品库收发。甲产品已经定型，是可以大量生产的产品，而且消耗定额比较准确、稳定，因而在采用分步法的基础上结合采用定额法计算成本：先计算第一车间半成品 A 的成本，再按照定额法的要求计算第二车间甲产品的成本。乙产品上月（9月）上旬试制成功，上月中旬开始进行小批生产（批号为 901，批量为 10 台），因而采用分批法和分步法相结合的方法计算成本。根据第二车间该批产品耗用的第一车间半成品 A 的费用，以及外购材料（主要材料）、职工薪酬费用和其他各项费用，计算该批产品的产成品成本。

该企业所用材料按计划成本进行明细核算，按实际成本进行总分类核算。该企业的半成品成本按计划成本综合结转（在甲、乙两种产品的成本项目中加设"半成品"项目），按实际成本进行总分类核算。材料成本差异（本月材料核算提供的材料成本差异率为 -1%）和半成品成本差异，计入各车间的产品成本。

该企业第一车间只生产半成品 A，各项生产费用均系直接计入费用，不必进行间接计入费用分配。第二车间生产两种产品，产品消耗的动力费用、生产工人的薪酬费用、制造费用，均系间接计入费用，均按产品的实用工时比例在甲、乙两种产品之间进行分配。本月（10月）的实用工时为：甲产品 40 000 小时，乙产品 8 000 小时。

在半成品 A 的成本中，直接材料费用所占比重很大，因而月末在产品按所耗直接材料的实际费用计价。直接材料费用在完工半成品和月末在产品之间，按完工半成品和月末在产品的重量比例分配。本月初第一车间半成品 A 的在产品费用（直接材料费用）为 25 220 元。本月完工交库半成品 75 000 千克，月末在产品 5 000 千克。

本月初自制半成品 A 明细账的结存数量为 5 000 千克，其计划成本为 50 000 元，实际成本为 48 850 元。本月第二车间生产甲产品领用半成品 A 72 500 千克，生产乙产品领用半成品 A 2 000 千克。

该企业规定：甲产品的月初在产品定额变动差异和材料、半成品成本差异，均由产成品成本负担，脱离定额差异按定额成本比例在产成品和月末在产品之间分配。本月甲产品的产成品为 820 件。

第二车间乙产品本月期初在产品费用为 73 900 元，其中半成品费用 17 586 元，直接材料费用 6 474 元，直接燃料和动力费用 2 170 元，直接人工费用 28 420 元，制造费用 19 250 元。乙产品的批量小，本月全部完工，其所发生的各项生产费用之和为产成品成本。

第二车间甲产品的定额成本和脱离定额差异的资料如下：

该车间该产品上月月末在产品的定额总成本（按上月旧定额计算）和脱离定额差异见表 7-5。

表 7-5 定额成本及脱离定额差异　　　　　　　　　　单位：元

成本项目	定额成本	脱离定额差异
半成品	55 800	−1 139
直接材料	21 600	−405.4
直接燃料和动力	720	+8.95
直接人工	9 600	+758.8
制造费用	6 720	−642.12
合计	94 440	−1 418.77

说明：月初在产品 60 件定额工时为 2 400 小时。

从本月 1 日起修改产品设计，第二车间甲产品修订消耗定额：半成品消耗定额由每件 93 千克降为 90 千克（每千克计划成本 10 元，未变），直接材料消耗定额由每件 72 千克降为 70 千克（每千克计划成本 5 元，未变）。其他消耗定额没有变动。

本月 1 日开始执行的第二车间甲产品单位定额成本见表 7-6。

表 7-6 甲产品单位定额成本表
20××年 10 月 1 日起执行

成本项目	消耗定额	计划单位成本(单价)	费用定额（元）
半成品	90 千克	10 元/千克	900
直接材料	70 千克	5 元/千克	350
直接燃料及动力		0.30 元/小时	15
直接人工		4 元/小时	200
制造费用		2.8 元/小时	140
定额成本合计			1 605

说明：甲产品工时定额为 50 小时。

第二车间甲产品所用的半成品和材料，均在投产时一次投入，本月甲产品投产件数为 800 件。本月用于甲产品的定额工时共为 39 600 小时。

根据甲产品的投产件数、直接材料消耗定额和材料计划单位成本计算的直接材料定额费用，根据甲产品领用材料的定额凭证、差异凭证、车间余料盘存资料和材料计划单位成本计算的直接材料计划价格费用,以及根据以上两者计算的直接材料脱离定额差异见表 7-7。

表 7-7 直接材料定额费用和脱离定额差异汇总表
20××年 10 月

车间名称:第二车间　　　　　产品名称:甲　　　　　投产数量:800 件

材料类别和名称	计量单位	计划单位成本(元)	消耗定额	定额费用 数量	定额费用 金额(元)	计划价格费用 数量	计划价格费用 金额(元)	脱离定额费用 数量	脱离定额费用 金额(元)
主要材料	千克	5	70	56 000	280 000	55 000	275 000	−1 000	−5 000

说明:(1) 如果产品所用材料不止一种,应按材料品种分列。
　　　(2) 本表是汇编原材料发出汇总表的依据之一。

根据本月本企业生产费用发生情况编制各种费用分配表(与管理费用、销售费用有关的部分此处从略)如下:

(1) 根据本月付款凭证汇总编制的各项货币支出汇总表,详见表 7-8。

表 7-8 货币支出汇总表
(假定均用银行存款支付)
20××年 10 月
单位:元

费用项目	第一车间	第二车间	合计
水费	1 500	4 000	5 500
劳动保护费	2 500	4 000	6 500
办公费	1 000	5 800	6 800
其他	2 000	4 000	6 000
合计	7 000	17 800	24 800

(2) 根据原材料的领退料凭证和本月材料成本差异率等资料,编制原材料发出汇总表,详见表 7-9。

表 7-9 原材料发出汇总表
20××年 10 月　　　　　材料成本差异率:−1%
单位:元

原材料用途			原料 实际成本	主要材料 计划成本	主要材料 成本差异	主要材料 实际成本	辅助材料 计划成本	辅助材料 成本差异	辅助材料 实际成本	实际成本合计
产品用料	半成品 A 耗用		623 000				22 000	−220	21 780	644 780
产品用料	甲产品耗用	定额		280 000						
产品用料	甲产品耗用	差异		−5 000						
产品用料	甲产品耗用	实际		275 000	−2 750	272 250				272 250
产品用料	901 批乙产品			7 500	−750	6 750				6 750
合计			623 000	—	—	279 000			21 780	923 780

续表

原材料用途		原料 实际成本	主要材料 计划成本	成本差异	实际成本	辅助材料 计划成本	成本差异	实际成本	实际成本合计
车间一般耗用	第一车间耗用 机物料消耗					9 000	—	—	
	劳动保护费					2 000	—	—	
	小计					11 000	−110	10 890	10 890
	第二车间耗用 机物料消耗					35 000	—	—	
	劳动保护费					8 000	—	—	
	小计					43 000	−430	42 570	42 570
合计								53 460	53 460
总计		623 000	—		279 000			75 240	977 240

（3）根据各车间耗电数量和电价编制电费汇总分配表，见表7-10。

表7-10 电费汇总分配表
20××年10月

电力用途		度数	电费（分配率：0.15）（元）
动力	一车间	70 000	10 500
	二车间	100 000	15 000
	小计	170 000	25 500
车间照明	一车间	4 500	675
	二车间	9 000	1 350
	小计	13 500	2 025
合计		183 500	27 525

（4）根据各车间的工资结算凭证和其他职工薪酬费用的计提办法编制职工薪酬费用汇总分配表，详见表7-11。

表7-11 职工薪酬费用汇总分配表
20××年10月　　　　　　　　　　　　　单位：元

车间	生产工人	管理人员	合计
第一车间	70 680	4 560	75 240
第二车间	197 220	10 260	207 480
合计	267 900	14 820	282 720

（5）根据本月应计提固定资产的原价和月折旧率，计算本月应计提固定资产折旧，编制折旧费用汇总分配表，详见表7-12。

表 7-12 折旧费用汇总分配表

20××年10月　　　　　　　　　　　　　　　　　　　单位：元

车间	折旧费用
第一车间	12 320
第二车间	57 620
合计	69 940

（6）根据在产品的盘点情况和其他有关资料，计算在产品盘盈、盘亏或毁损。

本月末，第二车间对甲产品的在产品进行了盘点。其账面数量为 40 件（已加工的定额工时共 770 小时），实存数量为 38 件（已加工的定额工时共 700 小时），盘亏和毁损 2 件（已加工的定额工时为 70 小时）。盘亏和毁损的在产品按定额成本计价。

报经批准，残料计价 197 元，验收入库，盘亏和毁损的损失计入当月管理费用。盘亏和毁损在产品的定额成本和净损失的计算，详见表 7-13。

表 7-13 在产品盈亏和毁损损失计算表

20××年10月　　　　　　　　　　　　　　　　　　　单位：元

车间名称：第二车间　　产品名称：甲　　毁损数量：2 件　　定额工时：70

成本项目	半成品	直接材料	直接燃料和动力	直接人工	制造费用	成本合计
单件或单位小时费用定额	900	350	0.3	4	2.8	
定额总成本	1 800	700	21	280	196	2 997
减：残料价值	—	—	—	—	—	197
在产品净损失	—	—	—	—	—	2 800

[要求]

（1）根据上述资料，登记各种生产费用明细账和产品成本明细账，计算半成品成本和各种产品成本。

（2）编制有关生产费用和产品成本的会计分录，并据以登记总账。

（3）将"基本生产成本"科目的月末余额，与各产品成本计算单的月末在产品成本之和核对相符，将"半成品"科目的月末余额，与半成品明细账的月末余额核对相符。

（六）简答题

1. 简述分类法的特点。
2. 在什么情况下适合或必须采用分类法计算产品成本？
3. 简述分类法的优缺点和使用时应注意的问题。
4. 简述定额法的主要特点及应用条件。

5. 简述成本按习性的分类。
6. 简述标准成本法的特点。
7. 简述标准成本的作用。
8. 在标准成本法下，会计期末一般对各种成本差异如何进行处理？其理由是什么？
9. 简述标准成本法与定额法的主要区别。
10. 在什么情况下可以同时采用几种不同的成本计算方法？
11. 计算一种产品的成本，在什么情况下可结合采用几种不同的成本计算方法？

练习题答案

（一）名词解释（略）

（二）判断题

1. ×，分类法的适用范围是：产品品种、规格繁多，但可以按一定标准分类的企业或车间。
2. ×，分类法是一种产品成本计算的辅助方法。
3. √
4. √
5. ×，分类法与生产的类型无直接关系，它可以在各种类型的生产中应用。
6. √
7. ×，由于质量等级的不同是工人操作造成的，它们的成本应该相同，故不能采用分类法的原理来计算成本。
8. √
9. √
10. √
11. √
12. ×，定额法是把成本的计划、控制、核算和分析结合在一起，以便加强成本管理而采用的一种计算方法和成本管理制度。
13. √
14. ×，由于本期实际投产产品的数量不一定等于计划规定的数量，因此限额领料单所列领料限额，不一定就是本期实际投产产品的定额消耗量。
15. √
16. √
17. √
18. √
19. √
20. √

21. √

22. ×，定额变动差异是指因修订消耗定额或生产耗费的计划价格后产生的新旧定额之间的差额。

23. √

24. √

25. ×，采用定额法必须制定定额成本，单独核算脱离定额差异，在定额变动时还必须修订定额成本，计算定额变动差异，所以较其他成本计算方法核算工作量要大。

26. ×，定额法与生产类型无直接关系。

27. √

28. ×，计算一种产品的成本，在有些情况下往往结合采用几种成本计算方法。

29. ×，固定成本是指其总额在一定时期和一定业务量范围内，不受业务量增减变动影响而保持不变的成本。

30. ×，从单位固定成本来看，它与业务量的增减呈反比例变动。

31. √

32. √

33. √

34. √

35. √

36. ×，直接人工效率差异，是指由于直接人工实际工时脱离标准工时而形成的人工成本差异。

37. ×，变动制造费用耗费差异类似于直接人工工资率差异。

38. √

39. √

40. ×，由于实际工时与预算工时之间的差异而造成的固定制造费用差异，称为固定制造费用能力差异。

41. √

42. √

43. ×，标准成本法一般只计算产品的标准成本，而定额法要计算产品的实际成本，这是二者的根本区别。

(三) 单选题

1. C	2. B	3. C	4. A	5. B
6. B	7. A	8. C	9. B	10. A
11. B	12. C	13. D	14. A	15. A
16. C	17. A	18. B	19. A	20. A

(四) 多选题

1. CD 2. ACD 3. AB 4. AB 5. ABCD
6. ABC 7. ABD 8. AB 9. CD 10. ABCD
11. AB 12. ABD 13. BC 14. BC 15. AC
16. CD

(五) 核算与计算题

1. 分类法的应用

(1) 编制直接材料费用系数计算表，见表7-14。

表7-14 直接材料费用系数计算表

产品名称	直接材料费用定额（元）	直接材料费用系数
甲	270	$\frac{270}{300}=0.9$
乙（标准产品）	300	1
丙	450	$\frac{450}{300}=1.5$

(2) 计算甲、乙、丙三种产品的成本，编制产品成本计算表，见表7-15。

表7-15 各种产品成本计算表

20××年×月   单位：元

项目	产量（件）	直接材料费用系数	直接材料费用总系数	工时消耗定额	定额工时	直接材料	直接人工	制造费用	成本合计
	①	②	③	④=②×③	⑤	⑥=②×⑤	⑦=④×分配率	⑧=⑥×分配率	⑨=⑥×分配率	⑩
分配率						316	3.5	5.5	
甲产品	1 000	0.9	900	10	10 000	284 400	35 000	55 000	374 400
乙产品	1 200	1	1 200	12	14 400	379 200	50 400	79 200	508 800
丙产品	500	1.5	750	15	7 500	237 000	26 250	41 250	304 500
合计	—	—	2 850	—	31 900	900 600	111 650	175 450	1 187 700

表7-15中的各种费用分配率计算如下：

$$直接材料费用分配率 = \frac{900\,600}{2\,850} = 316$$

$$直接人工费用分配率 = \frac{111\,650}{31\,900} = 3.5$$

$$制造费用分配率 = \frac{175\,450}{31\,900} = 5.5$$

2. 主产品与副产品的成本计算

(1) 根据有关资料编制工、费分配表，见表7-16。

表 7-16 工、费分配表
20××年×月

项目	工时（小时）	直接人工（元）	制造费用（元）
本月发生额	12 000	24 000	30 000
分配率		2	2.5
甲产品	11 000	22 000	27 500
乙产品	1 000	2 000	2 500
合计	12 000	24 000	30 000

表 7-16 中的各种费用分配率计算如下：

$$直接人工费用分配率 = \frac{24\,000}{12\,000} = 2$$

$$制造费用分配率 = \frac{30\,000}{12\,000} = 2.5$$

（2）登记产品成本明细账，计算主产品、副产品的实际成本，见表 7-17、表 7-18。

表 7-17 产品成本明细账
产品名称：甲产品（主产品）　　　20××年×月　　　　　　　　　　单位：元

项目	产量（件）	直接材料	直接人工	制造费用	成本合计
月初在产品成本（定额成本）		8 000			8 000
本月生产费用		120 000	22 000	27 500	169 500
扣减副产品原料价值（8 000千克，每千克0.6元）		-4 800			-4 800
合计		123 200	22 000	27 500	172 700
产成品成本	2 000	114 200	22 000	27 500	163 700
单位成本		57.1	11	13.75	81.85
月末在产品成本（定额成本）		9 000			9 000

表 7-18 产品成本明细账
产品名称：乙产品（副产品）　　　20××年×月　　　　　　　　　　单位：元

项目	产量（件）	直接材料	直接人工	制造费用	成本合计
本月生产费用		4 800	2 000	2 500	9 300
产成品成本	500	4 800	2 000	2 500	9 300
单位成本		9.60	4	5	18.6

3. 定额法的应用（计算完工产品和月末在产品的直接材料费用）

$$\text{月末在产品直接材料定额费用} = 1\,000 - 20 + 24\,000 - 22\,000 = 2\,980(\text{元})$$

$$\text{直接材料脱离定额差异率} = \frac{-50 - 500}{22\,000 + 2\,980} \times 100\% = -2.2\%$$

$$\text{本月应负担的直接材料成本差异} = (24\,000 - 500) \times (-2\%) = -470(\text{元})$$

$$\text{本月完工产品直接材料实际费用} = 22\,000 + 22\,000 \times (-2.2\%) - 470 + 20$$
$$= 21\,066(\text{元})$$

$$\text{月末在产品直接材料实际费用} = 2\,980 + 2\,980 \times (-2.2\%) = 2\,914.44(\text{元})$$

4. 定额法的应用（计算定额变动差异）

$$\text{折算系数} = \frac{190}{200} = 0.95$$

$$\text{月初在产品定额变动差异} = 8\,000 \times (1 - 0.95) = 400(\text{元})$$

5. 定额法的应用（计算定额变动差异和完工产品与月末在产品的直接材料费用）

(1) $\text{月初在产品定额变动差异} = (20 - 18) \times 10 \times \frac{20\,000}{20 \times 10} = 2\,000(\text{元})$

(2) 本月投产产品的定额费用 $= 1\,000 \times 18 \times 10 = 180\,000(\text{元})$

本月实际生产费用（计划价格费用）$= 18\,418 \times 10 = 184\,180(\text{元})$

本月脱离定额的差异 $= 184\,180 - 180\,000 = +4\,180(\text{元})$

直接材料成本差异 $= 184\,180 \times (-2\%) = -3\,683.6(\text{元})$

完工产品定额费用 $= 900 \times 18 \times 10 = 162\,000(\text{元})$

$\text{月末在产品定额费用} = \left(\frac{20\,000}{20 \times 10} + 1\,000 - 900\right) \times 18 \times 10 = 36\,000(\text{元})$

或

月末在产品定额费用 $= (20\,000 - 2\,000) + (1\,000 \times 18 \times 10) - 162\,000$
$= 36\,000(\text{元})$

月初和本月脱离定额差异合计 $= -2\,200 + 4\,180 = +1\,980(\text{元})$

$$\text{差异分配率} = \frac{1\,980}{162\,000 + 36\,000} = +1\%$$

完工产品应负担的脱离定额差异＝162 000×(＋1％)＝＋1 620(元)

月末在产品应负担的脱离定额差异＝36 000×(＋1％)＝＋360(元)

完工产品实际费用＝162 000＋2 000－3 683.6＋1 620＝161 936.4(元)

月末在产品实际费用＝36 000＋360＝36 360(元)

6. 定额法的应用（计算完工产品和月末在产品的直接人工费用）

(1) 计算 A 产品本月直接人工费用脱离定额的差异。

完工产品定额费用＝2 000×8×20＝320 000(元)

月末在产品定额费用＝8 000＋(16 320×20)－320 000

＝14 400(元)

A 产品本月直接人工费用脱离定额＝318 328－(16 320×20)

＝－8 072(元)(节约)

(2) 计算 A 产品完工产品与月末在产品的直接人工实际费用。

1) 将脱离定额的差异按定额费用比例在完工产品与月末在产品之间进行分配。

$$差异分配率＝\frac{1\,384-8\,072}{320\,000+14\,400}×100\%＝-\frac{6\,688}{334\,400}×100\%＝-2\%$$

2) 完工产品应负担的脱离定额差异＝320 000×(－2％)＝－6 400(元)

3) 在产品应负担的脱离定额差异＝14 400×(－2％)＝－288(元)

4) 完工产品直接人工实际费用＝320 000－6 400＝313 600(元)

5) 在产品直接人工实际费用＝14 400－288＝14 112(元)

7. 定额法的应用（计算期初、期末在产品的约当产量以及完工产品和月末在产品的直接材料费用）

(1) 计算乙产品在各工序的投料率。

$$第一道工序投料率：\frac{30×50\%}{50}×100\%＝30\%$$

$$第二道工序投料率：\frac{30+20×50\%}{50}×100\%＝80\%$$

(2) 计算期初、期末在产品约当产量。

期初在产品约当产量：60×30％＋40×80％＝50(件)

期末在产品约当产量：80×30％＋120×80％＝120(件)

(3) 计算本月投产产品数量及其直接材料定额消耗量和计划价格费用。

本月投产产品数量：1 000＋120－50＝1 070(件)

定额消耗量：1 070×50＝53 500(千克)

计划价格费用：53 500×10＝535 000(元)

(4) 计算本月领用 A 材料应负担的材料成本差异。

54 000×10×1％＝5 400(元)

(5) 计算确定本月直接材料脱离定额差异。

本月实际耗用材料数量＝54 000＋1 000－900＝54 100(千克)

实际耗用材料计划价格费用＝54 100×10＝541 000(元)

本月脱离定额差异＝541 000－535 000＝6 000(元)（超支）

(6) 计算完工产品与在产品应负担的脱离定额差异。

完工产品定额费用＝1 000×50×10＝500 000(元)

在产品定额费用＝120×50×10＝60 000(元)

差异分配率＝$\frac{2\,400+6\,000}{560\,000}×100\%＝1.5\%$（超支）

完工产品应负担成本差异＝500 000×1.5％

＝7 500(元)（超支）

在产品应负担成本差异＝60 000×1.5％＝900(元)（超支）

完工产品实际费用＝500 000＋7 500＋5 400＝512 900(元)

在产品实际费用＝60 000＋900＝60 900(元)

8. 标准成本法成本差异的计算分析以及有关的账务处理

(1) 计算确定材料成本差异，编制将直接材料费用计入产品成本的会计分录。

1) 直接材料标准成本。

A 材料：10×1 800×10＝180 000(元)

B 材料：9×1 800×20＝324 000(元)

合计　　　　　　504 000 元

2) 直接材料价格差异。

A 材料：(11－10)×17 000＝17 000(元)（不利差异）

B 材料：(8.5－9)×37 000＝－18 500(元)（有利差异）

合计　　　　　　－1 500 元（有利差异）

3) 直接材料用量差异。

直接材料标准用量：

A 材料：10×1 800＝18 000(千克)

B 材料：20×1 800＝36 000(千克)

直接材料用量差异：

A 材料：10×(17 000－18 000)＝－10 000(元)(有利差异)

B 材料：9×(37 000－36 000)＝9 000(元)(不利差异)

合计　　　　　　　　－1 000 元(有利差异)

4) 会计分录。

借：生产成本	504 000
贷：材料价格差异	1 500
材料用量差异	1 000
原材料	501 500

(2) 计算确定直接人工成本差异，编制将直接人工费用计入产品成本的会计分录。

标准工时＝15×1 800＝27 000(工时)

直接人工标准成本＝60×1 800＝108 000(元)

实际工资率＝$\dfrac{114\,800}{28\,000}$＝4.1

直接人工工资率差异＝(4.1－4)×28 000

＝2 800(元)(不利差异)

直接人工效率差异＝(28 000－27 000)×4

＝4 000(元)(不利差异)

会计分录：

借：生产成本	108 000
直接人工工资率差异	2 800
直接人工效率差异	4 000
贷：应付职工薪酬	114 800

(3) 计算确定变动制造费用成本差异，编制将变动制造费用计入产品成本的会计分录。

标准变动制造费用＝30×1 800＝54 000(元)

$\dfrac{\text{变动制造费用}}{\text{实际分配率}}$＝$\dfrac{51\,800}{28\,000}$＝1.85

$\dfrac{\text{变动制造费用}}{\text{耗费差异}}$＝(1.85－2)×28 000＝－4 200(元)(有利差异)

$$\begin{aligned}\text{变动制造费用}\\ \text{效率差异}\end{aligned} = (28\,000 - 27\,000) \times 2 = 2\,000(\text{元})(\text{不利差异})$$

会计分录：

借：生产成本	54 000
变动制造费用效率差异	2 000
贷：变动制造费用	51 800
变动制造费用耗费差异	4 200

（4）计算确定固定制造费用成本差异，编制将固定制造费用计入产品成本的会计分录。

$$\text{标准固定制造费用} = 3 \times 27\,000 = 81\,000(\text{元})$$

$$\begin{aligned}\text{固定制造费用}\\ \text{耗费差异}\end{aligned} = 86\,800 - 90\,000 = -3\,200(\text{元})(\text{有利差异})$$

$$\begin{aligned}\text{固定制造费用}\\ \text{能力差异}\end{aligned} = 90\,000 - (3 \times 28\,000) = 6\,000(\text{元})(\text{不利差异})$$

$$\begin{aligned}\text{固定制造费用}\\ \text{效率差异}\end{aligned} = 3 \times (28\,000 - 27\,000) = 3\,000(\text{元})(\text{不利差异})$$

会计分录：

借：生产成本	81 000
固定制造费用能力差异	6 000
固定制造费用效率差异	3 000
贷：固定制造费用	86 800
固定制造费用耗费差异	3 200

（5）结转完工入库产品标准成本的会计分录。

完工入库 1 800 件甲产品的标准成本为：

直接材料费用：	504 000 元
直接人工费用：	108 000 元
变动制造费用：	54 000 元
固定制造费用：	81 000 元
合计	747 000 元

会计分录：

借：库存商品	747 000
贷：生产成本	747 000

（6）编制销售产品的会计分录。

1 500 件甲产品的销售收入为：

$$500 \times 1\,500 = 750\,000(元)$$

会计分录：

  借：应收账款   750 000

    贷：主营业务收入   750 000

（7）编制结转已售产品标准成本的会计分录。

已售 1 500 件甲产品的标准成本为：

$$415 \times 1\,500 = 622\,500(元)$$

会计分录：

  借：主营业务成本   622 500

    贷：库存商品   622 500

（8）编制结转本月发生的各项成本差异的会计分录。

  借：主营业务成本   7 900

    材料价格差异   1 500

    材料用量差异   1 000

    变动制造费用耗费差异   4 200

    固定制造费用耗费差异   3 200

    贷：直接人工工资率差异   2 800

      直接人工效率差异   4 000

      变动制造费用效率差异   2 000

      固定制造费用能力差异   6 000

      固定制造费用效率差异   3 000

9. 各种成本计算方法的实际应用

登记各种生产费用明细账和产品成本明细账，见表 7-19 至表 7-31。

表 7-19 制造费用明细账

车间名称：第一车间   单位：元

月	日	摘要	职工薪酬	机物料消耗	折旧费	水电费	劳动保护费	办公费	材料价差	其他	合计	转出	余额
10	31	货币支出汇总表				1 500	2 500	1 000		2 000	7 000		
10	31	原材料发出汇总表		9 000			2 000		−110		10 890		
10	31	电费汇总分配表				675					675		

续表

月	日	摘要	职工薪酬	机物料消耗	折旧费	水电费	劳动保护费	办公费	材料价差	其他	合计	转出	余额
10	31	职工薪酬费用汇总分配表	4 560								4 560		
10	31	折旧费用汇总分配表			12 320						12 320		
10	31	实际费用合计	4 560	9 000	12 320	2 175	4 500	1 000	−110	2 000	35 445	35 445	0

说明：第一车间的制造费用分配表略。

表 7−20　产品成本明细账

第一车间：半成品 A　　　　　　　　　　　　　　　　　　　　　　　单位：元

月	日	摘要	直接材料	直接燃料和动力	直接人工	制造费用	合计
9	30	在产品费用	25 220				25 220
10	31	本月生产费用	644 780	10 500	70 680	35 445	761 405
10	31	生产费用合计	670 000	10 500	70 680	35 445	786 625
10	31	完工半成品成本（75 000 千克）	628 125	10 500	70 680	35 445	744 750
10	31	在产品成本（5 000 千克）	41 875				41 875

表 7−21　自制半成品收入汇总表

半成品名称：A　　　　　　计划单位成本：10 元　　　　　　　单位：元

半成品来源	收入数量（千克）	计划成本	实际成本
第一车间	75 000	750 000	744 750

表 7−22　自制半成品发出汇总表

20××年 10 月

半成品名称：A　　　　　　计划单位成本：10 元　　　　　　　单位：元

半成品用途		领用数量（千克）	计划成本	成本差异（差异率%）	实际成本
甲产品	定额	72 000	720 000	—	—
	差异	500	+5 000		
	实际	72 500	725 000	−0.8	719 200
901 批乙产品	实际	2 000	20 000	−0.8	19 840
合计		74 500	745 000	−0.8	739 040

表 7-23 自制半成品明细账

半成品名称：A
计划单位成本：10 元
单位：元

月份	月初余额 数量(千克)	月初余额 计划成本	月初余额 实际成本	本月增加 数量(千克)	本月增加 计划成本	本月增加 实际成本	合计 数量(千克)	合计 计划成本	合计 实际成本	成本差异	差异率(%)	本月减少 数量(千克)	本月减少 计划成本	本月减少 实际成本
10	5 000	50 000	48 850	75 000	750 000	744 750	80 000	800 000	793 600	6 400	−0.8%	74 500	745 000	739 040
11	5 500	55 000	54 560											

表 7-24 制造费用明细账

车间名称：第二车间　　　　　　　　　　　　　　　　　　　　　　　　　　　　　　　　　　单位：元

月	日	摘要	职工薪酬	机物料消耗	折旧费	水电费	劳动保护费	办公费	材料价差	其他	合计	转出	余额
10	31	货币支出汇总表				4 000	4 000	5 800		4 000	17 800		
10	31	原材料发出汇总表		35 000			8 000		−430		42 570		
10	31	电费汇总分配表				1 350					1 350		
10	31	职工薪酬费用汇总分配表	10 260								10 260		
10	31	折旧费用汇总分配表			57 620						57 620		
10	31	实际费用合计	10 260	35 000	57 620	5 350	12 000	5 800	−430	4 000	129 600	129 600	0

表7-25　职工薪酬费用和其他费用分配表

车间名称：第二车间　　　　　　20××年10月　　　　　　　　　　　　单位：元

项目		实用工时	直接燃料和动力	直接人工	制造费用
应分配额		48 000	15 000	197 220	129 600
分配率（单位实用工时费用）			0.312 5	4.108 75	2.7
甲产品	定额	—	11 880	158 400	110 880
	差异	—	＋620	＋5 950	－2 880
	实际	40 000	12 500	164 350	108 000
901批乙产品	实际	8 000	2 500	32 870	21 600
实际合计		48 000	15 000	197 220	129 600

表7-26　月初在产品定额调整计算表

　　　　　　　　　　　　20××年10月　　　　　　　　　　　产品名称：甲
车间名称：第二车间　　　　　　　　　　　　　　　　　　　　单位：元

成本项目	计划单价	单件定额变更				在产品数量（件）	定额调整	
		变更前数量（千克）	变更后数量（千克）	变更数量（千克）	变更金额		数量（千克）	金额
半成品	10	93	90	－3	30	60	－180	－1 800
直接材料	5	72	70	－2	10	60	－120	－600
合计	—	—	—	—	—	—	—	－2 400

表7-27　产成品定额总成本计算表

　　　　　　　　　　　　20××年10月　　　　　　　　　　　产品名称：甲
车间名称：第二车间　　产量：820件　　　　　　　　　　　　单位：元

成本项目	半成品	直接材料	直接燃料和动力	直接人工	制造费用	成本合计
单位成本	900	350	15	200	140	1 605
总成本	738 000	287 000	12 300	164 000	114 800	1 316 100

表7-28　产品成本明细账

投产日期：9月12日
完工日期：10月31日

产品批号：901
第二车间：乙产品　　批量：10台　　　　　　　　　　　　单位：元

月	日	摘要	半成品	直接材料	直接燃料和动力	直接人工	制造费用	合计
9	30	在产品成本	17 586	6 474	2 170	28 420	19 250	73 900
10	31	本月生产费用	19 840	6 750	2 500	32 870	21 600	83 560
10	31	合计	37 426	13 224	4 670	61 290	40 850	157 460
10	31	产成品成本	37 426	13 224	4 670	61 290	40 850	157 460

表 7-29 产品成本明细账

20××年10月

第二车间：甲产品　　产量：820 件　　单位：元

成本项目	月初在产品 定额成本	月初在产品 脱离定额差异	月初在产品定额变更 定额调整	本月生产费用 定额成本	本月生产费用 脱离定额差异	本月生产费用 材料价差	生产费用合计 定额成本	生产费用合计 脱离定额差异	生产费用合计 材料价差	生产费用合计 定额变更差异	在产品亏损 定额成本	差异率（%） 脱离定额差异	产成品成本 定额成本	产成品成本 脱离定额差异	产成品成本 材料价差	产成品成本 定额变更差异	产成品成本 实际成本	月末在产品 定额成本	月末在产品 脱离定额差异
半成品	55 800	−1 139	−1 800	720 000	+5 000	−5 800	774 000	+3 861	−5 800	+1 800	1 800	+0.5	738 000	+3 690	−5 800	+1 800	737 690	34 200	+171
直接材料	21 600	−405.4	−600	280 000	−5 000	−2 750	301 000	−5 405.4	−2 750	+600	700	−1.8	287 000	−5 166	−2 750	+600	279 684	13 300	−239.4
直接燃料和动力	720	+8.95		11 880	+620		12 600	+628.95			21	+5	12 300	+615			12 915	279	+13.95
直接人工	9 600	+758.8		158 400	+5 950		168 000	+6 708.8			280	+4	164 000	+6 560			170 560	3 720	+148.8
制造费用	6 720	−642.12		110 880	−2 880		117 600	−3 522.12			196	−3	114 800	−3 444			111 356	2 604	−78.12
合计	94 440	−1 418.77	−2 400	1 281 160	+3 690	−8 550	1 373 200	+2 271.23	−8 550	+2 400	2 997	—	1 316 100	+2 255	−8 550	+2 400	1 312 205	54 103	+16.23

表7-30 产成品成本汇总表

20××年10月　　　　　　　　　　　　　　　　　　　　　　　　单位：元

产成品名称	单位	数量	实际总成本
甲	件	820	1 312 205
乙	台	10	157 460
合计	—	—	1 469 665

表7-31 会计分录汇总表

单位：元

序号	借方一级科目	贷方一级科目	借方金额	贷方金额
(1)	制造费用		24 800	
		银行存款		24 800
(2)	基本生产成本 制造费用		923 780 53 460	
		原材料		977 240
(3)	基本生产成本 制造费用		25 500 2 025	
		应付账款		27 525
(4)	基本生产成本 制造费用		267 900 14 820	
		应付职工薪酬		282 720
(5)	制造费用		69 940	
		累计折旧		69 940
(6)	待处理财产损溢		2 997	
		基本生产成本		2 997
(7)	管理费用 原材料		2 800 197	
		待处理财产损溢		2 997
(8)	基本生产成本		35 445	
		制造费用		35 445
(9)	自制半成品		744 750	
		基本生产成本		744 750
(10)	基本生产成本		739 040	
		自制半成品		739 040
(11)	基本生产成本		129 600	
		制造费用		129 600
(12)	库存商品		1 469 665	
		基本生产成本		1 469 665

根据上述会计分录登记部分科目的总账账户如下：

基本生产成本

9月30日余额	192 141.23		
(2)	923 780	(6)	2 997
(3)	25 500	(9)	744 750
(4)	267 900	(12)	1 469 665
(8)	35 445		
(10)	739 040		
(11)	129 600		
本期发生额	2 121 265	本期发生额	2 217 412
10月31日余额	95 994.23		

制造费用

(1)	24 800	(8)	35 445
(2)	53 460	(11)	129 600
(3)	2 025		
(4)	14 820		
(5)	69 940		
本期发生额	165 045	本期发生额	165 045

自制半成品

9月30日余额	48 850		
(9)	744 750	(10)	739 040
本期发生额	744 750	本期发生额	739 040
10月31日余额	54 560		

（六）简答题（略）

实训专栏参考答案

业务1：领料汇总

1. 根据领料原始凭证，编制领料凭证汇总表，见表7-32。

表7-32　领料凭证汇总表　　　　　　　　数量单位：千克
2024年11月　　　　　　　　　　　　　　　金额单位：元

领料部门	A材料		B材料		C材料		合计
	领用数量	计划成本	领用数量	计划成本	领用数量	计划成本	成本
X车间	6 200	24 800	4 500	13 500	1 800	54 00	43 700
合计	6 200	24 800	4 500	13 500	1 800	5 400	43 700

2. 编制相关的记账凭证，见表 7-33。

表 7-33 转账凭证
2024 年 11 月 30 日　　　　　　　　　　　　　　　　　　　　　　　　转字第 1 号

摘要	会计科目		√	借方金额		√	贷方金额
	总账科目	明细科目		千百十万千百十元角分			千百十万千百十元角分
领用原材料	基本生产成本	X 车间——配套设备	√	4 3 7 0 0 0 0	√	
	原材料	A 材料			√	2 4 8 0 0 0 0
	原材料	B 材料			√	1 3 5 0 0 0 0
	原材料	C 材料			√	5 4 0 0 0 0
	合计			4 3 7 0 0 0 0		4 3 7 0 0 0 0

财务主管：俞姚　　记账：王丽　　出纳：张佳　　会计：何北　　制单：赵小花　　附件 3 张

业务 2：计算月初在产品定额变动差异

系数＝11.4/15＝0.76

月初在产品定额变动差异＝14 000×(1－0.76)＝3 360(元)

业务 3：计算本月生产费用中原材料的定额成本和脱离定额差异

根据原材料定额费用表和本月车间领料单，计算本月生产费用中原材料的定额成本和脱离定额差异，见表 7-34。

表 7-34 原材料定额费用和脱离定额差异汇总表
2024 年 11 月　　　　　　　　　　　　　　　　　　　　　　　　　　　　单位：元

原材料类别	材料编号	单位	计划成本	定额费用		计划价格费用		脱离定额差异		差异原因
				数量	金额	数量	金额	数量	金额	
A 材料	1101	千克	4	6 000	24 000	6 200	24 800	＋200	＋800	略
B 材料	2101	千克	3	5 000	15 000	4 500	13 500	－500	－1 500	略
C 材料	3101	千克	3	1 750	5 250	1 800	5 400	＋50	＋150	略
合计					44 250		43 700		－550	

业务 4：计算甲产品分配的材料成本差异

甲产品分配的材料成本差异＝(44 250－550)×(－1%)

＝－437(元)

业务 5：计算完工产品和月末在产品应负担的差异额

完工产品和月末在产品应负担的差异额计算过程见表 7-35。

表 7-35 完工产品和月末在产品应负担的差异额

成本项目	月初在产品成本 定额成本 (1)	月初在产品成本 脱离定额差异 (2)	月初在产品定额变动 定额成本调整 (3)	月初在产品定额变动 定额变动差异 (4)	本月生产费用 定额成本 (5)	本月生产费用 脱离定额差异 (6)=(2)+(6)	本月生产费用 材料成本差异 (7)	生产费用累计 定额成本 (8)=(1)+(3)+(5)	生产费用累计 脱离定额差异 (9)=(2)+(6)	生产费用累计 材料成本差异 (10)=(7)	生产费用累计 定额变动差异 (11)=(4)
直接材料	14 000	−700	−3 360	+3 360	44 250	−550	−437	54 890	−1 250	−437	+3 360
直接人工	1 000	+40			9 180	+216.4		10 180	+256.4		
制造费用	1 500	+80			12 852	−293.35		14 352	−213.35		
成本合计	16 500	−580	−3 360	+3 360	66 282	−626.75	−437	79 422	−1 206.95	−437	+3 360

成本项目	差异率 脱离定额差异 (12)=(9)/(8)	本月产成品成本 定额成本① (13)	本月产成品成本 脱离定额差异 (14)=(13)×(12)	本月产成品成本 材料成本差异 (15)=(7)	本月产成品成本 定额变动差异 (16)=(4)	本月产成品成本 实际成本 (17)=(13)+(14)+(15)+(16)	月末在产品成本 定额成本 (18)=(8)−(13)	月末在产品成本 脱离定额差异 (19)=(18)×(12)
直接材料	−2.28%	51 300	−1 169.64	−437	+3 360	53 053.36	3 590	−81.85
直接人工	+2.52%	8 100	+204.12			8 304.12	2 080	+52.42
制造费用	−1.49%	11 340	−168.97			11 171.03	3 012	−44.88
成本合计	—	70 740	−1 134.49	−437	+3 360	72 528.51	8 682	−74.31

① 定额成本=产成品入库数量×产品新的定额成本
直接材料=4 500×11.4=51 300（元）
直接人工=4 500×1.8=8 100（元）
制造费用=4 500×2.52=11 340（元）

第7章 产品成本计算的辅助方法

业务6：结转产成品成本并编制相关记账凭证额

结转11月产成品成本，编制记账凭证，见表7-36。

表7-36 转账凭证

2024年11月30日　　　　　　　　　　　　　　　　　　　　　　　　　　转字第2号

摘要	会计科目		√	借方金额	√	贷方金额
	总账科目	明细科目		千百十万千百十元角分		千百十万千百十元角分
结转产品成本	库存商品	配套设备	√	7 2 5 2 8 5 1		
	基本生产成本	X车间——配套设备	√			7 2 5 2 8 5 1
	合计			7 2 5 2 8 5 1		7 2 5 2 8 5 1

财务主管：俞姚　　记账：王丽　　出纳：张佳　　会计：何北　　制单：赵小花　　附件1张

教材部分习题答案

练习题

1. 分类法

（1）编制耗料系数计算表，见表7-37。

表7-37 耗料系数计算表

产品名称	材料消耗定额（千克）	耗料系数
甲	9.6	1.2
乙	8	1
丙	6.4	0.8

（2）根据耗料系数和所给的有关资料计算该类产品成本以及类内各种产品成本，见表7-38。

表7-38 产品成本明细账

产品类别：×类　　　　　　　　　　　　　　　　　　　　　　　　　　　　　　单位：元

项目	产量（件）	耗料系数		工时消耗定额	定额工时	成本			
		单件系数	总系数			直接材料	直接人工	制造费用	合计
月初在产品定额费用						7 300	1 500	4 500	13 300
本月生产费用						65 100	12 250	36 750	114 100
合计						72 400	13 750	41 250	127 400

续表

项目	产量（件）	耗料系数 单件系数	耗料系数 总系数	工时消耗定额	定额工时	成本 直接材料	成本 直接人工	成本 制造费用	成本 合计
产品成本						67 200	12 750	38 250	118 200
产成品成本分配率						16	0.5	1.5	—
产成品成本分配：									
甲	1 500	1.2	1 800	6	9 000	28 800	4 500	13 500	46 800
乙	2 000	1	2 000	7	14 000	32 000	7 000	21 000	60 000
丙	500	0.8	400	5	2 500	6 400	1 250	3 750	11 400
月末在产品定额费用	—		4 200	—	25 500	5 200	1 000	3 000	9 200

表中的分配率计算如下：

$$直接材料费用分配率=\frac{67\ 200}{4\ 200}=16$$

$$直接人工费用分配率=\frac{12\ 750}{25\ 500}=0.5$$

$$制造费用分配率=\frac{38\ 250}{25\ 500}=1.5$$

2. 定额法（计算完工产品和月末在产品直接材料费用）

(1) 月末在产品直接材料定额费用＝(1 000－100)+9 000－8 100＝1 800(元)

(2) 脱离定额差异分配率＝$\frac{-200-97}{8\ 100+1\ 800}$＝－3%

(3) 材料成本差异率＝(9 000－97)×1%＝89.03(元)

(4) 完工产品应负担的脱离定额差异＝8 100×(－3%)＝－243(元)

(5) 在产品应负担的脱离定额差异＝1 800×(－3%)＝－54(元)

(6) 完工产品直接材料实际费用＝8 100－243+100+89.03＝8 046.03(元)

(7) 在产品直接材料实际费用＝1 800－54＝1 746(元)

3. 标准成本法

(1) 计算标准固定制造费用。

标准固定制造费用＝7 000×2×2＝28 000(元)

(2) 用三差异分析法对固定成本差异进行分析。

固定制造费用耗费差异＝14 700×1.8－15 000×2＝－3 540(元)

固定制造费用能力差异=(15 000−14 700)×2=+600(元)

固定制造费用效率差异=(14 700−7 000×2)×2=+1 400(元)

4. 定额法（盘存法的应用）

(1) 计算甲产品在各工序的投料率，并据此计算期初、期末在产品的约当产量。

1) 各工序的投料率：

第一道工序：$\frac{30}{50}=60\%$

第二道工序：$\frac{30+20}{50}=100\%$

2) 期初在产品在各工序约当产量：

第一道工序：80×60%=48(件)

第二道工序：120×100%=120(件)

合计　　　　　168 件

3) 期末在产品在各工序约当产量：

第一道工序：120×60%=72(件)

第二道工序：60×100%=60(件)

合计　　　　　132 件

(2) 采用盘存法计算确定甲产品本月直接材料脱离定额的差异。

投产产品数量=2 000+132−168=1 964(件)

直接材料定额消耗量=1 964×50=98 200(千克)

直接材料实际消耗量=96 984+200−100=97 084(千克)

直接材料脱离定额差异(数量)=97 084−98 200=−1 116(千克)(节约)

直接材料脱离定额差异(金额)=−1 116×10=−11 160(元)(节约)

(3) 按定额成本比例，计算分配甲产品本月完工产品与期末在产品应负担的直接材料脱离定额差异，并计算完工产品的实际成本。

差异分配率=$\frac{-11\,160+500}{2\,000\times50\times10+132\times50\times10}=\frac{-10\,660}{1\,066\,000}=-1\%$

完工产品应负担的直接材料脱离定额差异=2 000×50×10×(−1%)

=−10 000(元)(节约)

在产品应负担的
直接材料脱离定额差异 =132×50×10×(−1%)=−660(元)(节约)

完工产品直接材料实际成本=2 000×50×10−10 000=990 000(元)

案例题

[案例 1]

从总体上说，由于该企业是大量、大批的多步骤生产，且管理上要求计算各步骤的半成品、零部件的成本，因此应该采用逐步结转分步法计算成本。其内容具体包括：

(1) 对于铸件可以采用品种法计算成本。由于铁铸件和铜铸件的种类较多，为了简化成本计算工作，可以在品种法的基础上结合使用分类法。

(2) 铸工车间与加工车间之间，可以采用逐步结转分步法结转各种铸件的成本。

(3) 加工车间应计算各种零部件的成本，在加工与装配车间之间也应采用逐步结转分步法结转各种零部件成本。

(4) 应该为外购材料、外购的半成品以及各种自制的铸件和零部件制定计划单价并据以进行计价结转。

上述做法既可以满足计算外售各种铸件和零部件盈亏的需要，又可以满足管理上要求划清企业内部各有关单位经济责任的要求，同时，由于结合使用了分类法，且各步骤之间的成本结转按计划成本进行，从而可以简化和加速成本的计算工作。

[案例 2]

1. 由于该企业属于大量、大批的单步骤生产，因此面包和饼干的成本计算应该采用品种法计算成本。由于面包、饼干的种类很多，成本计算工作可以在品种法的基础上结合应用分类法。

2. 各类面包和饼干类内的直接材料费用可以按定额消耗量或定额费用比例进行分配；其他费用可以按定额工时比例进行分配。上述分配也可以将分配标准预先折合成系数，采用系数法进行费用分配。

3. 完工产品与月末在产品之间的费用分配可以采用月末在产品按所耗直接材料费用计价法。

[案例 3]

1. 分别按照分类法和费用分配的一般方法将原材料费用在甲类产品内各种产品之间进行分配。

(1) 分类法下原材料费用的计算分配：

$$\text{分配率} = \frac{89\,100}{1\,000 \times 15 + 1\,500 \times 20 + 3\,000 \times 12} = 1.1$$

A 产品应负担原材料费用 = 15 000 × 1.1 = 16 500(元)

B 产品应负担原材料费用 = 30 000 × 1.1 = 33 000(元)

C 产品应负担原材料费用＝36 000×1.1＝39 600(元)

(2) 一般费用分配方法下原材料费用的分配：

$$分配率=\frac{68\ 440}{1\ 000×7+1\ 500×20+3\ 000×7}=1.18$$

A 产品应负担原材料费用＝7 000×1.18+7 600＝15 860(元)
B 产品应负担原材料费用＝30 000×1.18＝35 400(元)
C 产品应负担原材料费用＝21 000×1.18+13 060＝37 840(元)

2. 分别按照分类法和费用分配的一般方法将原材料费用在乙类产品内各种产品之间进行分配。

(1) 分类法下原材料费用的计算分配：

$$分配率=\frac{99\ 750}{1\ 500×30+1\ 000×20+1\ 000×30}=1.05$$

D 产品应负担原材料费用＝45 000×1.05＝47 250(元)
E 产品应负担原材料费用＝20 000×1.05＝21 000(元)
F 产品应负担原材料费用＝30 000×1.05＝31 500(元)

(2) 一般费用分配方法下原材料费用的分配：

$$分配率=\frac{67\ 450}{1\ 500×18+1\ 000×20+1\ 000×24}=0.95$$

D 产品应负担原材料费用＝27 000×0.95+26 900＝52 550(元)
E 产品应负担原材料费用＝20 000×0.95＝19 000(元)
F 产品应负担原材料费用＝24 000×0.95+5 400＝28 200(元)

3. 根据所给资料以及计算分配结果，在比较分析的基础上，说明两种分配结果之所以产生差异的原因以及分类法在成本计算上的假定性。

就甲类产品来说，与一般分配方法相比较，在分类法下，A 产品多分配了 640 元(16 500－15 860)，B 产品少分配了 2 400 元(33 000－35 400)，C 产品多分配了 1 760 元(39 600－37 840)。对以上差异的形成的具体原因可分析如下：A，C 两种产品均有专用材料，且这两种专用材料的实际费用与定额费用之比，均低于整个类别的实际费用与定额费用之比，即 A，C 产品专用材料的实际费用与定额费用之比分别为 0.95(7 600÷(1 000×8)) 和 0.870 67(13 060÷(3 000×5))，而整个类别的实际费用与定额费用之比为 1.1，因此，A，C 产品多负担了费用，B 产品相应少负担了费用。

就乙类产品来说，与一般分配方法相比较，在分类法下，D 产品少分配了 5 300 元(47 250－52 550)，E 产品多分配了 2 000 元(21 000－19 000)，F 产品多分配了 3 300 元(31 500－28 200)。对以上差异形成的具体原因可分析如下：

D，F 两种产品均有专用材料，且这两种专用材料的实际费用与定额费用之比分别为 1.494（26 900÷(1 500×12)）和 0.9（5 400÷(1 000×6)），前者远高于整个类别的实际费用与定额费用之比的 1.05，后者则低于整个类别的实际费用与定额费用之比的 1.05，因此，D 产品少负担了费用，E 产品和 F 产品相应多负担了费用。

综合以上分析可以看出，在分类法下，不论是直接计入费用还是间接计入费用，均采用按类归集，类内再按一定标准分配给各种产品的做法。这种做法虽然可以简化成本的计算工作，但有悖费用分配的一般原则，尤其是在直接计入费用所占比重较大，分配标准不够准确的情况下，成本计算的准确性会受到较大的影响。

第8章 作业成本法

学习指导

本章主要阐述作业成本法与估时作业成本法、数字化技术下的作业成本法两个方面的成本会计前沿理论。通过本章的学习,应掌握作业成本法的产生背景、基本概念以及基本原理和一般程序,掌握估时作业成本法的基本原理与一般程序以及它对作业成本法的改进,掌握质量成本的含义、核算、计量及控制,掌握环境成本的含义、核算与管理。本章各节的主要内容和学习要点如表8-1所示。

表8-1 主要内容和学习要点

章节	主要内容	学习要点
8.1 作业成本法与估时作业成本法	作业成本法产生的时代背景	▲作业成本法产生的时代背景
	作业成本法的基本概念	▲作业的含义和分类 ▲作业链和价值链的含义 ▲成本动因的含义与分类
	作业成本法的基本原理与一般程序	▲作业成本法的基本原理 ▲作业成本法的一般程序
	作业成本法的优点和局限性	▲作业成本法的优点 ▲作业成本法的局限性
	估时作业成本法的基本原理与一般程序	▲估时作业成本法的基本原理 ▲估时作业成本法的一般程序
	估时作业成本法对作业成本法的改进	▲估时作业成本法对作业成本法的改进
8.2 数字化技术下的作业成本法	数字化技术下作业成本法基本原理	▲数字化技术下作业成本法与传统作业成本的区别 ▲数字化技术下作业成本法的优缺点
	数字化技术下作业成本法核算原理	▲数字化技术下作业成本法核算步骤

练习题

（一）名词解释

1. 作业成本法
2. 作业
3. 单位作业
4. 批别作业
5. 产品作业
6. 维持性作业
7. 成本动因
8. 资源动因
9. 作业动因
10. 估时作业成本法
11. 时间方程

（二）判断题（正确的画"√"，错误的画"×"，并说明理由）

1. 作业链同时表现为价值链。（　　）
2. 根据成本动因在资源流动中所处的位置，通常将其分为资源动因和产品动因两类。（　　）
3. 估时作业成本法所获取的数据比作业成本法更加主观。（　　）
4. 估时作业成本法更容易反映实际情况的复杂性。（　　）
5. 数字化条件下，间接成本和直接成本的界限越来越模糊。（　　）
6. 数字化技术下的作业成本法和传统作业成本法的数据分析维度一样。（　　）

（三）单选题

1. 为每批产品调整生产设备属于（　　）。
   A. 单位作业　　　　　　　　B. 批别作业
   C. 产品作业　　　　　　　　D. 维持性作业
2. 下列各项作业中，属于典型的产品作业的是（　　）。
   A. 机器加工　　　　　　　　B. 产品检验
   C. 产品设计　　　　　　　　D. 厂区环卫
3. 下列各项中，不属于估时作业成本法对作业成本法的改进的是（　　）。
   A. 估时作业成本法的调查工作更简便易行，获取的数据更加客观
   B. 估时作业成本法设定的作业项目更少，计算更加简便
   C. 估时作业成本法更容易反映实际情况的复杂性
   D. 估时作业成本法更容易更新模型以反映经营情况的变化
4. 与传统作业成本法相比，数字化技术下的作业成本法还（　　）。
   A. 要考虑单位产品及服务的消耗
   B. 强调产品消耗作业，作业消耗资源，并最终创造价值
   C. 要考虑作业对应的时间因素
   D. 建立基础作业成本库

（四）多选题

1. 作业成本法的产生背景包括（　　）。

   A. 新技术革命

   B. 日趋激烈的市场竞争

   C. 间接费用大大增加，构成内容更加复杂

   D. 准时制生产、全面质量管理等企业经营管理思想和方法的出现

2. 下列关于作业成本法的基本原理的说法中正确的有（　　）。

   A. 产品消耗资源，资源消耗作业

   B. 作业消耗资源，产品消耗作业

   C. 生产导致作业的发生，作业导致成本的发生

   D. 生产导致成本的发生，成本导致作业的发生

3. 下列关于估时作业成本法的基本原理的说法中正确的有（　　）。

   A. 估时作业成本法的根本原理与作业成本法相似

   B. 估时作业成本法也需要将资源耗费分配到各项作业上

   C. 估时作业成本法利用时间方程直接将资源耗费分配给成本对象

   D. 时间方程就是描述各项业务消耗时间的方程以及各个成本对象消耗时间的方程

4. 数字化技术下的作业成本法的核算步骤包括（　　）。

   A. 外部数据输入及采集

   B. 数据治理

   C. 数字化下的作业成本法核算

   D. 数字化下的作业成本应用

（五）核算与计算题

1. 作业成本法的应用

[资料] 某企业生产香味卡片和普通卡片，涉及材料搬运、设备调整、机器加工、产品检查四种作业。20×9年6月相关数据如表8-2所示。

表8-2　生产数据

项目	香味卡片	普通卡片	合计
产量（张）	20 000	200 000	—
直接材料和人工（元）	160 000	1 500 000	1 660 000
直接人工小时	20 000	160 000	180 000
材料搬运成本（元）			120 000
材料搬运次数	180	120	300
设备调整成本（元）			240 000
设备调整次数	60	40	100

续表

项目	香味卡片	普通卡片	合计
机器加工成本（元）			200 000
机器加工小时	10 000	80 000	90 000
产品检查成本（元）			160 000
产品检查小时	2 000	16 000	18 000

[要求] 运用作业成本法计算20×9年6月香味卡片和普通卡片的单位成本。

2. 数字化技术下的作业成本法

[资料] 由于行业的特殊性，对于医院而言，洗衣房的洗衣费是一项很重要的开支，但由于成本分摊存在困难，洗衣费用与其他费用一样，采用科室人数等粗糙的标准在科室之间进行分摊。甲医院自从进行数字化转型之后，洗衣服这项活动会在系统中进行申请和执行，系统实时地记录每个科室送洗衣服的时间。该医院的系统每天自动根据每个科室洗衣服所耗费的具体时间对每天的洗衣费用进行分摊。表8-3列示了该医院5个科室11月1—7日每天洗衣服所耗费的时间。表8-4列示了洗衣房在上述期间每天发生的费用。

表8-3 科室洗衣服耗费时间一览表　　　　　　单位：小时

时间	科室1	科室2	科室3	科室4	科室5
11.1	1	0.5	2	0.5	1
11.2	0.4	2.5	2	4	1.1
11.3	3.5	2	2	1	1.5
11.4	3	2	2	1	2
11.5	2.5	2	1.5	2	2
11.6	2	1	3	2	2
11.7	1	2	2	3	2

表8-4 洗衣房费用　　　　　　单位：元

时间	费用
11.1	1 500
11.2	2 000
11.3	3 000
11.4	2 500
11.5	1 500
11.6	2 000
11.7	2 500

[要求] 请根据上述资料，在表8-5中列示系统自动将洗衣房每天的费用分

摊给每个科室的结果。

表8-5 洗衣费分摊 单位：元

时间	科室1 分配率	科室1 费用	科室2 分配率	科室2 费用	科室3 分配率	科室3 费用	科室4 分配率	科室4 费用	科室5 分配率	科室5 费用
11.1										
11.2										
11.3										
11.4										
11.5										
11.6										
11.7										

（六）简答题

1. 简述作业成本法的产生背景。
2. 简述作业成本法的基本原理。
3. 简述作业成本法的一般程序。
4. 作业成本法有哪些优点？
5. 作业成本法有哪些局限性？
6. 简述估时作业成本法的基本原理和一般程序。
7. 估时作业成本法在哪些方面对作业成本法进行了改进？

练习题答案

（一）名词解释（略）

（二）判断题

1. √

2. ×，根据成本动因在资源流动中所处的位置，通常将其分为资源动因和作业动因两类。

3. ×，估时作业成本法通过观察得到员工完成每项作业所需要的时间，这个数据更加客观。

4. √

5. √

6. ×，数字化技术下的作业成本法拥有更加丰富的数据分析维度。传统的成本计算方法及作业成本法仅能分配到产品、产品线等有限维度，而数字化技术下的作业成本法则能够利用丰富的数据维度及数据血缘关系，真实记录单一作业发生时对应的产品/服务消耗、客户名称、活动发生地点、时间及对应公司部门等多维度标签，营业成本及营业收入进而可以按照不同的数据维度进行汇总、分析。所以本题表述错误。

（三）单选题

1. B   2. C   3. B   4. C

（四）多选题

1. ABCD   2. BC   3. ACD   4. ABCD

（五）核算与计算题

1. 作业成本法的应用

计算四种作业的作业分配率并编制费用分配表，如表8-6所示。

$$材料搬运：\frac{120\,000}{180+120}=400(元)$$

$$设备调整：\frac{240\,000}{60+40}=2\,400(元)$$

$$机器加工：\frac{200\,000}{10\,000+80\,000}=2.22(元)$$

$$产品检查：\frac{160\,000}{2\,000+16\,000}=8.89(元)$$

表8-6 单位：元

项目	香味卡片	普通卡片
直接材料和人工	160 000	1 500 000
间接费用：		
材料搬运：		
400×180	72 000	
400×120		48 000
设备调整：		
2 400×60	144 000	
2 400×40		96 000
机器加工：		
2.22×10 000	22 200	
2.22×80 000		177 600
产品检查：		
8.89×2 000	17 780	
8.89×16 000		142 240
生产成本合计	415 980	1 963 840
产量（张）	20 000	200 000
单位成本	20.80	9.82

2. 数字化技术下的作业成本法

洗衣房每天的费用分摊给每个科室的结果见表8-7。

表 8-7 洗衣费分摊　　　　　　　　　　　　　　　　　　　单位：元

时间	科室 1 分配率	科室 1 费用	科室 2 分配率	科室 2 费用	科室 3 分配率	科室 3 费用	科室 4 分配率	科室 4 费用	科室 5 分配率	科室 5 费用
11.1	1/5	300	1/10	150	2/5	600	1/10	150	1/5	300
11.2	1/25	80	1/4	500	1/5	400	2/5	800	11/100	220
11.3	7/20	1 050	1/5	600	1/5	600	1/10	300	3/20	450
11.4	3/10	750	1/5			500		250	1/5	500
11.5	1/4	375	1/5	300	3/20	225	1/5	300	1/5	300
11.6	1/5	400	1/10	200	3/10	600	1/5	400	1/5	400
11.7	1/10	250	1/5	500	1/5	500	3/10	750	1/5	500

（六）简答题（略）

教材部分习题答案

练习题

1. 作业成本法的应用

计算结果如表 8-8 所示。

表 8-8 产品成本计算　　　　　　　　　　　　　　　　　　　单位：元

项目	作业动因分配率	男衬衫 动因	男衬衫 成本	女大衣 动因	女大衣 成本
订单	1 000	1	1 000	1	1 000
设计制样	2 000	2	4 000	4	8 000
采购	1 000	1	1 000	1	1 000
剪裁缝纫	5	2 000	10 000	1 000	5 000
质量控制	100	10	1 000	10	1 000
合计	—	—	17 000	—	16 000
单位产品间接成本	—	\multicolumn{2}{c}{17 000/500＝34}	\multicolumn{2}{c}{16 000/100＝160}
单位产品成本	—	\multicolumn{2}{c}{34＋60＝94}	\multicolumn{2}{c}{160＋210＝370}

2. 结合上述资料，通过设定计算规则即甲产品某操作步骤人工成本等于对应操作人员操作时间与对应小时工资率乘积，数据中台可自动且实时计算出甲种产品的人工成本，如表 8-9 所示。

表8-9　甲产品人工成本核算（数据中台自动计算）

单位：小时、元/小时、元

操作步骤	甲产品			
	操作人员	操作时间	小时工资率	人工成本
熔炼	A	0.6	50	30
拉丝	B	0.3	60	18
退火	C	0.3	60	18
涂覆	D	0.2	65	13
包装	E	0.1	40	4
合计				83

案例题

1. 传统成本法和作业成本法得到的两种产品成本差异如此巨大，主要原因是对间接费用的分配方法不同。传统成本法中更多地基于假设、方便的前提，采用主观分配的方法对间接费用进行分配，具体来说，通常采用机器工时、人工工时等分配标准对所有间接费用进行一次性分配。作业成本法中更多地采用动因追溯的方法对间接费用进行分配，具体来说，会对不同的间接费用进行分析，找到背后不同的成本动因，用这些成本动因对各项间接费用进行分配。

2. 传统成本法和作业成本法的主要区别在于对间接费用的分配方法不同。传统成本法对间接费用的分配简单但不准确，作业成本法对间接费用的分配较复杂但更准确。因此，作业成本法的产生背景主要有如下三个方面：

(1) 新技术革命导致间接费用的比重大幅上升，结构更加复杂。在这个背景下，间接费用的分配方法更加重要，传统成本法和作业成本法的区别也更加明显。

(2) 市场竞争日趋激烈使得产品特征向个性化、多元化、市场化、短期化方向发展。在这个背景下，企业的产品差异性增大，导致不同产品消耗不同间接作业的差异增大，因而传统成本法下按统一标准分配间接费用造成的产品成本偏离真实成本的程度更高。

(3) 企业的生产经营管理更加深入，对成本数据的准确性要求更高。在这个背景下，不准确的成本信息给企业带来的影响更大，造成的损失更高，企业对更加准确的成本计算方法的需求更加迫切。

3. 不同成本计算方法得到的两种产品不同的成本数据可能会影响公司的产品定价、产品发展等决策。例如，企业如果根据产品成本进行产品定价，在传统成本法下普通卡片和香味卡片的价格相差不大，而在作业成本法下香味卡片的价格会大大高于普通卡片的价格。又如，企业如果根据市场进行产品定价（假设香味卡片定价 25 元，普通卡片定价 15 元），然后通过产品盈利性分析来确定产品未来的发展方向，则在传统成本法下会得出香味卡片的盈利性明显高于普通卡片的结论，从而做出大力发展香味卡片的决策，而在作业成本法下会得出普通卡片盈利性高于香味卡片的结论，从而做出大力发展普通卡片的决策。

第 9 章　成本报表与成本分析

学习指导

本章主要阐述工业企业成本报表的编制和分析。通过本章学习，首先，要了解成本报表的作用、种类和作为对内报表所具有的特点，学习和掌握成本报表的编制程序和分析方法；其次，通过学习和作业练习，深入地学习和熟练地掌握各种成本报表的内容结构、编制方法和运用各种分析方法分析各种成本报表的技能。本章各节的主要内容和学习要点如表 9-1 所示。

表 9-1　主要内容和学习要点

章节	主要内容	学习要点
9.1 成本报表的作用和种类	成本报表的作用	▲成本报表的含义 ▲成本报表的作用
	成本报表的种类	▲成本报表可以分为：反映产品成本情况的报表和反映各种费用支出的报表
	成本报表的特点	▲成本报表在编制目的、种类、内容和格式以及时效等方面的特点
9.2 成本报表的编制	成本报表的编制方法	▲全部产品生产成本（包括按产品种类反映和按成本项目反映）报表的编制 ▲主要产品单位成本报表的编制 ▲各种费用报表的编制
9.3 成本分析	成本分析的一般程序和方法	▲成本分析的一般程序 ▲成本分析的数量分析方法（包括比较分析法、比率分析法、连环替代法和差额计算法）
	全部商品成本计划完成情况分析	▲按产品种类分析全部商品产品成本计划完成情况 ▲按成本项目分析全部商品产品成本计划完成情况

续表

章节	主要内容	学习要点
9.3 成本分析	可比产品成本降低计划完成情况分析	▲影响可比产品成本降低计划完成情况的各种因素及各因素影响程度的分析
	主要产品单位成本分析	▲主要产品单位成本变动情况分析 ▲主要产品单位成本按成本项目的分析
	制造费用和各项期间费用的分析	▲制造费用和各项期间费用分析的一般方法 ▲为了分析费用支出的合理性对各种费用的分类
	作业成本分析	▲作业成本法本-量-利分析 ▲作业成本法下各种制造费用的分析
	成本效益分析	▲产值成本率 ▲主营业务成本费用率分析 ▲成本费用利润率分析
	技术经济指标变动对产品成本影响的分析	▲各项技术经济指标同产品单位成本的关系 ▲设备利用率、成品率变动对产品单位成本的影响分析

练习题

（一）名词解释

1. 成本报表
2. 全部产品生产成本表
3. 可比产品成本降低额
4. 可比产品成本降低率
5. 主要产品单位成本表
6. 比较分析法
7. 比率分析法
8. 相关指标比率分析
9. 构成比率分析
10. 动态比率分析
11. 连环替代法
12. 差额计算法
13. 成本报表分析
14. 产值成本率
15. 主营业务成本费用率
16. 成本费用利润率
17. 技术经济指标

（二）判断题（正确的画"√"，错误的画"×"，并说明理由）

1. 成本报表属于对外报表。（　　）
2. 比较分析法只适用于同质指标的数量对比。（　　）
3. 相关指标比率是指将性质不同但又相关的指标对比求出的比率。（　　）
4. 构成比率是指某项经济指标的各个组成部分占总体的比重。（　　）
5. 成本费用利润率是一种构成比率。（　　）

6. 在连环替代法下，如果既有数量因素又有质量因素，则先计算数量因素变动的影响，后计算质量因素变动的影响。（　　）

7. 在连环替代法下，如果既有实物量因素又有价值量因素，则先计算价值量因素变动的影响，后计算实物量因素变动的影响。（　　）

8. 影响可比产品成本降低额指标变动的有产品产量和产品品种构成两个因素。（　　）

9. 影响可比产品成本降低率指标变动的有产品产量、产品品种构成和产品单位成本三个因素。（　　）

10. 在分析和评价各项费用计划执行情况时，应充分考虑各费用项目支出的特点，而不能简单地认为一切节约都是合理的，一切超支都是不合理的。（　　）

11. 产值成本率是反映企业成本效益的一项指标。（　　）

12. 设备利用率变动会直接影响产品产量，并通过产量间接地影响产品的单位成本。（　　）

13. 成品率的提高虽然不能提高产品产量，但可以降低单位产品的原材料耗费，从而降低产品的单位成本。（　　）

14. 影响主营业务成本率变动的因素有销售产品的品种结构、单位成本和销售单价三个因素。（　　）

（三）单选题

1. 在下列报表中，属于内部报表的是（　　）。
A. 资产负债表　　　　　　　　B. 利润表
C. 现金流量表　　　　　　　　D. 全部产品生产成本表

2. 在比率分析法中，将两个性质不同但有相关的指标的比率称为（　　）。
A. 构成比率　　　　　　　　　B. 动态比率
C. 相关指标比率　　　　　　　D. 效益比率

3. 在可比产品成本降低计划完成情况的分析中，单纯的产量变动（　　）。
A. 只影响降低额
B. 只影响降低率
C. 既影响降低额又影响降低率
D. 既不影响降低额也不影响降低率

4. 主营业务成本费用率是本期的主营业务成本及期间费用与（　　）的比率。
A. 主营业务收入　　　　　　　B. 总产值
C. 商品产值　　　　　　　　　D. 营业收入

5. 可比产品成本实际降低率是指可比产品成本实际降低额与可比产品按（　　）的比率。
A. 本年计划单位成本计算的总成本

B. 上年计划单位成本计算的总成本

C. 同行业平均单位成本计算的总成本

D. 上年实际平均单位成本计算的总成本

6. 在下列技术经济指标中，其变动不仅直接影响产品对资源的消耗水平，从而直接影响产品单位成本，而且会通过影响产品产量，间接影响产品单位成本的是（　　）。

  A. 焦比   B. 成品率

  C. 设备利用率   D. 每吨电炉钢耗电量

7. 在下列指标中，属于反映企业成本效益的指标是（　　）。

  A. 成本费用利润率   B. 设备利用率

  C. 制造费用率   D. 直接材料费用率

（四）多选题

1. 采用连环替代法时，各因素替换顺序的排列原则有（　　）。

  A. 先数量因素后质量因素

  B. 先质量因素后数量因素

  C. 先实物量因素后价值量因素

  D. 先价值量因素后实物量因素

2. 在下列比率中，属于构成比率的有（　　）。

  A. 制造费用比率   B. 成本费用利润率

  C. 直接人工费用比率   D. 直接材料费用比率

3. 影响可比产品成本降低额的因素有（　　）。

  A. 产品产量   B. 产品单位成本

  C. 产品品种构成   D. 产品价格

4. 影响可比产品成本降低率的因素有（　　）。

  A. 产品产量   B. 产品单位成本

  C. 产品品种构成   D. 产品价格

5. 下列指标中，反映企业成本效益的指标有（　　）。

  A. 产值成本率   B. 主营业务成本费用率

  C. 成本费用利润率   D. 可比产品成本降低率

6. 影响产值成本率变动的因素有（　　）。

  A. 产品品种构成

  B. 产品单位成本

  C. 商品产值按现行价格计算时价格的变动

  D. 产品产量

7. 计算主营业务成本费用率指标所利用的数据有（　　）。

A. 主营业务成本　　　　　　　B. 期间费用

C. 制造费用　　　　　　　　　D. 主营业务收入

8. 在下列技术经济指标中，其变动直接影响产品对资源的消耗水平，从而直接影响产品单位成本的有（　　）。

A. 焦比　　　　　　　　　　　B. 每吨纸耗用标准煤量

C. 设备利用率　　　　　　　　D. 每吨电炉钢耗电量

9. 在下列分析制造费用差异的公式中，属于效率差异的有（　　）。

A. （实际作业小时－标准作业小时）×标准小时费用率

B. （实际作业次数－标准作业次数）×每次作业标准费用

C. （实际小时费用率－标准小时费用率）×实际作业小时

D. （每次作业实际费用－每次作业标准费用）×实际作业次数

（五）核算与计算题

1. 全部产品生产成本计划完成情况分析

［资料］

（1）全部产品生产成本表（按产品种类反映）见表9-2。

表9-2　全部产品生产成本表

（按产品种类反映）　　　　　　　　　　　　　　　　　　单位：元

产品名称	计量单位	实际产量	单位成本			总成本		
			上年实际平均	本年计划	本期实际	按上年实际平均单位成本计算	按本年计划单位成本计算	本期实际
可比产品合计								
甲	件	40	800	750	720			
乙	件	45	950	920	900			
不可比产品合计								
丙	件	30		350	430			
全部产品								

（2）可比产品成本计划降低额2 840元，计划降低率3.8%。

（3）产值成本率计划数为70元/百元，商品产值本月实际数按现行价格计算为130 000元。

［要求］

（1）计算并填列全部产品生产成本表（按产品种类反映）中总成本各栏数字（各种产品和可比、不可比产品合计）。

（2）计算可比产品成本实际降低额和实际降低率，并分析可比产品成本降低计划的完成情况。

（3）分析全部产品生产成本计划的完成情况和产值成本率计划的完成情况。

2．全部产品生产成本表（按产品种类反映）的编制和分析

[资料]

（1）某单位全部产品生产成本表（按产品种类反映）见表9-3。

表9-3　全部产品生产成本表
（按产品种类反映）　　　　　　　　　　　　　单位：元

产品名称	计量单位	实际产量	单位成本 上年实际平均	单位成本 本年计划	单位成本 本期实际	总成本 按上年实际平均单位成本计算	总成本 按本年计划单位成本计算	总成本 本期实际
甲	件	50	560	550				27 250
乙	件	25	800	780				19 500
可比产品合计								
丙	件	76	—	480		—		34 200
丁	件	95	—	360		—		37 050
不可比产品合计								
全部产品						—		

（2）计划产量见表9-4。

表9-4　计划产量

产品名称	计量单位	数量
甲	件	45
乙	件	30
丙	件	70
丁	件	95

（3）本期材料涨价，影响可比产品成本实际比计划增加60元。

（4）可比产品产量和品种构成变动是由于市场需求发生变化，生产部门及时进行调整。

[要求]

（1）编制全部产品生产成本表（按产品种类反映），计算可比产品成本计划降低额（列出计算公式）以及可比产品成本计划降低率。

（2）对本月全部产品成本计划完成情况进行总括评价。

（3）分析可比产品成本降低计划的完成情况。

（4）结合以上计算过程和题中所给资料，对企业成本工作进行简要评价。

3．主要产品单位成本表分析

[资料]某企业甲产品单位成本的资料见表9-5。

表 9-5 主要产品单位成本表

产品名称：甲　　　　　　　　　　　　　　　　　　　　　　　　　　　　　　　单位：元

成本项目	上年实际平均	本年计划	本期实际
直接材料	1 900	1 890	1 870
直接人工	150	168	160
制造费用	240	212	200
合计	2 290	2 270	2 230
主要技术经济指标	用量	用量	用量
原材料消耗量（千克）	950	900	850
原材料单价	2	2.1	2.2

[要求]

（1）分析甲产品单位成本变动情况。

（2）分析影响直接材料费用变动的因素和各因素变动的影响程度。

4. 产品单位成本的直接人工费用项目分析

[资料] 甲产品单位成本直接人工费用项目为计划 320 元，实际 315 元。经查，单位产品工时消耗为计划 40 小时，实际 35 小时；小时工资率为计划 8 元，实际 9 元。

[要求] 采用差额计算法，计算工时消耗数量和小时工资率变动对产品单位成本直接人工费用项目变动的影响程度。

5. 单位产品原材料费用变动分析

[资料] 某企业改进乙产品设计，简化了产品结构，减轻了产品重量，改进了乙产品的加工方法，提高了原材料利用率。改进前后的有关资料见表 9-6。

表 9-6 乙产品原材料费用变动表

项目	改进前	改进后
材料费用总额（元）	50 000	48 000
材料平均单价（元）	10	10
材料消耗总量（千克）	5 000	4 800
加工后产品净重（千克）	4 000	3 900
产品产量（件）	100	100

说明：废料无残值。

[要求]

（1）计算由于改进乙产品设计、减轻乙产品重量对单位产品原材料费用的影响。

（2）计算产品加工方法改进前后的原材料利用率，并以减轻重量后的乙产品单位产品的原材料费用为基础，计算由于原材料利用率变动对单位产品原材料费用的影响。

（3）计算上述两项措施对乙产品单位产品原材料费用的影响。

6. 原材料费用变动情况分析

[资料] 某企业丙产品原材料消耗情况见表9-7。

表9-7 丙产品原材料消耗表

材料种类	计划配比				实际配比			
	单价（元）	用量（千克）	配比（%）	金额（元）	单价（元）	用量（千克）	配比（%）	金额（元）
A	30	40	40	1 200	25	50	47.62	1 250
B	80	60	60	4 800	85	55	52.38	4 675
合计		100	100	6 000		105	100	5 925
平均单价				60				56.43

[要求] 根据表9-7的资料，分别计算原材料消耗总量、配料比例和原材料价格变动对丙产品原材料费用变动的影响。

7. 成品率指标变动对产品单位成本影响的分析

[资料] 某企业成品率变动情况见表9-8。

表9-8 成品率变动情况表

指标	计划数	实际数	差异
原材料投入量（吨）	800	800	—
产品产量（吨）	640	704	+64
成品率（%）	80	88	+8
单位产品原材料消耗量（吨）	12.5	1.136	-0.114
原材料计划价格（元/吨）	500	500	—

原材料成本为变动成本，在成本构成中占80%，其余工资、制造费用等均为固定成本，在成本构成中占20%。

[要求] 计算成品率指标变动对产品单位成本的影响。

8. 产值成本率分析

[资料] 某企业20××年度生产和销售A、B两种产品。该年度这两种产品的产量、成本、价格等有关资料见表9-9。

表9-9 成本计算资料　　　　　　　　　　　　　单位：元

产品	产量（件）		单价		单位成本		产值		总成本	
	计划	实际	计划	实际	计划	实际	计划	实际	计划	实际
A	200	150	500	520	400	380	100 000	78 000	80 000	57 000
B	300	400	400	450	300	310	120 000	180 000	90 000	124 000
合计	—	—					220 000	258 000	170 000	181 000

[要求]

(1) 计算该年度该企业的计划和实际的产值成本率以及两者之间的差异。

(2) 对实际产值成本率与计划产值成本率之间的差异进行因素分析。

9. 作业成本分析

[资料] 根据制造费用与作业和作业量之间的关系，分别判断下列各企业制造费用的类型，并对其制造费用差异进行分析。

(1) 甲企业是一家啤酒酿造厂，该企业在啤酒酿造过程中需对原材料进行筛选处理。每次筛选处理的预算费用为 2 000 元，每次能够满足 50 件产品的原料需要。本月实际生产产品 300 件，实际进行原料筛选 5 次，平均每次实际发生费用 2 200 元。

(2) 乙企业是一家禽类养殖场，需要每月对养殖场进行全面的消毒处理。根据要求，养殖场每个月消毒的标准次数为 2 次，每次的预算费用为 1 800 元。本月乙企业实际消毒 3 次，每次实际费用 1 500 元。

(3) 丙企业是一家玩具制造厂，每件玩具的预算工时为 0.5 小时，预算费用为 15 元/小时。本月丙企业实际生产工时为 280 小时，实际产量 600 件，实际费用为 16 元/小时。

(4) 丁企业是一家饲料生产厂，预计正常生产能力条件下，需要机器总工时 32 000 小时，正常产量为 1 600 件。本月丁公司的实际机器总工时为 34 200 小时，实际产量 1 800 件。本月机器折旧费、车间管理人员工资等固定性制造费用预算为 32 000 元，实际发生额为 35 000 元。

(六) 简答题

1. 成本报表的作用是什么？

2. 与对外报表（财务报表）相比，成本报表作为内部报表具有哪些特点？

3. 简述成本报表分析的一般程序。

4. 简述比较分析法的特点和适用范围。

5. 什么是比率分析法？其具体形式有哪几种？

6. 连环替代法的适用范围和特点是什么？

7. 如何利用全部产品生产成本表（按产品种类反映）对企业全部产品成本计划的完成情况进行总括评价？

8. 影响可比产品成本降低计划完成情况的因素有哪些？各因素变动影响的特点是什么？

9. 如何分析全部产品生产成本表（按成本项目反映）？

10. 如何设计主要产品单位成本表？

11. 如何分析主要产品单位成本？

12. 在分析产品成本计划完成情况时，应注意哪些问题？

13. 如何分析各种费用明细表？

14. 为什么要进行成本效益分析？反映成本效益的指标主要有哪些？

15. 为什么要编报技术经济指标变动对产品成本影响分析表？

16. 编报主要技术经济指标变动对产品成本影响分析表应突出哪些特点？

17. 技术经济指标变动对产品单位成本产生影响的途径有几种情况？

18. 为什么产量变动会影响产品单位成本？

19. 与传统成本分析方法相比，作业成本分析有哪些优势？

练习题答案

（一）名词解释（略）

（二）判断题

1. ×，成本报表属于内部报表。

2. √

3. √

4. √

5. ×，成本费用利润率是一种相关比率。

6. √

7. ×，在连环替代法下，如果既有实物量因素又有价值量因素，则先计算实物量因素变动的影响，后计算价值量因素变动的影响。

8. ×，影响可比产品成本降低额指标变动的有：产品产量、产品品种构成和产品单位成本三个因素。

9. ×，影响可比产品成本降低率指标变动的有：产品品种构成和产品单位成本两个因素。

10. √

11. √

12. √

13. ×，成品率的提高，既可以降低单位产品的原材料耗费，又可以增加产品产量。

14. √

（三）单选题

| 1. D | 2. C | 3. A | 4. A | 5. D |
| 6. B | 7. A | | | |

（四）多选题

| 1. AC | 2. ACD | 3. ABC | 4. BC | 5. ABC |
| 6. ABC | 7. ABD | 8. ABD | 9. AB | |

(五) 核算与计算题

1. 全部产品生产成本计划完成情况分析

(1) 全部产品生产成本表 (按产品种类反映) 见表 9-10。

表 9-10 全部产品生产成本表
(按产品种类反映)   单位：元

产品名称	计量单位	实际产量	单位成本 上年实际平均	单位成本 本年计划	单位成本 本期实际	总成本 按上年实际平均单位成本计算	总成本 按本年计划单位成本计算	总成本 本期实际
可比产品合计						74 750	71 400	69 300
甲	件	40	800	750	720	32 000	30 000	28 800
乙	件	45	950	920	900	42 750	41 400	40 500
不可比产品合计								
丙	件	30		350	430		10 500	12 900
全部产品						74 750	81 900	82 200

(2) 可比产品成本降低计划完成情况分析。

可比产品成本实际降低额 = 74 750 - 69 300 = 5 450 (元) (超计划降低)

可比产品成本实际降低率 = $\dfrac{5\,450}{74\,750} \times 100\% = 7.291\,0\%$ (超计划降低)

计划降低额 = 2 840 元   计划降低率 = 3.8%

实际降低额 = 5 450 元   实际降低率 = 7.291 0%

分析对象：降低额 = 5 450 - 2 840 = 2 610 (元) (超计划降低)

降低率 = 7.291 0% - 3.8% = 3.491% (超计划降低)

因素分析：采用简化的连环替代法确定各因素变动的影响程度。

1) 单位成本变动影响。

71 400 - 69 300 = 2 100 (元)

$\dfrac{2\,100}{74\,750} \times 100\% = 2.809\,4\%$

2) 产品品种构成变动影响。

3.491% - 2.809 4% = 0.681 6%

74 750 × 0.681 6% = 509.50 (元)

3) 产品产量变动影响。

2 610 - (2 100 + 509.50) = 0.5 (元)

可比产品成本超计划降低 2 610 元 (即 3.491%)，主要是由于单位成本的降低，其次是因为产品品种构成的变化，成绩是肯定的，应进一步查明原因，总结经验，提高业绩。

（3）全部产品生产成本计划完成情况。

$$82\,200-81\,900=+300(超支)$$

$$\frac{300}{81\,900}\times100\%=+0.37\%(超支)$$

产值成本率计划数为70元/百元，实际数为：

$$\frac{82\,200}{130\,000}\times100=63.23(元/百元)$$

以上计算表明，本月全部产品累计实际总成本虽然比计划超支，但本月产品产值也大，从产值成本率分析来看，企业本月生产耗费的经济效益是好的。总成本超支主要是由于丙产品（不可比产品）成本超支，而可比产品甲、乙产品成本都是降低的。进一步分析，应查明丙产品成本超支和甲、乙产品成本降低的原因。

2. 全部产品生产成本表（按产品种类反映）的编制和分析

（1）全部产品生产成本表（按产品种类反映）见表9-11。

表9-11　全部产品生产成本表

（按产品种类反映）　　　　　　　　　　　　　单位：元

产品名称	计量单位	实际产量	单位成本			总成本		
			上年实际平均	本年计划	本期实际	按上年实际平均单位成本计算	按本年计划单位成本计算	本期实际
甲	件	50	560	550	545	28 000	27 500	27 250
乙	件	25	800	780	780	20 000	19 500	19 500
可比产品合计						48 000	47 000	46 750
丙	件	76	—	480	450	—	36 480	34 200
丁	件	95	—	360	390	—	34 200	37 050
不可比产品合计						—	70 680	71 250
全部产品						—	117 680	118 000

根据表中甲、乙产品上年实际平均和本年计划单位成本和计划产量资料计算，可比产品成本计划降低额1 050元，其计算过程如下：

$$(45\times560+30\times800)-(45\times550+30\times780)=1\,050(元)$$

$$可比产品成本计划降低率=\frac{1\,050}{49\,200}\times100\%=2.134\,1\%$$

(2) 全部产品成本计划完成情况总评价。

118 000－117 680＝＋320(元)(超支)

$\frac{320}{117\,680} \times 100\% = +0.27\%$(超支)

(3) 可比产品成本降低计划完成情况分析。

1) 分析对象：计划降低额＝1 050 元　计划降低率 2.134 1％

实际降低额＝1 250 元　实际降低率 2.604 2％

实际比计划多降低 200 元，即 0.470 1％。

2) 各因素影响程度见表 9－12。

表 9－12　各因素影响程度

指标	降低额（元）	降低率（％）
①在计划产量、计划品种构成和计划单位成本情况下的成本降低数	1 050	2.134 1％
②在实际产量、计划品种构成和计划单位成本情况下的成本降低数	48 000×2.134 1％＝1 024.37	2.134 1％
②－①产品产量变动的影响	－25.63	0
③在实际产量、实际品种构成和计划单位成本情况下的成本降低数	48 000－47 000＝1 000	$\frac{1\,000}{48\,000} \times 100\% = 2.083\,3\%$
③－②产品品种构成变动的影响	－24.37	－0.050 8％
④在实际产量、实际品种构成和实际单位成本情况下的成本降低数	48 000－46 750＝1 250	$\frac{1\,250}{48\,000} \times 100\% = 2.604\,2\%$
④－③产品单位成本变动的影响	250	0.520 9％
合计	200	0.470 1％

上述各因素变动的影响程度也可采用简化的方法计算，此处从略。

(4) 结合以上计算过程及题中所给资料，对企业成本工作进行简要评价。

1) 企业全部产品成本计划未完成，实际比计划超支 320 元，即 0.27％。主要原因是不可比产品超支 570 元，而可比产品成本实际比计划还降低 250 元。在可比产品中，主要是甲产品成本降低，而乙产品成本实际与计划持平。在不可比产品中，主要是丁产品超支 2 850 元，而丙产品成本还降低 2 280 元。各种产品成本增加或降低的具体原因需进一步查明，但成本升降幅度大的产品应作为进一步重点分析的对象。特别是不可比产品，产品数量大，其成本变动影响也大，又是初次生产，是计划工作中的问题，也是管理中的问题，应进一步深入研究。

2) 企业可比产品成本降低计划完成较好，实际比计划多降低 200 元。即 0.470 1％。其中主要是甲产品成本的降低。通过影响因素分析发现，计划完成较好主要是单位成本变动的影响，这一因素变动使实际比计划多降低250元，如果扣除因材料涨价（使可比产品成本增加60元）的影响，单位成本变动使实际比计划降低310元，表明成本工作是有效的。其他两因素变动，产品品种构成变动使成本实际比计划增加了24.37元，产品产量变动使实际比计划增加了25.63元。根据题中所给资料，即从生产部门了解，产量和品种构成的变动是由于市场需求发生变化、生产部门及时调整的结果。

3. 主要产品单位成本表分析

（1）甲产品单位成本变动情况分析。本期实际单位成本比上年实际减少60元（2 290－2 230），即2.62%；比本年计划减少40元（2 270－2 230），即1.76%。

（2）直接材料费用变动情况分析。直接材料费用实际比计划减少20元（1 870－1 890），其中：

1）由于材料消耗数量降低而节约的直接材料费用。

$$(850－900) \times 2.1 ＝ －105(元)$$

2）由于材料价格上涨而超支的直接材料费用。

$$(2.2－2.1) \times 850 ＝ ＋85(元)$$

两项因素变动使直接材料费用实际比计划减少20元（85－105）。

4. 产品单位成本的直接人工费用项目分析

（1）分析对象。

$$320－315＝5(元)（超计划降低）$$

（2）因素分析。

$$工时消耗数量变动影响＝(35－40) \times 8＝－40(元)$$
$$小时工资率变动影响＝(9－8) \times 35＝35(元)$$
$$两因素影响合计＝－40＋35＝－5(元)$$

5. 单位产品原材料费用变动分析

（1）改进前产品单位成本 $= \dfrac{50\,000}{100} = 500(元)$

$$\begin{matrix}产品重量变动对产品\\单位成本的影响\end{matrix} = \left(1 - \dfrac{3\,900}{4\,000}\right) \times 500$$

$$= 12.5(元)（降低）$$

（2） $\dfrac{改进前}{原材料利用率} = \dfrac{4\,000}{5\,000} \times 100\% = 80\%$

$\dfrac{改进后}{原材料利用率} = \dfrac{3\,900}{4\,800} \times 100\% = 81.25\%$

$$\begin{aligned}\text{原材料利用率变动对单位}\\ \text{产品原材料费用的影响}\end{aligned} = \left(1 - \frac{80\%}{81.25\%}\right) \times (500 - 12.5)$$
$$= 7.5(元)(降低)$$

(3) 两项措施共使乙产品单位产品原材料费用降低了 20 元（12.5+7.5）。

6. 原材料费用变动情况分析

(1) 原材料消耗总量变动影响。

$$(105-100) \times 60 = 300(元)(超计划降低)$$

(2) 原材料配料比例变动影响。按实际配比原材料消耗量、原材料计划单价计算的原材料平均单价。

$$\frac{50 \times 30 + 55 \times 80}{105} = 56.19(元)$$

配料比例变动影响：

$$105 \times (56.19 - 60) = -400(元)$$

(3) 原材料价格变动影响。

$$105 \times (56.43 - 56.19) = 25.2(元)$$

从以上计算可知，企业改进配料比例，使丙产品原材料费用总额节省 75 元（5 925-6 000），其中主要是原材料消耗量的增加和原材料价格上涨的影响，而配料比例的改进使原材料费用降低了 400 元（因小数点后取数位数，计算有尾差），可见这一措施的效果是好的。

7. 成品率指标变动对产品单位成本影响的分析

(1) 由于原材料成本降低而使产品单位成本降低数。

$$(1.25 - 1.136) \times 500 = 57(元)$$

(2) 由于产量增加而使产品单位成本降低数。

$$\begin{aligned}\text{产量变动影响产品}\\ \text{单位成本降低}\\ \text{（或升高）百分比}\end{aligned} = \left(\begin{aligned}\text{单位成本中}\\ \text{变动费用}\\ \text{所占比率}\end{aligned} + \frac{\begin{aligned}\text{计划单位成本中}\\ \text{固定费用所占比率}\end{aligned}}{\text{产量计划完成比率}} \times 100\%\right) - 1$$

$$= \left(80\% + \frac{20\%}{\frac{704}{640} \times 100\%} \times 100\%\right) - 1$$

$$= (80\% + 18.18\%) - 1$$

$$= -1.82\%$$

单位成本降低额 $= (1.136 \times 500) \times (-1.82\%)$

$$= -10.34(元)$$

以上两项共使产品单位成本降低 67.34 元（57+10.34）。

8. 产值成本率分析

(1) 计算计划和实际的产值成本率以及两者之间的差异。

$$计划产值成本率=\frac{170\,000}{220\,000}\times100\%=77.272\,7\%$$

$$实际产值成本率=\frac{181\,000}{258\,000}\times100\%=70.155\%$$

$$差异=70.155\%-77.272\,7\%=-7.117\,7\%$$

(2) 对差异的形成进行因素分析。

① 计划产值成本率=77.272 7%

② 按实际产品品种结构、计划单位成本、计划出厂价格计算的产值成本率 $=\frac{400\times150+300\times400}{500\times150+400\times400}\times100\%$
$=76.595\,7\%$

产品品种结构变动的影响数额=②-①=76.595 7%-77.272 7%
$=-0.677\%$

③ 按实际产品品种结构、实际单位成本、计划出厂价格计算的产值成本率 $=\frac{380\times150+310\times400}{500\times150+400\times400}\times100\%$
$=77.021\,3\%$

单位成本变动的影响数额=③-②=77.021 3%-76.595 7%=0.425 6%

④ 按实际产品品种结构、实际单位成本、实际出厂价格计算的产值成本率 $=\frac{181\,000}{258\,000}\times100\%=70.155\%$

出厂价格变动的影响数额=④-③=70.155%-77.021 3%=-6.866 3%

9. 作业成本分析

(1) 甲企业的变动性制造费用属于与作业次数和产量均相关的变动性制造费用。

制造费用差异分析如下：

标准筛选处理次数=300/50=6(次)

作业量差异(效率差异)=(5-6)×2 000=-2 000(元)

作业费用率差异(价格差异)=5×(2 200-2 000)=1 000(元)

(2) 乙企业的制造费用属于与作业次数相关但与产量无关的制造费用。

制造费用差异分析如下：

作业量差异=(3-2)×1 800=1 800(元)

作业费用率差异=3×(1 500-1 800)=-900(元)

(3) 丙企业的变动性制造费用属于与产量（作业时间）相关的变动性制造费用。

制造费用差异分析如下：

消耗量差异(效率差异)=(280-600×0.5)×15=-300(元)

小时费用率差异(价格差异)＝280×(16－15)＝280(元)

(4) 丁企业的制造费用属于与作业次数和产量均不相关的固定性制造费用。制造费用差异分析如下：

预算差异＝35 000－32 000＝3 000(元)

生产能力利用差异＝(1－34 200/32 000)×32 000＝－2 200(元)

生产效率差异＝(34 200/32 000－1 800/1 600)×32 000＝－1 800(元)

(六) 简答题 (略)

教材部分习题答案

练习题

(1) 利用全部产品生产成本表（按产品种类反映）可以总括地分析全部产品成本计划的完成情况、各种产品成本计划的完成情况，以及可比产品成本降低计划的完成情况。同时，还可以分析产值成本率等指标的计划完成情况。

在分析时，应从总括分析入手，逐步深入地进行分析，在具体的计算分析过程中，可采用比较分析法、比率分析法以及连环替代法等方法。

(2) 根据本题的资料，可以进行以下几个方面的计算分析：

1) 全部产品成本以及各种产品成本计划完成情况分析，见表9－13。

表9－13　全部产品成本计划完成情况分析表
20××年3月

产品名称	计划总成本	实际总成本	实际比计划升降额	实际比计划升降率（%）
1. 可比产品				
甲	16 400	16 240	－160	－0.975 6
乙	58 500	57 000	－1 500	－2.564 1
小计	74 900	73 240	－1 660	－2.216 29
2. 不可比产品				
丙	22 800	21 200	－1 600	－7.017 5
合计	97 700	94 440	－3 260	－3.333 7

由以上计算分析可以看出，本月全部产品以及各种产品均较好地完成了成本计划，即实际成本较计划成本均有所降低，尤其是可比产品中的乙产品和不可比产品丙产品成本降低幅度较大。结合所给资料可以看出，可比产品的成本降低是在原材料价格上涨、车间会同技术部门积极采取措施的情况下主观努力的结果，所以可比产品成本的降低属于有关车间部门的工作业绩，应予以肯定。

2) 可比产品成本降低计划完成情况分析。

可比产品成本降低计划完成情况：

计划降低额：500 元　　　　计划降低率：0.833 33%

实际降低额：2 760 元　　　实际降低率：3.631 58%

实际脱离计划差异：

降低额＝2 760－500＝2 260(元)

降低率＝3.631 58%－0.833 33%＝2.798 25%

计算确定各因素变动时可比产品成本降低计划完成情况的影响程度：

a. 产品产量变动的影响。

76 000×0.833 33%＝633.33(元)

产品产量变动对降低额的影响＝633.33－500＝133.33(元)

b. 产品品种构成变动的影响。

76 000－74 900＝1 100(元)

产品品种构成变动对降低额的影响＝1 100－633.33＝466.67(元)

产品品种构成变动对降低率的影响＝$\frac{466.67}{76\,000}×100\%＝0.614\,04\%$

c. 产品单位成本变动的影响。

76 000－73 240＝2 760(元)

产品单位成本变动对降低额的影响＝2 760－1 100＝1 660(元)

产品单位成本变动对降低率的影响＝$\frac{1\,660}{76\,000}×100\%＝2.184\,21\%$

由以上计算分析可以看出，可比产品较好地完成了成本降低计划，即实际降低额和实际降低率均完成了计划。而且成本的降低主要是由单位成本的降低带来的，结合所给的资料，应对车间、技术部门在成本管理中的业绩给予肯定。另外，产量和产品品种构成的变动对成本降低计划的完成产生了积极的影响，这种影响是企业根据市场需求变化进行产品产量调整的结果，是合理的。

另外，本月的产值成本率指标也完成了计划，即计划产值成本率为80 元/百元，实际产值成本率为79 元/百元（(94 440/119 540)×100），这说明本月产品劳动耗费所取得的经济效益较好。对此问题还应结合有关资料进行深入分析。

(3) 在分析成本报表时，应注意：成本计划本身的正确性；成本核算资料的真实性；在分析评价中要分清主观努力和客观因素对成本降低或增加的影响，以正确地评价企业或车间等在成本管理中的业绩或不足。

案例题

[案例 1]

1. 主要原因是成本费用上升，主要是管理费用。

2. 重点应该分析：首先，管理费用大幅上升，但其中主要是科研费的上升，它属于发展性管理费用，是对企业未来的投资，需要考虑该项支出是否合理；其次，招待费和日常管理费用也略有上升，需要分析其支出的合理性。

[案例 2]

略。

[案例 3]

1. 产品生产方面成本控制的有关指标的计算分析。

(1) 产品总成本脱离定额差异的计算分析。

1) 直接材料费用脱离定额差异的计算。

实际产量的定额直接材料费用＝5 200×350＝1 820 000(元)

直接材料费用脱离定额的差异＝1 768 000－1 820 000＝－52 000(元)(节约)

单位产品实际直接材料费用＝1 768 000÷5 200＝340(元)

单位产品直接材料费用脱离定额的差异＝340－350＝－10(元)(节约)

2) 实际工时与定额工时的差异。

实际产量的定额工时＝5 200×10＝52 000(小时)

实际工时与定额工时的差异＝59 800－52 000＝7 800(小时)(超支)

3) 直接人工费用脱离定额差异的计算。

实际产量的定额直接人工费用＝5 200×150＝780 000(元)

直接人工费用脱离定额的差异＝956 800－780 000＝176 800(元)(超支)

4) 制造费用脱离定额差异的计算。

实际产量的定额制造费用＝5 200×200＝1 040 000(元)

制造费用脱离定额的差异＝1 255 800－1 040 000＝215 800(元)(超支)

由以上计算分析可以看出，产品的直接材料费用是节约的，而工时、直接人工费用和制造费用均表现为超支，尽管产品产量超过计划，但还需要进一步分析单位产品成本中的直接人工费用和制造费用的变动情况。

(2) 单位产品直接人工费用和制造费用的分析。

1) 单位产品直接人工费用的分析。

$$单位产品实际耗用工时＝\frac{59\ 800}{5\ 200}＝11.5(小时)$$

$$实际直接人工费用率＝\frac{956\ 800}{59\ 800}＝16(元)$$

$$单位产品直接人工费用差异＝\frac{956\ 800}{5\ 200}－150＝34(元)(超支)$$

工时消耗变动的影响额＝(11.5－10)×15＝22.5(元)(超支)

直接人工费用率变动的影响额＝(16－15)×11.5＝11.5(元)(超支)

2) 单位产品制造费用的分析。

$$实际制造费用率＝\frac{1\,255\,800}{59\,800}＝21(元)$$

$$单位产品制造费用差异＝\frac{1\,255\,800}{5\,200}－200＝41.5(元)$$

工时消耗变动的影响额＝(11.5－10)×20＝30(元)(超支)

制造费用率变动的影响额＝(21－20)×11.5＝11.5(元)(超支)

2. 对企业在经营管理和销售方面的费用控制情况的计算分析。

期间费用脱离计划的差异＝450 000－400 000＝50 000(元)(超支)

其中：

销售费用脱离计划的差异＝230 000－160 000＝70 000(元)(超支)

3. 对企业本年度没有完成利润计划原因的分析。

在本期生产销售产品数量的增加以及直接材料费用节约的情况下，利润计划没有完成。通过以上的计算分析我们可以找到以下几个方面的原因：单位产品直接人工费用和制造费用较定额均有增加，这会使单位产品成本增加，从而影响利润。这两种费用的多寡，受单位产品工时消耗和费用率两个方面的影响，而费用率又受费用总额和工时总数的影响。因此，应从费用总额、生产工时总数和单位产品工时消耗三个方面进行分析。

从以上计算分析和所给资料可以看出：

(1) 直接人工费用总额和制造费用总额均超过了计划，在其他条件不变的情况下，会使单位成本增加。

(2) 生产工时总数超过了计划，即计划数为 5 000×10＝50 000 小时，实际生产工时数为 59 800 小时，这会使单位成本减少（因为在计时工资制度下，如果单位产品工时消耗和费用总额不变，利用的生产工时越多产量会越大，单位产品负担的费用也会减少，制造费用同理）。

(3) 单位产品的工时消耗实际超过了计划（定额为 10 小时，而实际为 11.5 小时），即工时的利用效率较差。在其他条件不变的情况下，这会影响产品产销的数量，从而影响利润。

(4) 销售费用总额超过计划 70 000 元，这会直接影响利润计划的完成。

根据上述情况，应结合企业的实际情况（如工资制度、生产计划、市场情况等）深入分析生产工资总额、制造费用总额和期间费用总额（尤其是销售费用总额）超计划以及生产工时利用效率低的具体原因。

自测题一

一、名词解释（本题共 4 小题，每小题 2 分，共 8 分）

1. 成本会计的反映职能
2. 间接生产费用
3. 产品生产成本项目
4. 可比产品成本降低额

二、判断题（正确的画"√"，错误的画"×"，并说明理由）（本题共 10 小题，每小题 1 分，共 10 分）

1. 总括地讲成本会计的对象就是产品的生产成本。（   ）
2. 制定和修订定额是为了进行成本控制，与成本计算没有关系。（   ）
3. 要素费用中的利息支出是企业财务费用的组成部分。（   ）
4. 制造费用大部分是间接用于产品生产的费用，也有一部分是直接用于产品生产，但管理上不要求单独核算，也不专设成本项目的费用。（   ）
5. 对各种产品共同耗用的计时工资，按实际工时比例进行分配比按定额工时比例进行分配更能体现产品负担的生产费用与劳动生产率高低之间的关系。（   ）
6. 企业生产的一些零星产品，虽然所用原材料和工艺过程不一定完全相同，但其品种规格多，且数量少，费用比重小，为了简化核算工作，也可以采用分类法计算成本。（   ）
7. 在平行结转分步法下，在产品费用不按其发生地点登记，而按在产品所在地点登记。（   ）
8. 月末在产品数量较小，或者在产品数量虽大，但各月之间在产品数量变动不大的产品，其月末在产品成本可以按年初数固定计算。（   ）
9. 采用分类法的目的在于简化各类产品的成本计算工作。（   ）
10. 在使用连环替代法进行成本分析时，如果既有数量指标又有质量指标，

应先查明数量指标变动的影响,然后再查明质量指标变动的影响。   (   )

三、多选题(本题共 6 小题,每小题 2 分,共 12 分)

1. 企业生产经营发生的材料费用,按照用途进行分配,可能记入的会计科目有(   )。

　　A. "基本生产成本"　　　　　　B. "制造费用"
　　C. "销售费用"　　　　　　　　D. "管理费用"

2. 在下列各项费用中,属于间接计入费用的有(   )。

　　A. 联产品消耗的直接材料费用　　B. 几种产品共同负担的直接人工费用
　　C. 单一产品生产车间的制造费用　D. 销售费用

3. 在下列辅助生产费用的分配方法中,对各受益单位均分配费用的方法有(   )。

　　A. 顺序分配法　　　　　　　　B. 直接分配法
　　C. 交互分配法　　　　　　　　D. 代数分配法

4. 确定完工产品与月末在产品之间分配费用的方法时,应考虑的条件有(   )。

　　A. 定额管理基础的好坏
　　B. 各月在产品数量变化的大小
　　C. 产品成本中各项费用比重的大小
　　D. 各月末在产品数量的多少

5. 将品种法、分批法和分步法概括为产品成本计算的基本方法,是因为这些方法(   )。

　　A. 与生产类型的特点有直接联系　B. 涉及成本计算对象的确定
　　C. 可以简化成本计算工作　　　　D. 是计算产品成本必不可少的方法

6. 下列关于作业成本法的基本原理的说法中正确的有(   )。

　　A. 产品消耗资源,资源消耗作业
　　B. 作业消耗资源,产品消耗作业
　　C. 生产导致作业的发生,作业导致成本的发生
　　D. 生产导致成本的发生,成本导致作业的发生

四、核算与计算题(本题共 4 小题,共 54 分)

(一)按定额消耗量分配原材料费用(15 分)

[资料] 某企业生产 A,B 两种产品,9 月份有关资料如下:

1. 本月为生产 A,B 两种产品共同领用甲材料 19 800 千克;甲材料的计划单价为 10 元/千克,本月的材料成本差异率为 1%。

2. 本月 A,B 产品的投产数量分别为:A 产品 600 件,B 产品 400 件;两种产品的甲材料消耗定额分别为:A 产品 20 千克/件,B 产品 15 千克/件。

3. 两种产品耗用甲材料均为生产开始时一次投入。

[要求]

1. 按定额消耗量比例，计算分配 A，B 两种产品甲材料的实际耗用量。
2. 计算 A，B 两种产品消耗甲材料的实际费用。
3. 编制生产领用甲材料（按计划成本计价）和结转甲材料成本差异的会计分录（要标明明细科目）。

（二）产品单位成本的直接人工费用分析（15 分）

[资料] 中北公司第一车间实行计时工资制度，生产的甲产品市场销路很好，20××年度有关甲产品的资料如下表所示。

产量（件）		生产工时总数（小时）		直接人工费用总额（元）	
计划	实际	计划	实际	计划	实际
4 000	3 900	60 000	62 400	480 000	511 680

[要求]

1. 根据以上资料，计算单位产品的计划和实际的直接人工费用及两者之间的差异。
2. 计算分析有关因素变动对差异额的影响程度。
3. 根据所给资料和计算分析的结果，对该车间直接人工费用计划的完成情况做出简要评价，并说明需要深入查明哪些方面的问题。

（三）定额法（产品直接材料费用脱离定额差异的计算）（12 分）

某企业对第二车间生产的甲产品采用定额法计算成本。有关资料如下：

1. 甲产品是使用 A 材料，由两道工序加工而成。A 材料分工序投入（在每道工序开始时一次投入），甲产品的 A 材料消耗定额为 100 千克，其中第一道工序为 60 千克，第二道工序为 40 千克。
2. 本月甲产品期初在产品为 400 件，其中第一道工序为 250 件，第二道工序 150 件；本月完工产品为 3 000 件；期末在产品为 350 件，其中第一道工序 200 件，第二道工序为 150 件。
3. A 材料的计划单件为每千克 10 元。本月实际领用 A 材料 293 000 千克。第二车间 A 材料期初余料为 400 千克，期末余料为 200 千克。
4. 本月甲产品期初在产品直接材料脱离定额的差异为节约 1 240 元。

[要求]

1. 计算甲产品在各工序的投料率，并据以计算月初、月末在产品的约当产量。
2. 采用盘存法计算确定甲产品本月直接材料脱离定额的差异。
3. 按定额成本比例，计算分配甲产品本月完工产品与月末在产品应负担的直接材料脱离定额差异。

（四）简化分批法（12分）

[资料] 某企业采用简化分批法计算各批产品成本。3月份各批产品成本明细账中有关资料如下：

1023批甲产品：1月份投产20件，本月全部完工，累计直接材料费用85 000元，累计耗用工时800小时。

2011批乙产品：2月份投产30件，本月完工20件，累计直接材料费用90 000元，累计耗用工时1 200小时，原材料在生产开始时一次投入，月末在产品完工程度为40%，采用约当产量比例法分配所耗工时。

3015批丙产品：本月投产5件，全部未完工，累计直接材料费用20 000元，累计耗用工时1 500小时。

基本生产成本二级账归集的累计间接计入费用为：直接人工费用42 000元，制造费用52 500元；累计工时为3 500小时。

[要求]

1. 根据以上资料，计算各项累计间接计入费用分配率。
2. 计算1023批甲产品和2011批乙产品的完工产品成本。

五、简答题（本题16分）

简述分类法的特点、适用情况、优缺点和使用时应注意的问题。

自测题一答案

一、名词解释

1. 成本会计的反映职能：就是从价值补偿的角度出发，反映生产经营过程中各种费用的支出，以及生产经营业务成本和期间费用等的形成情况，为经营管理提供各种成本信息的功能。

2. 间接生产费用：与生产工艺没有联系、间接用于产品生产的各项费用。

3. 产品生产成本项目：简称产品成本项目，即生产费用按经济用途分类核算的项目。

4. 可比产品成本降低额：可比产品实际总成本比按上年实际单位成本计算的总成本降低的数额。

二、判断题

1. ×，总括地讲成本会计的对象包括财务成本和管理成本。
2. ×，定额往往也是产品成本计算中费用分配的标准。
3. √
4. √
5. √

6. √

7. ×，在平行结转分步法下，在产品费用是按其发生地点登记，而不是按在产品所在地点登记。

8. √

9. ×，采用分类法的目的在于简化各种产品的成本计算工作。

10. √

三、多选题

1. ABCD　　2. AB　　3. CD　　4. ABCD　　5. ABD

6. BC

四、核算与计算题

（一）按定额消耗量分配原材料费用

1. 计算分配实际耗用量。

A 产品定额耗用量 = 600×20 = 12 000（千克）

B 产品定额耗用量 = 400×15 = 6 000（千克）

$$分配率 = \frac{19\,800}{12\,000 + 6\,000} = 1.1$$

A 产品实际耗用量 = 12 000×1.1 = 13 200（千克）

B 产品实际耗用量 = 6 000×1.1 = 6 600（千克）

2. 计算计划价格费用（实际消耗量×计划单价）。

A 产品计划价格费用 = 13 200×10 = 132 000（元）

B 产品计划价格费用 = 6 600×10 = 66 000（元）

3. 计算应负担的材料成本差异。

A 产品应负担的材料成本差异 = 132 000×1‰ = 1 320（元）

B 产品应负担的材料成本差异 = 66 000×1‰ = 660（元）

4. 计算实际原材料费用。

A 产品实际材料费用 = 132 000 + 1 320 = 133 320（元）

B 产品实际材料费用 = 66 000 + 660 = 66 660（元）

5. 编制会计分录。

(1) 借：基本生产成本——A 产品　　　　　　　　　　　　　132 000

　　　　　　　　　　——B 产品　　　　　　　　　　　　　 66 000

　　　贷：原材料　　　　　　　　　　　　　　　　　　　　198 000

(2) 借：基本生产成本——A 产品　　　　　　　　　　　　　　1 320

　　　　　　　　　　——B 产品　　　　　　　　　　　　　　　660

　　　贷：材料成本差异　　　　　　　　　　　　　　　　　　1 980

（二）产品单位成本的直接人工费用分析

1. 计算单位产品的计划和实际的直接人工费用及两者之间的差异。

$$单位产品计划直接人工费用 = \frac{480\,000}{4\,000} = 120(元)$$

$$单位产品实际直接人工费用 = \frac{511\,680}{3\,900} = 131.2(元)$$

单位产品直接人工费用差异 = 131.2 − 120 = 11.2(元)(超支)

2. 计算分析有关因素（单位产品工时和小时工资率）变动对差异额的影响程度。

（1）单位产品工时变动的影响。

$$计划单位产品工时 = \frac{60\,000}{4\,000} = 15(小时)$$

$$实际单位产品工时 = \frac{62\,400}{3\,900} = 16(小时)$$

单位产品工时差异 = 16 − 15 = 1(小时)(超支)

单位产品工时变动对单位产品直接人工费用变动的影响额 = (480\,000 ÷ 60\,000) × 1 = 8(元)(超支)

（2）小时工资率变动的影响。

$$计划小时工资率 = \frac{480\,000}{60\,000} = 8(元)$$

$$实际小时工资率 = \frac{511\,680}{62\,400} = 8.2(元)$$

小时工资率差异 = 8.2 − 8 = 0.2(元)(超支)

小时工资率变动对单位产品直接人工费用变动的影响额 = $\frac{62\,400}{3\,900}$ × 0.2 = 3.2(元)(超支)

3. 简要评价及对需要深入查明问题的说明。

（1）以上计算结果表明，甲产品单位产品直接人工费用的超支（11.2元）是单位产品工时消耗增加和小时工资率提高两个因素共同影响的结果。

（2）单位产品工时消耗实际比计划增加了1小时，其结果是：在实际总工时超过了计划总工时的情况下，产量却没有完成计划，因此需要查明其具体形成原因。

（3）小时工资率提高，受计时工资总额和生产工时总数两个因素的影响，因而应结合这两个因素进行分析，查明具体原因。

（三）定额法（产品直接材料费用脱离定额差异的计算）

1. 计算甲产品在各工序的投料率。

$$第一道工序投料率 = \frac{60}{100} × 10\% = 60\%$$

$$\text{第二道工序投料率} = \frac{60+40}{100} \times 10\% = 100\%$$

2. 计算期初、期末在产品约当产量。

期初在产品约当产量＝250×60％＋150×100％＝300（件）

期末在产品约当产量＝200×60％＋150×100％＝270（件）

3. 计算本月投产产品数量及定额消耗量（费用）。

3 000＋270－300＝2 970（件）

2 970×100×10＝2 970 000（元）

4. 计算确定本月直接材料脱离定额差异。

本月实际耗用材料数量＝293 000＋400－200＝293 200（千克）

实际耗用材料计划价格费用＝293 200×10＝2 932 000（元）

本月脱离定额差异＝2 932 000－2 970 000＝－38 000（元）（节约）

5. 计算完工产品与在产品应负担的脱离定额差异。

完工产品定额费用＝3 000×100×10＝3 000 000（元）

在产品定额费用＝270×100×10＝270 000（元）

$$\text{差异分配率} = \frac{-38\,000 - 1\,240}{3\,000\,000 + 270\,000} \times 100\% = -1.2\%（\text{节约}）$$

完工产品应负担成本差异＝3 000 000×（－1.2％）＝－36 000（元）（节约）

在产品应负担成本差异＝270 000×（－1.2％）＝－3 240（元）（节约）

（四）简化分批法

1. 计算各项累计间接计入费用分配率。

$$\text{直接人工费用分配率} = \frac{42\,000}{3\,500} = 12$$

$$\text{制造费用分配率} = \frac{52\,500}{3\,500} = 15$$

2. 计算1023批甲产品和2011批乙产品的完工产品成本。

1023批完工甲产品的成本：

直接材料费用＝85 000（元）

直接人工费用＝800×12＝9 600（元）

制造费用＝800×15＝12 000（元）

合计　　　　　　106 600 元

2011批完工乙产品的成本：

直接材料费用＝90 000÷30×20＝60 000(元)

直接人工费用＝(1 200×12)÷(20＋10×40%)×20＝12 000(元)

制造费用＝(1 200×15)÷(20＋10×40%)×20＝15 000(元)

合计　　　　　　　　　　　　　　　　　　　87 000 元

五、简答题

1. 分类法的特点是，按照产品的类别开设产品成本明细账，按类归集产品的生产费用，计算各类产品成本。然后选择合理的分配标准，在每类产品的各种产品之间分配费用，计算每类产品中各种产品的成本。

在分类法下，划分产品的类别时，应以产品结构、所用原材料和工艺过程是否相近为标准。在选择类内各种产品之间分配费用的标准时，主要应考虑与产品生产耗费高低的关系。在类内各种产品之间分配费用上，各成本项目的性质，分别按照不同的分配标准进行分配。为了简化分配工作，还可以将分配标准折算成相对固定的系数，按照固定的系数在类内各种产品之间分配费用。

2. 分类法的采用与生产的类型无直接关系。凡是产品品种、规格繁多，又可以按照产品结构、所用原材料和工艺技术过程的不同划分为若干类别的企业或车间，均可以采用分类法计算成本。联产品所用原材料和工艺技术过程相同，因而最适宜也只能归为一类，采用分类法计算成本。企业所生产的品种多、规格多，且数量少、费用比重小的一些零星产品，为了简化核算工作，也可以采用分类法计算成本。

3. 分类法的优点是，不仅可以简化成本计算工作，而且能够在产品品种、规格繁多的情况下，分类掌握产品成本情况。分类法的缺点是，由于类内各种产品成本的计算都是按照一定分配标准比例进行分配的，因此计算结果有一定的假定性。

4. 为了既简化成本计算工作，又使成本计算结果相对正确，在采用分类法时应注意以下问题：(1) 类距的确定要恰当，既不宜定得过小，使成本计算工作复杂化；也不能定得过大，影响成本计算的正确性。(2) 应选择与成本水平高低有密切联系的分配标准，使类内各种产品之间的费用分配较为合理。(3) 当产品结构、所用原材料或工艺过程发生较大变动时，应及时修订分配系数，或另选分配标准。

自测题二

一、名词解释（本题共 4 小题，每小题 2 分，共 8 分）

1. 成本会计的监督职能
2. 产品成本计算对象
3. 间接计入费用
4. 分类法

二、判断题（正确的画"√"，错误的画"×"，并说明理由）（本题共 10 小题，每小题 1 分，共 10 分）

1. 企业主要应根据外部有关方面的需要来组织成本会计工作。（　　）
2. 只要在产品在各工序的分布均衡，那么就可以不分工序计算完工率，即完工率一律按 50%确定。（　　）
3. 所谓产品成本项目，就是生产费用按经济内容分类核算的项目。（　　）
4. 对于各月末在产品数量变化不大的产品，可以不计算月末在产品成本。（　　）
5. 不论什么工业企业、不论什么生产类型的产品，也不论管理要求如何，最终都必须按照产品品种算出产品成本。（　　）
6. 在平行结转分步法下，各生产步骤都不能全面地反映其生产耗费水平。（　　）
7. 与传统成本计算方法相比较，作业成本法的特点主要体现在间接制造费用的核算上。（　　）
8. 定额比例法适用于定额管理基础较好，各项消耗定额或费用定额比较准确、稳定，各月在产品数量变动较大的产品。（　　）
9. 采用分类法的目的在于简化各类产品的成本计算工作。（　　）
10. 成本报表属于内部报表。（　　）

三、单选题（本题共 10 小题，每小题 1 分，共 10 分）

1. 成本会计反映职能的最基本方面是（　　）。

A. 检查各项生产经营耗费的合理性、合法性和有效性

B. 提供真实、可以验证的成本信息

C. 分析和考核成本管理工作的业绩

D. 调节和指导企业的有关经济活动

2. 下列各项中，属于直接生产费用的是（　　）。

A. 生产车间厂房的折旧费用

B. 产品生产设备的折旧费用

C. 企业行政管理部门固定资产的折旧费用

D. 生产车间管理人员的工资

3. 辅助生产费用的直接分配法，是将辅助生产费用（　　）。

A. 直接分配给各受益的基本生产车间的方法

B. 直接计入管理费用的方法

C. 直接分配给所有受益单位的方法

D. 直接分配给辅助生产车间以外各受益单位的方法

4. 在不设"直接燃料和动力"成本项目的情况下，直接用于产品生产的动力费用，应记入的会计科目是（　　）。

A. "制造费用"　　　　　　　　B. "管理费用"

C. "销售费用"　　　　　　　　D. "基本生产成本"

5. 适用于季节性生产的车间分配制造费用的方法是（　　）。

A. 生产工时比例法　　　　　　B. 生产工资比例法

C. 机器工时比例法　　　　　　D. 按年度计划分配率分配法

6. 生产特点和管理要求对成本计算的影响，主要表现在（　　）的确定上。

A. 成本计算对象

B. 成本计算期

C. 间接费用的分配方法

D. 完工产品与在产品之间分配费用的方法

7. 在完工产品成本中，如果月初在产品定额变动差异是正数，说明（　　）。

A. 定额提高了

B. 定额降低了

C. 本月定额管理和成本管理不力

D. 本月定额管理和成本管理取得了成绩

8. 如果在一张订单中规定了几种产品，产品批别应按（　　）划分。

A. 订单　　　　　　　　　　　B. 产品品种

C. 订单或产品品种　　　　　　D. 各种产品数量

9. 在可比产品成本降低计划完成情况的分析中，单纯的产量变动（　　）。

A. 既影响降低额又影响降低率　　　　B. 只影响降低率

C. 只影响降低额　　　　　　　　　　D. 既不影响降低额也不影响降低率

10. 在下列技术经济指标中，不仅影响产品对资源的消耗水平，从而影响产品单位成本，而且会通过影响产品产量，间接影响产品单位成本的是（　　）。

　　A. 焦比　　　　　　　　　　　　B. 设备利用率

　　C. 成品率　　　　　　　　　　　D. 每吨电炉钢耗电量

四、多选题（本题共 5 小题，每小题 2 分，共 10 分）

1. 企业生产经营管理发生的材料费用，按照用途进行分配，可能记入的会计科目有（　　）。

　　A. "基本生产成本"　　　　　　　C. "销售费用"

　　B. "制造费用"　　　　　　　　　D. "管理费用"

2. 废品损失包括的内容有（　　）。

　　A. 不可修复废品的生产成本扣除废品残值和应收赔款后的数额

　　B. 可修复废品的修复费用

　　C. 不合格品的降价损失

　　D. 产品入库后因保管不善造成的损失

3. 采用分类法计算成本的优点有（　　）。

　　A. 可以简化成本计算工作

　　B. 可以分类掌握产品成本情况

　　C. 可以使类内各种产品成本的计算更为准确

　　D. 便于成本日常控制

4. 数字化技术下的作业成本法（　　）。

　　A. 会考虑时间因素　　　　　　　B. 作业颗粒度比传统作业成本法更细

　　C. 不区分直接成本和间接成本　　D. 数据维度更丰富

5. 采用分项结转法结转半成品成本的缺点有（　　）。

　　A. 不便于各步骤完工产品的成本分析

　　B. 成本结转工作比较复杂

　　C. 需要进行成本还原

　　D. 不便于从整个企业角度考核和分析产品成本计划的执行情况

五、核算与计算题（本题共 4 小题，共 50 分）

（一）辅助生产费用分配的直接分配法（12 分）

[资料] 某企业设有供水车间和运输队两个辅助生产部门。辅助生产费用的分配采用直接分配法。本月有关资料如下：

1. 有关明细账所记录的供水车间和运输队的待分配费用如下：

辅助生产成本——供水：30 000 元

辅助生产成本——运输：40 000 元

制造费用——供水车间：3 000 元

制造费用——运输队：5 000 元

2. 辅助生产劳务的供应和耗用情况如下表所示（下表中运输队和基本生产车间的用水均为各该生产单位的一般耗用）。

项目	供水车间（立方米）	运输队（公里）
供水车间		1 500
运输队	1 000	
基本生产车间	20 000	30 000
行政管理部门	2 000	7 500
合计	23 000	39 000

[要求]

1. 根据所给资料，采用直接分配法分配辅助生产费用（写出计算分配过程）。
2. 根据分配结果编制有关会计分录（标明明细科目）。

（二）成本还原（10 分）

[资料] 甲产品分两步骤生产，分别由第一车间和第二车间两个车间进行。甲产品采用分步法计算成本，甲半成品成本的结转采用综合结转法。某月份有关甲产品的其他资料如下表所示。

产品成本明细账

第一车间：甲半成品　　　　　　　　　　　　　　　　　　　　　　　　　单位：元

项目	直接材料	直接人工	制造费用	合计
月初在产品成本	12 000	4 000	6 000	22 000
本月费用	60 000	16 000	24 000	100 000
生产费用合计	72 000	20 000	30 000	122 000
完工产品成本	64 000	17 400	26 000	107 400
月末在产品成本	8 000	2 600	4 000	14 600

产品成本明细账

第二车间：甲产品　　　　　　　　　　　　　　　　　　　　　　　　　　单位：元

项目	半成品	直接人工	制造费用	合计
月初在产品成本	9 600	3 000	4 000	16 600
本月费用	70 950	12 000	18 000	100 950
生产费用合计	80 550	15 000	22 000	117 550
完工产品成本	80 550	15 000	22 000	117 550

[要求]

1. 将产品成本中的半成品费用，按本月所产半成品成本的结构进行还原，并计算按原始成本项目反映的产成品成本。

2. 结合题中资料和计算结果，说明成本还原的必要性。

（三）约当产量比例法（先进先出法）（12分）

[资料] 春光公司第一生产车间生产乙产品。生产乙产品的原材料是在生产开始时一次投入的；乙产品的加工经过两道生产工序，工时定额为 10 小时，其中第一道工序的工时定额为 6 小时，第二道工序的工时定额为 4 小时。各道工序内每件在产品在本工序的加工量，按其在本工序所需加工量（在本工序的工时定额）的 50% 折算。7月份的其他有关资料如下：

1. 产品数量资料。

（1）月初在产品：第一道工序 60 件，第二道工序 40 件；

（2）本月完工产品 1 000 件；

（3）月末在产品：第一道工序 50 件，第二道工序 50 件。

2. 生产费用资料。

（1）月初在产品生产费用：直接材料费用 3 400 元，直接人工费用 8 000 元，制造费用 10 500 元；

（2）本月生产费用：直接材料费用 35 000 元，直接人工费用 150 750 元，制造费用 201 000 元。

[要求] 采用约当产量比例法（先进先出法）将生产费用在完工产品与在产品之间进行分配。

（四）可比产品成本降低计划完成情况分析（16分）

[资料] 某企业 20×2 年可比产品的有关资料如下：

1. 可比产品计划产量：甲产品 250 件，乙产品 120 件。

2. 可比产品计划降低额 3 650 元，计划降低率 2.281 25%。

3. 可比产品的其他有关资料如下表所示。

可比产品	单位	本年实际产量	单位成本			总成本		
			上年实际平均	本年计划	本年实际平均	按上年实际平均单位成本计算	按本年计划单位成本计算	本年实际
甲	件	300	400	395	390	120 000	118 500	117 000
乙	件	100	500	480	485	50 000	48 000	48 500
合计						170 000	166 500	165 500

[要求]

1. 计算确定可比产品成本降低计划的完成结果；

2. 计算确定各因素变动对成本降低计划完成结果的影响程度。

注：计算过程中，百分比保留五位小数，绝对数保留两位小数。

六、简答题（12分）

简述定额法的主要特点和应用条件。

自测题二答案

一、名词解释

成本会计的监督职能：是指按照一定的目的和要求，通过控制、调节、指导和考核，监督各项生产经营耗费的合理性、合法性和有效性，达到预期的成本管理目标的功能。

产品成本计算对象：就是生产费用归集的具体对象，即费用的承担者，通俗地讲，就是计算什么的成本。

间接计入费用：是指不能分清哪种产品耗费、不能直接计入某种产品成本，而必须按照一定的标准分配计入有关的各种产品成本的费用。

分类法：是按产品的类别归集生产费用，计算产品成本的一种方法。

二、判断题

1. ×，企业应根据生产经营的特点、生产规模的大小和成本管理的要求等具体情况来组织成本会计工作。

2. ×，只有在各工序在产品数量和单位产品在各工序加工量都相差不多的情况下，全部在产品的完工率才能按50%计算。

3. ×，产品成本项目是生产费用按经济用途内容分类核算的项目。

4. ×，只有在各月末在产品数量很小，管理上不要求计算在产品成本的情况下，才不计算产品成本。

5. √

6. ×，第一生产步骤可以全面反映生产耗费水平。

7. √

8. √

9. ×，采用分类法的目的在于简化各种产品的成本计算工作。

10. √

三、单选题

| 1. B | 2. B | 3. D | 4. A | 5. D |
| 6. A | 7. B | 8. B | 9. C | 10. C |

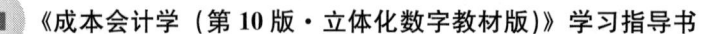

四、多选题

1. ABCD 2. AB 3. AB 4. ABCD 5. AB

五、计算与核算题答案

（一）辅助生产费用分配的直接分配法

1. 分配水费。

$$分配率 = \frac{30\,000 + 3\,000}{20\,000 + 2\,000} = 1.5$$

基本生产车间应负担的水费 = 20 000×1.5 = 30 000(元)

行政管理部门应负担的水费 = 2 000×1.5 = 3 000(元)

2. 分配运费。

$$分配率 = \frac{40\,000 + 5\,000}{30\,000 + 7\,500} = 1.2$$

基本生产车间应负担的运费 = 30 000×1.2 = 36 000(元)

行政管理部门应负担的运费 = 7 500×1.2 = 9 000(元)

3. 编制会计分录。

(1) 分配水费。

借：制造费用——基本生产车间	30 000
管理费用	3 000
贷：辅助生产成本——供水车间	33 000

(2) 分配运费。

借：制造费用——基本生产车间	36 000
管理费用	9 000
贷：辅助生产成本——运输队	45 000

（二）成本还原

1. 进行成本还原。

$$还原分配率 = \frac{80\,550}{107\,400} = 0.75$$

直接材料：64 000×0.75 = 48 000(元)

直接人工：17 400×0.75 = 13 050(元)

制造费用：26 000×0.75 = 19 500(元)

2. 计算按原始成本项目反映的产成品成本。

直接材料：48 000 元

直接人工：15 000 + 13 050 = 28 050(元)

制造费用：22 000 + 19 500 = 41 500(元)

3. 结合题中资料和计算结果，说明成本还原的必要性。

(1) 从资料中可以看出，采用半成品成本综合结转法，产成品成本中的绝大部分费用表现为所耗上一步骤半成品费用。显然，这不能反映产成品成本的原始构成情况，因而不能据以从整个企业角度分析和考核产品成本的构成和水平。

(2) 在管理上要求从整个企业角度分析和考核产品成本的构成和水平时，就必须从最后一步起对产成品成本中的半成品综合成本逐步进行还原，以提供按原始成本项目反映的产成品成本资料。

(三) 约当产量比例法（先进先出法）

1. 计算各工序完工率以及用于分配直接人工费用和制造费用的月初、月末在产品的约当产量。

$$第一道工序完工率 = \frac{6 \times 50\%}{10} \times 100\% = 30\%$$

$$第二道工序完工率 = \frac{6 + 4 \times 50\%}{10} \times 100\% = 80\%$$

月初在产品约当产量 = 60 × 30% + 40 × 80% = 50(件)

月末在产品约当产量 = 50 × 30% + 50 × 80% = 55(件)

2. 直接材料费用的分配。

本期耗料产量 = 1 000 + (50 + 50) − (60 + 40) = 1 000(件)

$$本月直接材料费用分配率 = \frac{35\ 000}{1\ 000} = 35$$

月末在产品直接材料费用 = (50 + 50) × 35 = 3 500(元)

完工产品直接材料费用 = (3 400 + 35 000) − 3 500 = 34 900(元)

3. 直接人工费用和制造费用的分配。

本月耗工时产量 = 1 000 + 55 − 50 = 1 005(件)

(1) 直接人工费用的分配。

$$本月直接人工费用分配率 = \frac{150\ 750}{1\ 005} = 150$$

月末在产品直接人工费用 = 55 × 150 = 8 250(元)

本月完工产品直接人工费用 = (8 000 + 150 750) − 8 250 = 150 500(元)

(2) 制造费用的分配。

$$制造费用分配率 = \frac{201\ 000}{1\ 005} = 200$$

月末在产品制造费用 = 55 × 200 = 11 000(元)

本月完工产品制造费用 = (10 500 + 201 000) − 11 000 = 200 500(元)

(四)可比产品成本降低计划完成情况分析

1. 计算确定可比产品成本降低计划完成情况。

实际降低额＝170 000－1 65 500＝4 500(元)

实际降低率＝$\frac{4\ 500}{170\ 000}$×100%＝2.647 06%

降低额超离计划差异＝4 500－3 650＝850(元)

降低率超离计划差异＝2.647 06%－2.281 25%＝0.365 81%

2. 计算各因素对成本降低计划完成情况的影响程度。

(1) 产品产量变动的影响。

170 000×2.281 25%＝3 878.13(元)

降低额＝3 878.13－3 650＝228.13(元)

降低率＝2.281 25%－2.281 25%＝0

(2) 产品品种构成变动的影响。

170 000－166 500＝3 500(元)

降低额＝3 500－3 878.13＝－378.13(元)

降低率＝$\frac{-378.13}{170\ 000}$×100%＝－0.222 43%

(3) 单位成本变动的影响。

170 000－165 500＝4 500(元)

降低额＝4 500－3 500＝1 000(元)

降低率＝$\frac{1\ 000}{170\ 000}$×100%＝0.588 24%

六、简答题

定额法是把产品成本的计划、控制、核算和分析结合在一起，以便加强成本管理的一种成本计算方法。其主要特点是：

1. 将事先制定的产品消耗定额、费用定额和定额成本作为降低成本的目标。

2. 在生产费用发生当时，就将符合定额的费用和发生的差异分别进行核算，以加强对成本差异的日常核算、分析和控制。

3. 月末，在定额成本的基础上，加减各种成本差异，计算产品的实际成本，为成本的定期考核和分析提供数据。

定额法的采用与生产类型无直接关系。为了充分发挥定额法的作用，简化核算，采用定额法计算产品成本应具备以下条件：

1. 定额管理制度比较健全，定额管理工作的基础比较好。

2. 产品的生产已经定型，消耗定额比较准确、稳定。

附录 模拟实训参考答案

业务1：采购钢管

根据采购钢管的原始凭证，编制相关的付款凭证，见表31[①]。

表31 付款凭证

贷方科目：银行存款　　　　2024年11月02日　　　　银付字第1号

摘要	借方科目		金额	记账
	总账科目	明细科目	亿 千 百 十 万 千 百 十 元 角 分	√
采购原材料	原材料	钢管	3 0 0 0 0 0 0	√
	应交税费	应交增值税	3 9 0 0 0 0	√
合计			3 3 9 0 0 0 0	

财务主管：俞姚　　记账：王丽　　出纳：张佳　　审核：何北　　制单：赵小花　　附件3张

业务2：采购油漆

根据采购油漆的原始凭证，编制相关的付款凭证，见表32。

表32 付款凭证

贷方科目：银行存款　　　　2024年11月02日　　　　银付字第2号

摘要	借方科目		金额	记账
	总账科目	明细科目	亿 千 百 十 万 千 百 十 元 角 分	√
采购原材料	原材料	油漆	1 8 0 0 0 0 0	√
	应交税费	应交增值税	2 3 4 0 0 0	√
合计			2 0 3 4 0 0 0	

财务主管：俞姚　　记账：王丽　　出纳：张佳　　审核：何北　　制单：赵小花　　附件3张

[①] 附录部分的表序号同主教材中模拟实训第Ⅲ部分"实训业务填制单据"的表序号。

业务 3：采购轮胎

根据采购轮胎的原始凭证，编制相关的转账凭证，见表 33。

表 33　转账凭证

2024 年 11 月 02 日　　　　　　　　　　　　　　　　　　　　　转字第 1 号

摘要	会计科目		√	借方金额	√	贷方金额
	总账科目	明细科目		千百十万千百十元角分		千百十万千百十元角分
采购原材料	原材料	轮胎	√	3 0 0 0 0 0 0		
	应交税费	应交增值税（进项税额）	√	3 9 0 0 0 0		
	应付账款	北京新桥轮胎			√	3 3 9 0 0 0 0
	合计			3 3 9 0 0 0 0		3 3 9 0 0 0 0

财务主管：俞姚　　记账：王丽　　出纳：张佳　　会计：何北　　制单：赵小花　　附件 2 张

业务 4：领料汇总

1. 根据领料单和材料期初存量与金额，编制存货平均单价计算表及领料凭证汇总表，见表 34 和表 35。

表 34　存货平均单价计算表

2024 年 11 月　　　　　　　　　　　　　　　　　　　　　金额单位：元

存货名称	月初余额			本月购入			平均单价
	数量	单价	金额	数量	单价	金额	
钢管（米）	2 000	15	30 000	1 000	30	30 000	20
油漆（千克）	500	6	3 000	3 000	6	18 000	6
轮胎（套）	1 500	40	60 000	500	60	30 000	45
润滑油（千克）	200	50	10 000	0		0	50

表 35　领料凭证汇总表

2024 年 11 月　　　　　　　　　　　　　　　　　　　　　金额单位：元

领料部门			钢管		油漆		轮胎		润滑油		合计
			领用数量	实际成本	领用数量	实际成本	领用数量	实际成本	领用数量	实际成本	实际成本
生产	毛坯	电动	1 300	26 000							26 000
		普通	200	4 000							4 000
	烤漆	电动			1 200	7 200					7 200
		普通			800	4 800					4 800
	装配	电动					1 200	54 000			54 000
		普通					500	22 500			22 500

续表

领料部门		钢管		油漆		轮胎		润滑油		合计
		领用数量	实际成本	领用数量	实际成本	领用数量	实际成本	领用数量	实际成本	实际成本
制造费用	毛坯车间			100	600					600
	烤漆车间			50	300					300
	装配车间			150	900					900
辅助生产	供水车间							50	2 500	2 500
	供电车间							20	1 000	1 000
厂部										
合计		1 500	30 000	2 300	13 800	1 700	76 500	70	3 500	123 800

2. 编制记账凭证，见表 36。

表 36　转账凭证

2024 年 11 月 20 日　　　　　　　　　　　　　　　　　　转字第 2 号

摘要	会计科目		√	借方金额	√	贷方金额
	总账科目	明细科目		千百十万千百十元角分		千百十万千百十元角分
领用原材料	基本生产成本	毛坯车间——电动自行车	√	2 6 0 0 0 0 0		
	基本生产成本	毛坯车间——普通自行车	√	4 0 0 0 0 0		
	基本生产成本	烤漆车间——电动自行车	√	7 2 0 0 0 0		
	基本生产成本	烤漆车间——普通自行车	√	4 8 0 0 0 0		
	基本生产成本	装配车间——电动自行车	√	5 4 0 0 0 0		
	基本生产成本	装配车间——普通自行车	√	2 2 5 0 0 0 0		
	辅助生产成本	供水车间	√	2 5 0 0 0 0		
	辅助生产成本	供电车间	√	1 0 0 0 0 0		
	制造费用	毛坯车间	√	6 0 0 0 0		
	制造费用	烤漆车间	√	3 0 0 0 0		
	制造费用	装配车间	√	9 0 0 0 0		
	原材料	钢管			√	3 0 0 0 0 0 0
		油漆			√	1 3 8 0 0 0 0
		轮胎			√	7 6 5 0 0 0 0
		润滑油			√	3 5 0 0 0 0
合计				1 2 3 8 0 0 0 0		1 2 3 8 0 0 0 0

财务主管：俞姚　　记账：王丽　　出纳：张佳　　会计：何北　　制单：赵小花　　附件 14 张

业务 5：固定资产折旧分配

1. 根据固定资产折旧资料，编制固定资产折旧分配表，见表 37。

表 37　固定资产折旧费用分配表

2024 年 11 月　　　　　　　　　　　　　　　　　　金额单位：元

部门	折旧 原值	折旧 折旧额
毛坯车间	2 400 000	72 000
烤漆车间	1 100 000	33 000
装配车间	2 800 000	84 000
供水车间	450 000	13 500
供电车间	200 000	6 000
厂部	1 700 000	51 000
合计	8 650 000	259 500

2. 编制记账凭证，见表 38。

表 38　转账凭证

2024 年 11 月 30 日　　　　　　　　　　　　　　　　　转字第 3 号

摘要	会计科目 总账科目	会计科目 明细科目	√	借方金额	√	贷方金额
计提折旧	制造费用	毛坯车间	√	72 000 00		
	制造费用	烤漆车间	√	33 000 00		
	制造费用	装配车间	√	84 000 00		
	辅助生产成本	供水车间	√	13 500 00		
	辅助生产成本	供电车间	√	6 000 00		
	管理费用		√	51 000 00		
	累计折旧				√	259 500 00
合计				259 500 00		259 500 00

财务主管：俞姚　　记账：王丽　　出纳：张佳　　会计：何北　　制单：赵小花　　附件 2 张

业务 6：人工费用分配

1. 根据职工薪酬费用汇总表，编制人工费用分配表，见表 39。

表39 直接人工费用分配表
2024年11月　　　　　　　　　　　　　　　　　　　　　　　金额单位：元

部门		定额工时	直接人工费用	
			分配率	分配额
毛坯车间	电动自行车	2 000	10	20 000
	普通自行车	500	10	5 000
	合计	2 500		25 000
烤漆车间	电动自行车	1 000	20	20 000
	普通自行车	500	20	10 000
	合计	1 500		30 000
装配车间	电动自行车	1 500	20	30 000
	普通自行车	500	20	10 000
	合计	2 000		40 000

2. 编制记账凭证，见表40。

表40 转账凭证
2024年11月30日　　　　　　　　　　　　　　　　　　　　　　　转字第4号

摘要	会计科目		√	借方金额	√	贷方金额
	总账科目	明细科目		千百十万千百十元角分		千百十万千百十元角分
分配职工薪酬	辅助生产成本	供水车间	√	3 0 0 0 0 0		
	辅助生产成本	供电车间	√	5 0 0 0 0 0		
	基本生产成本	毛坯车间——电动自行车	√	2 0 0 0 0 0 0		
	基本生产成本	毛坯车间——普通自行车	√	5 0 0 0 0 0		
	基本生产成本	烤漆车间——电动自行车	√	2 0 0 0 0 0 0		
	基本生产成本	烤漆车间——普通自行车	√	1 0 0 0 0 0 0		
	基本生产成本	装配车间——电动自行车	√	3 0 0 0 0 0 0		
	基本生产成本	装配车间——普通自行车	√	1 0 0 0 0 0 0		
	制造费用	毛坯车间	√	6 0 0 0 0 0		
	制造费用	烤漆车间	√	5 0 0 0 0 0		
	制造费用	装配车间	√	1 0 0 0 0 0 0		
	管理费用		√	8 0 0 0 0 0		
	应付职工薪酬				√	1 3 2 0 0 0 0 0
合计				1 3 2 0 0 0 0 0		1 3 2 0 0 0 0 0

财务主管：俞姚　　记账：王丽　　出纳：张佳　　会计：何北　　制单：赵小花　　附件2张

业务 7：分配辅助生产费用

1. 登记辅助生产成本明细账，见表 41 和表 42。

表 41　辅助生产成本明细账

车间：供水车间　　　　　　　　　　　　　　　　　　　　　　　　　　　单位：元

日期 月	日	凭证编号	摘要	材料	折旧费	职工薪酬费用	合计	转出
11	20	转 2	领用原材料	2 500			2 500	
11	30	转 3	计提折旧		13 500		13 500	
11	30	转 4	分配职工薪酬			3 000	3 000	
11	30	转 5	结转辅助生产成本					19 000
11	30		合计	2 500	13 500	3 000	19 000	19 000

表 42　辅助生产成本明细账

车间：供电车间　　　　　　　　　　　　　　　　　　　　　　　　　　　单位：元

日期 月	日	凭证编号	摘要	材料	折旧费	职工薪酬费用	合计	转出
11	20	转 2	领用原材料	1 000			1 000	
11	30	转 3	计提折旧		6 000		6 000	
11	30	转 4	分配职工薪酬			5 000	5 000	
11	30	转 5	结转辅助生产成本					12 000
11	30		合计	1 000	6 000	5 000	12 000	12 000

2. 根据各辅助车间提供的劳务量，编制辅助生产费用分配表，见表 43。

表 43　辅助生产费用分配表

2024 年 11 月　　　　　　　　　　　　　　　　　　　　　　　　　　金额单位：元

项目		供水车间 数量	供水车间 金额	供电车间 数量	供电车间 金额	合计
待分配的辅助生产费用（元）			19 000		12 000	31 000
供应辅助生产以外的劳务量		9 500		15 000		
分配率		2		0.8		
基本生产车间耗用	毛坯车间	5 000	10 000	4 000	3 200	13 200
	烤漆车间	2 000	4 000	6 000	4 800	8 800
	装配车间	1 500	3 000	2 000	1 600	4 600
厂部耗用		1 000	2 000	3 000	2 400	4 400

3. 编制记账凭证，见表 44。

表44　转账凭证

2024年11月30日　　　　　　　　　　　　　　　　　　　　　　　　　转字第5号

摘要	会计科目		√	借方金额 千百十万千百十元角分	√	贷方金额 千百十万千百十元角分
	总账科目	明细科目				
结转辅助生产成本	制造费用	毛坯车间	√	1 3 2 0 0 0 0		
	制造费用	烤漆车间	√	8 8 0 0 0 0		
	制造费用	装配车间	√	4 6 0 0 0 0		
	管理费用		√	4 4 0 0 0 0		
	辅助生产成本	供水车间			√	1 9 0 0 0 0 0
	辅助生产成本	供电车间			√	1 2 0 0 0 0 0
	合计			3 1 0 0 0 0 0		3 1 0 0 0 0 0

财务主管：俞姚　　记账：王丽　　出纳：张佳　　会计：何北　　制单：赵小花　　附件2张

业务8：分配制造费用

1. 登记基本生产车间制造费用明细账，见表45至表47。

表45　制造费用明细账

车间：毛坯车间　　　　　　　　　　　　　　　　　　　　　　　　　　　　　单位：元

日期		凭证编号	摘要	材料	折旧费	职工薪酬费用	水电费	合计	转出
月	日								
11	20	转2	领用原材料	600				600	
11	30	转3	计提折旧		72 000			72 000	
11	30	转4	分配职工薪酬			6 000		6 000	
11	30	转5	结转辅助生产成本				13 200	13 200	
11	30	转6	分配制造费用						91 800
11	30		合计	600	72 000	6 000	13 200	91 800	91 800

表46　制造费用明细账

车间：烤漆车间　　　　　　　　　　　　　　　　　　　　　　　　　　　　　单位：元

日期		凭证编号	摘要	材料	折旧费	职工薪酬费用	水电费	合计	转出
月	日								
11	20	转2	领用原材料	300				300	
11	30	转3	计提折旧		33 000			33 000	
11	30	转4	分配职工薪酬			5 000		5 000	
11	30	转5	结转辅助生产成本				8 800	8 800	
11	30	转6	分配制造费用						47 100
11	30		合计	300	33 000	5 000	8 800	47 100	47 100

表47　制造费用明细账

车间：装配车间　　　　　　　　　　　　　　　　　　　　　　　　　单位：元

日期 月	日	凭证编号	摘要	材料	折旧费	职工薪酬费用	水电费	合计	转出
11	20	转2	领用原材料	900				900	
11	30	转3	计提折旧		84 000			84 000	
11	30	转4	分配职工薪酬			10 000		10 000	
11	30	转5	结转辅助生产成本				4 600	4 600	
11	30	转6	分配制造费用						99 500
11	30		合计	900	84 000	10 000	4 600	99 500	99 500

2. 根据各产品的定额工时，编制基本生产车间制造费用分配表，见表48。

表48　制造费用分配表
2024年11月

应借科目 总账科目	一级明细	二级明细	定额工时	费用 分配率	分配额
基本生产成本	毛坯车间	电动自行车	2 000	36.72	73 440
		普通自行车	500	36.72	18 360
		合计	2 500	36.72	91 800
	烤漆车间	电动自行车	1 000	31.4	31 400
		普通自行车	500	31.4	15 700
		合计	1 500	31.4	47 100
	装配车间	电动自行车	1 500	49.75	74 625
		普通自行车	500	49.75	24 875
		合计	2 000	49.75	99 500

3. 编制记账凭证，见表49。

表49 转账凭证

2024年11月30日　　　　　　　　　　　　　　　　　　　　　　　　　　转字第6号

摘要	会计科目		√	借方金额	贷方金额
	总账科目	明细科目		千百十万千百十元角分	千百十万千百十元角分
分配制造费用	基本生产成本	毛坯车间——电动自行车	√	7 3 4 4 0 0 0	
	基本生产成本	毛坯车间——普通自行车	√	1 8 3 6 0 0 0	
	基本生产成本	烤漆车间——电动自行车	√	3 1 4 0 0 0 0	
	基本生产成本	烤漆车间——普通自行车	√	1 5 7 0 0 0 0	
	基本生产成本	装配车间——电动自行车	√	7 4 6 2 5 0 0	
	基本生产成本	装配车间——普通自行车	√	2 4 8 7 5 0 0	
	制造费用	毛坯车间	√		9 1 8 0 0 0 0
	制造费用	烤漆车间	√		4 7 1 0 0 0 0
	制造费用	装配车间	√		9 9 5 0 0 0 0
	合计			2 3 8 4 0 0 0 0	2 3 8 4 0 0 0 0

财务主管：俞姚　　记账：王丽　　出纳：张佳　　会计：何北　　制单：赵小花　　附件2张

业务9：计算毛坯车间产品成本

1. 结合各产品期初在产品成本，登记毛坯车间基本生产成本明细账，见表50和表51。

表50 基本生产成本明细账

车间：毛坯车间　　　　　　　　　　　　　　　　　　　完工产品数量：450件
产品：电动自行车　　　　　　　　　　　　　　　　　　月末在产品数量：100件

日期		凭证编号	摘要	成本项目				
月	日			自制半成品	直接材料	直接人工	制造费用	合计
11	1		月初在产品成本		7 000	6 000	6 560	19 560
11	20	转2	领用原材料		26 000			26 000
11	30	转4	分配职工薪酬			20 000		20 000
11	30	转6	分配制造费用				73 440	73 440
11	30		合计		33 000	26 000	80 000	139 000
11	30	转7	转出半成品成本		27 000	23 400	72 000	122 400
11	30		单位成本		60	52	160	272
11	30		在产品成本		6 000	2 600	8 000	16 600

表 51　基本生产成本明细账

车间：毛坯车间　　　　　　　　　　　　　　　　　　　　完工产品数量：350 件
产品：普通自行车　　　　　　　　　　　　　　　　　　　月末在产品数量：100 件

日期 月	日	凭证编号	摘要	成本项目 自制半成品	直接材料	直接人工	制造费用	合计
11	1		月初在产品成本		18 500	5 000	1 640	25 140
11	20	转 2	领用原材料		4 000			4 000
11	30	转 4	分配职工薪酬			5000		5 000
11	30	转 6	分配制造费用				18 360	18 360
11	30		合计		22 500	10 000	20 000	52 500
11	30	转 7	转出半成品成本	17 500	8 750	17 500		43 750
11	30		单位成本		50	25	50	125
11	30		在产品成本		5 000	1 250	2 500	8 750

2. 采用约当产量法计算毛坯车间在产品与完工产品成本，见表 52。

表 52　毛坯车间生产费用分配计算

		电动自行车	普通自行车
直接材料费用的分配	直接材料费用分配率	33 000/(450＋100)＝60	22 500/(350＋100)＝50
	完工半成品应分配的直接材料费用	450×60＝27 000(元)	350×50＝17 500(元)
	在产品应分配的直接材料费用	100×60＝6 000(元)	100×50＝5 000(元)
直接人工费用的分配	直接人工费用分配率	26 000/(450＋50)＝52	10 000/(350＋50)＝25
	完工半成品应分配的直接人工费用	450×52＝23 400(元)	350×25＝8 750(元)
	在产品应分配的直接人工费用	50×52＝2 600(元)	50×25＝1 250(元)
制造费用的分配	制造费用分配率	80 000/(450＋50)＝160	20 000/(350＋50)＝50
	完工半成品应分配的制造费用	450×160＝72 000(元)	350×50＝17 500(元)
	在产品应分配的制造费用	50×160＝8 000(元)	50×50＝2 500(元)

业务 10：登记毛坯车间自制半成品明细账

1. 结合各步骤产品的产量和自制半成品期初存量与金额，结转完工产品成本，编制结转和领用自制半成品的记账凭证，见表 53 和表 54。

附录　模拟实训参考答案　**257**

表53　转账凭证

2024年11月30日　　　　　　　　　　　　　　　　　　　　　　　　　　　　　转字第7号

摘要	会计科目 总账科目	会计科目 明细科目	√	借方金额 千百十万千百十元角分	√	贷方金额 千百十万千百十元角分
结转自制半成品成本	自制半成品	毛坯车间——电动自行车	√	1 2 2 4 0 0 0 0		
	自制半成品	毛坯车间——普通自行车	√	4 3 7 5 0 0 0 0		
	基本生产成本	毛坯车间——电动自行车			√	1 2 2 4 0 0 0 0
	基本生产成本	毛坯车间——普通自行车			√	4 3 7 5 0 0 0 0
合计				1 6 6 1 5 0 0 0 0		1 6 6 1 5 0 0 0 0

财务主管：俞姚　　记账：王丽　　出纳：张佳　　会计：何北　　制单：赵小花　　附件2张

表54　转账凭证

2024年11月30日　　　　　　　　　　　　　　　　　　　　　　　　　　　　　转字第8号

摘要	会计科目 总账科目	会计科目 明细科目	√	借方金额 千百十万千百十元角分	√	贷方金额 千百十万千百十元角分
领用自制半成品成本	基本生产成本	烤漆车间——电动自行车	√	9 6 0 0 0 0 0		
	基本生产成本	烤漆车间——普通自行车	√	3 5 0 0 0 0 0		
	自制半成品	毛坯车间——电动自行车			√	9 6 0 0 0 0 0
	自制半成品	毛坯车间——普通自行车			√	3 5 0 0 0 0 0
合计				1 3 1 0 0 0 0 0		1 3 1 0 0 0 0 0

财务主管：俞姚　　记账：王丽　　出纳：张佳　　会计：何北　　制单：赵小花　　附件2张

2. 根据登记毛坯车间自制半成品明细账，见表55和见表56。

表55　自制半成品明细账

毛坯车间：电动自行车半成品1　　　　　　　　　　　　　　　　　　　　　　　单位：元

月份	月初余额 数量(件)	月初余额 实际成本	本月增加 数量(件)	本月增加 实际成本	合计 数量(件)	合计 实际成本	合计 单位成本	本月减少 数量(件)	本月减少 实际成本
11	200	33 600	450	122 400	650	156 000	240	400	96 000
12	250	60 000							

表 56　自制半成品明细账

毛坯车间：普通自行车半成品 1　　　　　　　　　　　　　　　　　　　　　　　　　单位：元

月份	月初余额 数量（件）	月初余额 实际成本	本月增加 数量（件）	本月增加 实际成本	合计 数量（件）	合计 实际成本	单位成本	本月减少 数量（件）	本月减少 实际成本
11	150	26 250	350	43 750	500	70 000	140	250	35 000
12	250	35 000							

业务 11：计算烤漆车间产品成本

1. 结合各产品期初在产品成本，登记烤漆车间基本生产成本明细账，见表 57 和表 58。

表 57　基本生产成本明细账

车间：烤漆车间　　　　　　　　　　　　　　　完工产品数量：400 件
产品：电动自行车　　　　　　　　　　　　　　月末在产品数量：100 件

日期 月	日期 日	凭证编号	摘要	自制半成品	直接材料	直接人工	制造费用	合计
11	1		月初在产品成本	30 000	17 800	7 000	2 350	57 150
11	20	转 2	领用原材料		7 200			7 200
11	30	转 4	分配职工薪酬			20 000		20 000
11	30	转 6	分配制造费用				31 400	31 400
11	30	转 8	领用自制半成品	96 000				96 000
11	30		合计	126 000	25 000	27 000	33 750	211 750
11	30	转 9	转出半成品成本	100 800	20 000	24 000	30 000	174 800
11	30		单位成本	252	50	60	75	437
11	30		在产品成本	25 200	5 000	3 000	3 750	36 950

表 58　基本生产成本明细账

车间：烤漆车间　　　　　　　　　　　　　　　完工产品数量：300 件
产品：普通自行车　　　　　　　　　　　　　　月末在产品数量：100 件

日期 月	日期 日	凭证编号	摘要	自制半成品	直接材料	直接人工	制造费用	合计
11	1		月初在产品成本	25 000	17 200	2 250	5 300	49 750
11	20	转 2	领用原材料		4 800			4 800
11	30	转 4	分配职工薪酬			10 000		10 000
11	30	转 6	分配制造费用				15 700	15 700
11	30	转 8	领用自制半成品	35 000				35 000
11	30		合计	60 000	22 000	12 250	21 000	115 250

续表

日期		凭证编号	摘要	成本项目				
月	日			自制半成品	直接材料	直接人工	制造费用	合计
11	30	转9	转出半成品成本	45 000	16 500	10 500	18 000	90 000
11	30		单位成本	150	55	35	60	300
11	30		在产品成本	15 000	5 500	1 750	3 000	25 250

2. 采用约当产量法计算烤漆车间在产品与完工产品成本，见表59。

表59 烤漆车间生产费用分配计算

		电动自行车	普通自行车
自制半成品费用的分配	半成品费用分配率	126 000/(400+100)=252	60 000/(300+100)=150
	完工半成品应分配的半成品费用	400×252=100 800(元)	300×150=45 000(元)
	在产品应分配的半成品费用	100×252=25 200(元)	100×150=15 000(元)
直接材料费用的分配	直接材料费用分配率	25 000/(400+100)=50	22 000/(300+100)=55
	完工半成品应分配的直接材料费用	400×50=20 000(元)	300×55=16 500(元)
	在产品应分配的直接材料费用	100×50=5 000(元)	100×55=5 500(元)
直接人工费用的分配	直接人工费用分配率	27 000/(400+50)=60	12 250/(300+50)=35
	完工半成品应分配的直接人工费用	400×60=24 000(元)	300×35=10 500(元)
	在产品应分配的直接人工费用	50×60=3 000(元)	50×35=1 750(元)
制造费用的分配	制造费用分配率	33 750/(400+50)=75	21 000/(300+50)=60
	完工半成品应分配的制造费用	400×75=30 000(元)	300×60=18 000(元)
	在产品应分配的制造费用	50×75=3 750(元)	50×60=3 000(元)

业务12：登记烤漆车间自制半成品明细账

1. 结合各步骤产品的产量和自制半成品期初存量与金额，结转完工产品成本，编制结转和领用自制半成品的记账凭证，见表60和表61。

表60 转账凭证

2024年11月30日　　　　　　　　　　　　　　　　　　　　　　　　　　　　转字第9号

摘要	会计科目（总账科目）	会计科目（明细科目）	√	借方金额（千百十万千百十元角分）	√	贷方金额（千百十万千百十元角分）
结转自制半成品成本	自制半成品	烤漆车间——电动自行车	√	1 7 4 8 0 0 0 0		
	自制半成品	烤漆车间——普通自行车	√	9 0 0 0 0 0 0		
	基本生产成本	烤漆车间——电动自行车			√	1 7 4 8 0 0 0 0
	基本生产成本	烤漆车间——普通自行车			√	9 0 0 0 0 0 0
	合计			2 6 4 8 0 0 0 0		2 6 4 8 0 0 0 0

财务主管：俞姚　　记账：王丽　　出纳：张佳　　会计：何北　　制单：赵小花　　附件2张

表61 转账凭证

2024年11月30日　　　　　　　　　　　　　　　　　　　　　　　　　　　　转字第10号

摘要	会计科目（总账科目）	会计科目（明细科目）	√	借方金额（千百十万千百十元角分）	√	贷方金额（千百十万千百十元角分）
领用自制半成品成本	基本生产成本	装配车间——电动自行车	√	1 2 8 7 0 0 0 0		
	基本生产成本	装配车间——普通自行车	√	7 5 0 0 0 0 0		
	自制半成品	烤漆车间——电动自行车			√	1 2 8 7 0 0 0 0
	自制半成品	烤漆车间——普通自行车			√	7 5 0 0 0 0 0
	合计			2 0 3 7 0 0 0 0		2 0 3 7 0 0 0 0

财务主管：俞姚　　记账：王丽　　出纳：张佳　　会计：何北　　制单：赵小花　　附件2张

2. 登记烤漆车间自制半成品明细账，见表62和表63。

表62 自制半成品明细账

烤漆车间：电动自行车半成品2　　　　　　　　　　　　　　　　　　　　　　　　　　　单位：元

月份	月初余额 数量（件）	月初余额 实际成本	本月增加 数量（件）	本月增加 实际成本	合计 数量（件）	合计 实际成本	单位成本	本月减少 数量（件）	本月减少 实际成本
11	100	39 700	400	174 800	500	214 500	429	300	128 700
12	200	85 800							

表63　自制半成品明细账

烤漆车间：普通自行车半成品2　　　　　　　　　　　　　　　　　　　　　　　　　单位：元

月份	月初余额 数量（件）	月初余额 实际成本	本月增加 数量（件）	本月增加 实际成本	合计 数量（件）	合计 实际成本	单位成本	本月减少 数量（件）	本月减少 实际成本
11	300	90 000	300	90 000	600	180 000	300	250	75 000
12	350	105 000							

业务13：结转装配车间产品成本

1. 结合各产品期初在产品成本，登记装配车间基本生产成本明细账，见表64和表65。

表64　基本生产成本明细账

车间：装配车间　　　　　　　　　　　　　　　　　　　　　　　　完工产品数量：300件
产品：电动自行车　　　　　　　　　　　　　　　　　　　　　　　月末在产品数量：80件

月	日	凭证编号	摘要	自制半成品	直接材料	直接人工	制造费用	合计
11	1		月初在产品成本	19 880	2 240	4 680	855	27 655
11	20	转2	领用原材料		54 000			54 000
11	30	转4	分配职工薪酬			30 000		30 000
11	30	转6	分配制造费用				74 625	74 625
11	30	转10	领用自制半成品	128 700				128 700
11	30		合计	148 580	56 240	34 680	75 480	314 980
11	30	转11	转出产成品成本	117 300	44 400	30 600	66 600	258 900
11	30		单位成本	391	148	102	222	863
11	30		在产品成本	31 280	11 840	4 080	8 880	56 080

表65　基本生产成本明细账

车间：装配车间　　　　　　　　　　　　　　　　　　　　　　　　完工产品数量：200件
产品：普通自行车　　　　　　　　　　　　　　　　　　　　　　　月末在产品数量：100件

月	日	凭证编号	摘要	自制半成品	直接材料	直接人工	制造费用	合计
11	1		月初在产品成本	9 900	1 500	2 000	375	13 775
11	20	转2	领用原材料		22 500			22 500
11	30	转4	分配职工薪酬			10 000		10 000
11	30	转6	分配制造费用				24 875	24 875

续表

日期		凭证编号	摘要	成本项目				
月	日			自制半成品	直接材料	直接人工	制造费用	合计
11	30	转10	领用自制半成品	75 000				75 000
11	30		合计	84 900	24 000	12 000	25 250	146 150
11	30	转11	转出产成品成本	56 600	16 000	9 600	20 200	102 400
11	30		单位成本	283	80	48	101	512
11	30		在产品成本	28 300	8 000	2 400	5 050	43 750

2. 采用约当产量法计算装配车间在产品与完工产品成本，见表66。

表66 装配车间生产费用分配计算

		电动自行车	普通自行车
自制半成品费用的分配	半成品费用分配率	148 580/(300+80)=391	84 900/(200+100)=283
	完工半成品应分配的半成品费用	300×391=117 300(元)	200×283=56 600(元)
	在产品应分配的半成品费用	80×391=31 280(元)	100×283=28 300(元)
直接材料费用的分配	直接材料费用分配率	56 240/(300+80)=148	24 000/(200+100)=80
	完工半成品应分配的直接材料费用	300×148=44 400(元)	200×80=16 000(元)
	在产品应分配的直接材料费用	80×148=11 840(元)	100×80=8 000(元)
直接人工费用的分配	直接人工费用分配率	34 680/(300+40)=102	12 000/(200+50)=48
	完工半成品应分配的直接人工费用	300×102=30 600(元)	200×48=9 600(元)
	在产品应分配的直接人工费用	40×102=4 080(元)	50×48=2 400(元)
制造费用的分配	制造费用分配率	75 480/(300+40)=222	25 250/(200+50)=101
	完工半成品应分配的制造费用	300×222=66 600(元)	200×101=20 200(元)
	在产品应分配的制造费用	40×222=8 880(元)	50×101=5 050(元)

3. 结转完工产品成本，编制结转和领用自制半成品的记账凭证，见表67。

附录 模拟实训参考答案 263

表67 转账凭证

2024年11月30日　　　　　　　　　　　　　　　　　　　　　　　　　　　转字第11号

摘要	会计科目		√	借方金额	√	贷方金额
	总账科目	明细科目		千百十万千百十元角分		千百十万千百十元角分
结转产成品成本	库存商品	电动自行车	√	2 5 8 9 0 0 0 0		
	库存商品	普通自行车	√	1 0 2 4 0 0 0 0		
	基本生产成本	装配车间——电动自行车			√	2 5 8 9 0 0 0 0
	基本生产成本	装配车间——普通自行车			√	1 0 2 4 0 0 0 0
	合计			3 6 1 3 0 0 0 0		3 6 1 3 0 0 0 0

财务主管：俞姚　　记账：王丽　　出纳：张佳　　会计：何北　　制单：赵小花　　附件2张

业务14：编制产成品成本汇总表

1. 编制产品成本还原计算单，见表68至表71。

表68 产成品成本还原计算表（第一次）

电动自行车　　　　　　　　　　　产量：300件　　　　　　　　　　　　单位：元

项目	还原前产品成本	本月生产半成品成本	还原分配率	半成品成本还原	还原后成本	还原后单位成本
半成品	117 300	100 800	$\dfrac{117\ 300}{174\ 800}=$ 0.671 052 632	67 642.11	67 642.11	225.47
直接材料	44 400	20 000		13 421.05	57 821.05	192.74
直接人工	30 600	24 000		16 105.26	46 705.26	155.68
制造费用	66 600	30 000		20 131.58	86 731.58	289.11
成本合计	258 900	174 800			258 900	863

表69 产成品成本还原计算表（第二次）

电动自行车　　　　　　　　　　　产量：300件　　　　　　　　　　　　单位：元

项目	还原前产品成本	本月生产半成品成本	还原分配率	半成品成本还原	还原后成本	还原后单位成本
半成品	67 642.11		$\dfrac{67\ 642.11}{122.400}=$ 0.552 631 618			
直接材料	57 821.05	27 000		14 921.05	72 742.1	242.47
直接人工	46 705.26	23 400		12 931.58	59 636.8	198.79
制造费用	86 731.58	72 000		39 789.48	126 521.1	421.74
成本合计	258 900	122 400		67 642.11	258 900	863

表70 产成品成本还原计算表（第一次）

普通自行车　　　　　　　　　　产量：200 件　　　　　　　　　　单位：元

项目	还原前产品成本	本月生产半成品成本	还原分配率	半成品成本还原	还原后成本	还原后单位成本
半成品	56 600	45 000	$\dfrac{56\,600}{90\,000}=$ 0.628 888 889	28 300	28 300	141.5
直接材料	16 000	16 500		10 376.67	26 376.67	131.88
直接人工	9 600	10 500		6 603.33	16 203.33	81.02
制造费用	20 200	18 000		11 320	31 520	157.6
成本合计	102 400	90 000			102 400	512

表71 产成品成本还原计算表（第二次）

普通自行车　　　　　　　　　　产量：200 件　　　　　　　　　　单位：元

项目	还原前产品成本	本月生产半成品成本	还原分配率	半成品成本还原	还原后成本	还原后单位成本
半成品	28 300		$\dfrac{28\,300}{43\,750}=$ 0.646 857			
直接材料	26 376.67	17 500		11 320	37 696.67	188.48
直接人工	16 203.33	8 750		5 660	21 863.33	109.32
制造费用	31 520	17 500		11 320	42 840	214.2
成本合计	102 400	43 750		28 300	102 400	512

2. 编制产成品成本汇总表，见表72。

表72 产成品成本汇总表

2024 年 11 月　　　　　　　　　　　　　　　　　　　　　　　单位：元

产品名称	直接材料	直接人工	制造费用	合计
电动自行车	72 742.1	59 636.8	126 521.1	258 900
普通自行车	37 696.67	21 863.33	42 840	102 400
合计	110 438.77	81 500.13	169 361.1	361 300

图书在版编目（CIP）数据

《成本会计学（第10版·立体化数字教材版）》学习指导书/张敏，黎来芳，于富生编著.--北京：中国人民大学出版社，2024.7.--（中国人民大学会计系列教材）.--ISBN 978-7-300-33116-4

Ⅰ.F234.2

中国国家版本馆CIP数据核字第2024P8Y947号

国家级教学成果奖
中国人民大学会计系列教材
《成本会计学（第10版·立体化数字教材版）》学习指导书
张　敏　黎来芳　于富生　编著
《Chengben Kuaijixue (Di 10 Ban·Litihua Shuzi Jiaocai Ban)》Xuexi Zhidaoshu

出版发行	中国人民大学出版社			
社　　址	北京中关村大街31号		邮政编码	100080
电　　话	010-62511242（总编室）		010-62511770（质管部）	
	010-82501766（邮购部）		010-62514148（门市部）	
	010-62515195（发行公司）		010-62515275（盗版举报）	
网　　址	http://www.crup.com.cn			
经　　销	新华书店			
印　　刷	天津鑫丰华印务有限公司			
开　　本	787 mm×1092 mm　1/16		版　　次	2024年7月第1版
印　　张	17.25 插页1		印　　次	2025年5月第3次印刷
字　　数	356 000		定　　价	43.00元

版权所有　　侵权必究　　印装差错　　负责调换

中国人民大学出版社　管理分社

教师教学服务说明

中国人民大学出版社管理分社以出版工商管理和公共管理类精品图书为宗旨。为更好地服务一线教师，我们着力建设了一批数字化、立体化的网络教学资源。教师可以通过以下方式获得免费下载教学资源的权限：

★ 在中国人民大学出版社网站 www.crup.com.cn 进行注册，注册后进入"会员中心"，在左侧点击"我的教师认证"，填写相关信息，提交后等待审核。我们将在一个工作日内为您开通相关资源的下载权限。

★ 如您急需教学资源或需要其他帮助，请加入教师 QQ 群或在工作时间与我们联络。

中国人民大学出版社　管理分社

- **教师 QQ 群**：648333426（工商管理）　114970332（财会）　648117133（公共管理）
  教师群仅限教师加入，入群请备注（学校+姓名）
- **联系电话**：010-62515735，62515987，62515782，82501048，62514760
- **电子邮箱**：glcbfs@crup.com.cn
- **通讯地址**：北京市海淀区中关村大街甲 59 号文化大厦 1501 室（100872）

管理书社　　　　人大社财会　　　　公共管理与政治学悦读坊